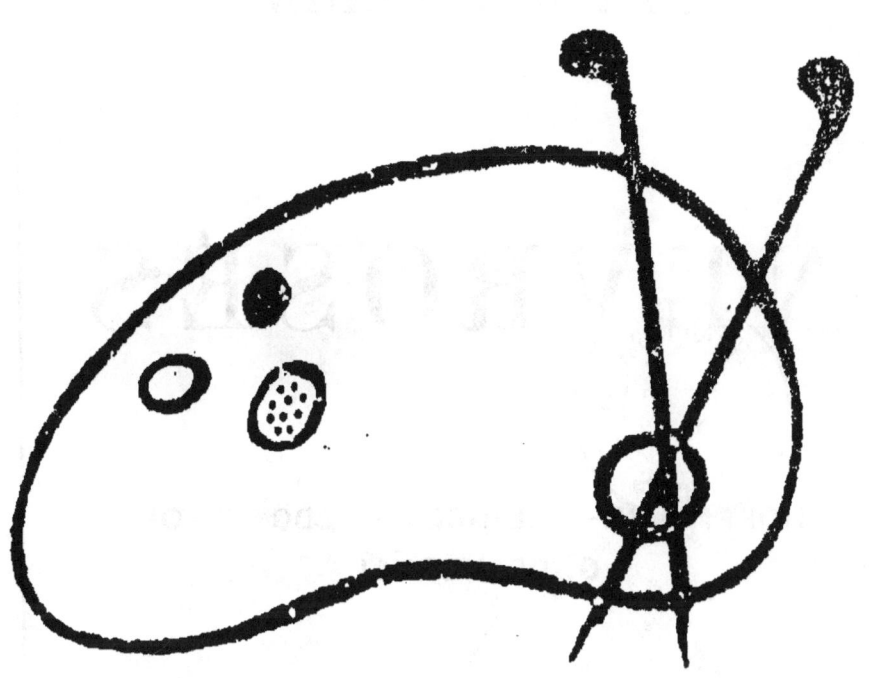

Couvertures supérieure et inférieure
en couleur

ARVÈDE BARINE

NÉVROSÉS

HOFFMANN — QUINCEY — EDGAR POE
G. DE NERVAL

PARIS
LIBRAIRIE HACHETTE ET Cie
79, BOULEVARD SAINT-GERMAIN, 79

1898

Librairie HACHETTE et Cⁱᵉ, boulevard Saint-Germain, 79, à Paris.

BIBLIOTHÈQUE VARIÉE, IN-16, A 3 FR. 50 LE VOLUME BROCHÉ
Histoire et documents historiques

BOISSIER, de l'Académie française : *Cicéron et ses amis*; 10ᵉ édition. 1 vol.
— *La religion romaine d'Auguste aux Antonins*; 4ᵉ édition. 2 vol.
— *Promenades archéologiques : Rome et Pompéi*; 5ᵉ édition. 1 vol.
— *Nouvelles Promenades archéologiques : Horace et Virgile*; 3ᵉ édition. 1 vol.
— *L'Afrique romaine*, promenades archéologiques en Algérie et en Tunisie. 1 vol.
— *L'opposition sous les Césars*; 3ᵉ édit. 1 vol.
— *La fin du paganisme*; 2ᵉ édition. 2 vol.
BOISSIÈRE : *L'Algérie romaine*; 2ᵉ édit. 2 vol.
  Ouvrage couronné par l'Académie française.
BOULAY DE LA MEURTHE (Le comte) : *Le Directoire et l'expédition d'Égypte*. 1 vol.
— *Les dernières années du duc d'Enghien (1801-1804)*. 1 vol.
BRUNET (L.), député : *La France à Madagascar*; 2ᵉ édition. 1 vol.
CHARMES, de l'Institut : *Études historiques et diplomatiques*. 1 vol.
CHERBULIEZ (V.), de l'Académie française : *L'Espagne politique (1868-1873)*. 1 vol.
— *Profils étrangers*; 2ᵉ édit. 1 vol.
— *Hommes et choses d'Allemagne*. 1 vol.
— *Hommes et choses du temps présent*. 1 vol.
CRUPPI (J.) : *Un avocat journaliste au XVIIIᵉ siècle : Linguet*. 1 vol.
DAUDET (E.) : *Histoire des conspirations royalistes du Midi sous la Révolution (1790-1793)*, 1 vol. avec 2 cartes.
DU CAMP (M.), de l'Académie française : *Les convulsions de Paris*; 7ᵉ édit. 4 vol.
— *Souvenirs de l'année 1848*; 2ᵉ édit. 1 vol.
DURUY (V.), de l'Académie française : *Introduction générale à l'histoire de France*; 4ᵉ édition. 1 vol.
FUSTEL DE COULANGES, de l'Institut : *La cité antique*; 15ᵉ édition. 1 vol.
  Ouvrage couronné par l'Académie française.
GAUTHIEZ (P.) : *L'Arétin (1492-1556)*. 1 v.
GEBHART (E.), professeur à la Faculté des lettres de Paris : *Les origines de la Renaissance en Italie*. 1 vol.
  Ouvrage couronné par l'Académie française.
— *L'Italie mystique*; 2ᵉ édition. 1 vol.
— *Moines et papes*. 1 vol.
GUIRAUD : *Fustel de Coulanges*. 1 vol.
HANOTAUX (G.) : *Études historiques sur le XVIᵉ et le XVIIᵉ siècle en France*. 1 vol.
HEIMWEH (J.) : *La question d'Alsace*. 1 vol.
HERVÉ (E.) : *La crise irlandaise depuis la fin du XVIIIᵉ siècle*. 1 vol.
JUSSERAND J. : *Les Anglais au moyen âge*. 1 vol.
  Ouvrage couronné par l'Académie française.

LAMARTINE : *Histoire des Girondins*. 6 vol.
— *Histoire de la Restauration*. 8 vol.
LANGLOIS ET SEIGNOBOS : *Introduction aux Études historiques*. 1 vol.
LARCHEY (L.) : *Les cahiers du capitaine Coignet (1799-1815)*. 1 vol.
— *Journal du canonnier Bricard (1792-1802)*. 2ᵉ édition. 1 vol.
LAVISSE (E.), de l'Académie française : *Études sur l'histoire de Prusse*; 4ᵉ édition. 1 vol.
— *Essais sur l'Allemagne impériale*; 2ᵉ édition. 1 vol.
LÉGER : *Russes et Slaves*. 2 vol.
— *Le Monde slave*. 1 vol.
LEROY-BEAULIEU (A.) : *Un homme d'État russe (Nicolas Milutine)*, d'après sa correspondance écrite (1855-1872). 1 vol.
— *La Révolution et le libéralisme*. 1 vol.
LUCE (S.), de l'Institut : *Histoire de Bertrand Du Guesclin et de son époque. La jeunesse de Bertrand (1320-1364)*; 3ᵉ édition. 1 vol.
  Ouvrage qui a obtenu le grand prix Gobert.
— *Jeanne d'Arc à Domremy*; 2ᵉ édition. 1 vol.
— *La France pendant la guerre de Cent ans*; 2ᵉ édit. 2 vol.
MAULDE-LACLAVIÈRE (de) : *Les mille et une nuits d'une ambassadrice de Louis XIV*; 2ᵉ édition. 1 vol.
MÉZIÈRES (A.), de l'Académie française : *Vie de Mirabeau*. 1 vol.
— *Morts et vivants*. 1 vol.
MONTÉGUT (Ed.) : *Le maréchal Davout. — La duchesse et le duc de Newcastle*. 1 vol.
MOUY (Ch. de) : *Discours sur l'histoire de France*. 1 vol.
PICOT (G.), de l'Institut : *Histoire des États généraux*; 2ᵉ édition. 5 vol.
  Ouvrage qui a obtenu le grand prix Gobert.
PRÉVOST-PARADOL : *Essai sur l'histoire universelle*; 5ᵉ édition. 2 vol.
REINACH (Joseph) : *Études de littérature et d'histoire*. 1 vol.
ROUSSET (C.), de l'Académie française : *Histoire de la guerre de Crimée*; 2ᵉ édit. 2 vol.
SAINT-SIMON : *Scènes et portraits*. 2 vol.
THOMAS : *Rome et l'empire*. 1 vol.
WALLON, de l'Institut : *La Terreur*, études critiques sur l'histoire de la Révolution française; 2ᵉ édition. 2 vol.
— *Jeanne d'Arc*; 7ᵉ édition. 2 vol.
  Ouvrage couronné par l'Académie française.

NÉVROSÉS

OUVRAGES DU MÊME AUTEUR

PUBLIÉS PAR LA LIBRAIRIE HACHETTE ET Cie

BIBLIOTHÈQUE VARIÉE

Format in-16 à 3 fr. 50 le volume broché.

Portraits de femmes. (Mme Carlyle. — George Eliot. — Une détraquée. — Un couvent de femmes en Italie au XVIe siècle. — Psychologie d'une sainte.) 1 vol.

Ouvrage couronné par l'Académie française.

Essais et fantaisies. 1 vol.

Bourgeois et gens de peu. (Un juif polonais. — Bourgeois d'autrefois. — Une âme simple. — Un évadé de la civilisation. — Les gueux d'Espagne.)

Princesses et grandes dames. (Marie Mancini. — La reine Christine. — Une princesse arabe. — La duchesse du Maine. — La margrave de Bayreuth.)

BIBLIOTHÈQUE DES GRANDS ÉCRIVAINS FRANÇAIS

Format in-16 à 2 francs le volume broché.

Bernardin de Saint-Pierre. 1 vol.

Alfred de Musset. 2e édition. 1 vol.

Coulommiers. — Imp. PAUL BRODARD. — 1004-97.

ARVÈDE BARINE

NÉVROSÉS

HOFFMANN — QUINCEY — EDGAR POE
G. DE NERVAL

PARIS
LIBRAIRIE HACHETTE ET Cie
79, BOULEVARD SAINT-GERMAIN, 79

—

1898

Droits de traduction et de reproduction réservés.

HOFFMANN

LE VIN

HOFFMANN

LE VIN

Notre siècle a été favorable à la littérature fantastique. Elle y a trouvé sa Renaissance, dont nous n'avons peut-être encore vu que l'aurore. L'honneur de cette nouvelle floraison revient peut-être à la science. Quand celle-ci nous enseigne qu'une légère altération de notre rétine ferait le monde à jamais décoloré, elle suggère à tous la pensée que le monde réel pourrait bien n'être qu'une apparence, comme le savaient déjà les philosophes. Quand elle nous entretient de créatures douées d'organes et de sens différents des nôtres, elle fait pressentir qu'il doit y avoir autant d'apparences de mondes que de formes d'yeux et de variétés d'entendement. La science devient ainsi l'alliée, et, plus encore, l'inspiratrice de l'écrivain fantastique : elle l'encourage à rêver de mondes imaginaires en lui parlant sans cesse de mondes ignorés.

Hoffmann a été le grand rénovateur d'un genre qui n'avait pas varié ses formules depuis le moyen âge, même dans *Faust*. Il a épuré le fantastique en le séparant du merveilleux. Selon la belle expression de Barbey d'Aurevilly, il avait obéi à « une voix qui l'appelait au delà de l'être », mais il a eu soin, au moins dans ses bons jours, de s'arrêter en deçà du surnaturel, à l'extrême bord du possible, sinon du réel. Même dans ces limites, la fascination de l'au-delà, favorable à l'écrivain, n'a pas été sans danger pour l'homme. Ces mondes imaginaires, qui font de si jolis jouets intellectuels, semblent devoir coûter cher à leur créateur, peut-être parce qu'il faut y croire soi-même à moitié, au moins pendant qu'on écrit, pour trouver les accents de sincérité et de conviction auxquels le lecteur se laisse prendre; et cela n'arrive qu'à condition de rêver tout éveillé. L'écrivain fantastique a besoin d'être un peu visionnaire, et Hoffmann l'était. Quand Heine disait de lui : « Sa poésie est une maladie », ce n'était pas une figure de rhétorique; il n'ignorait pas qu'Hoffmann, à sa table de travail, avait des hallucinations à être saisi d'épouvante, et qu'il les cherchait, les provoquait, sachant bien que plus il aurait le cauchemar de son sujet et de ses personnages, plus son récit s'illuminerait des apparences de la vie et de la réalité.

Ce n'est jamais par des moyens inoffensifs qu'on appelle à soi les hallucinations. Hoffmann, et d'autres avec lui, ont eu recours aux poisons de l'intelligence pour voir ce que ne voient pas les cerveaux parfaitement sains. Les excitants ne leur manquaient point. Ils n'avaient que l'embarras du choix et, selon qu'ils avaient préféré l'un ou l'autre poison, leur œuvre littéraire prenait des teintes différentes. Le fantastique inspiré par le vin n'est pas le même que celui de l'opium, et il y a des nuances poétiques qui relèvent de la pathologie. Hoffmann va nous en fournir un premier exemple.

I

Au siècle dernier vivait à Kœnigsberg un ménage mal assorti, où chacun faisait le désespoir de l'autre. Ils avaient dû se marier par amour, quoique l'histoire n'en dise rien, car jamais des gens en possession de leur sang-froid n'auraient eu l'idée d'associer des humeurs aussi disparates. Le mari était un joyeux compère, la femme une pauvre créature, maladive et lamentable. Le mari avait des idées romantiques sur la beauté du désordre et du décousu, la femme croyait tout perdu quand on dérangeait une épingle. Le mari pensait que les conventions sociales ont été inventées par les sots, tout exprès pour donner aux gens d'esprit, parmi lesquels il se rangeait, le plaisir de s'en moquer et de les insulter avec raffinement. La femme avait été élevée dans un saint respect des rites établis par le monde pour manger ou pour saluer, et voyait de la perversité dans le refus de s'y soumettre. Ils n'étaient d'accord sur rien, ne s'entendaient sur rien : la vie commune était intolérable. — Ces braves gens, très aimés l'un et l'autre de leur entourage, étaient le père et la mère d'Hoffmann, qui naquit dans ce triste intérieur le 24 janvier 1776. Il était encore tout petit lorsque ses parents, renonçant à une lutte sans issue, prirent le parti de se séparer. Le père se retira dans une autre ville, et l'enfant resta avec sa mère.

Hoffmann considérait cet événement comme le grand malheur de sa vie. Il lui attribuait la tristesse de son enfance, qu'il comparait « à une lande aride, sans fleurs ni végétation, dont l'implacable monotonie énerve l'intelligence et le caractère ». Le mal aurait été moins grand, selon lui, si M. Hoffmann l'avait emmené. Un

père comprend toujours plus ou moins ses enfants :
« Le plus mauvais, disait son fils, vaut encore mieux
sous ce rapport que le meilleur pédagogue ». Mais son
père l'avait abandonné, et ce n'était pas sa pauvre mère
qui pouvait le remplacer auprès de leur petit garçon.

Mme Hoffmann s'était retirée dans sa famille, chez
sa mère Mme la conseillère Dœrffer, où elle avait enfin
retrouvé des gens corrects et comprenant que la correction est le but final de la vie. Elle ne put jouir de ce
rare bonheur. Ses chagrins l'avaient brisée. Elle était la
vivante image de l'accablement, ne remuant pas, ne
parlant pas, et ne pensant plus. Toujours recluse dans
sa chambre, on l'y trouva morte un matin, et ce ne fut
qu'une ombre de moins dans la maison.

Mme la conseillère ne bougeait non plus de son coin,
étant devenue impotente avec les années. C'était une
vieille dame extraordinairement imposante, car elle
apparaissait au milieu des siens comme Gulliver parmi
les Lilliputiens. La nature en avait fait une façon de
géante, et le reste de la famille était composé de pygmées. Jamais on n'avait vu pareille collection de petits
bouts d'hommes et de petits bouts de femmes. Jamais
non plus on n'a eu autant d'oncles et de tantes
qu'Hoffmann, et il n'y avait rien de plus étrange que
leurs réunions de musique chez la grand'mère Dœrffer.
Il en venait une légion, tous hauts comme une botte,
et jouant pour la plupart d'instruments anciens et
démodés. Hoffmann se demandait plus tard où ils les
avaient déterrés. Il lui semblait rêver lorsqu'il se rappelait leurs formes bizarres et les sons vieillots de cet
orchestre fantasque.

Peut-être rêvait-il en effet. Ses souvenirs d'enfance
sont extrêmement sujets à caution. Hoffmann avait une
théorie qui peut mener loin, avec de l'imagination. Il
soutenait que les impressions reçues dans la première

enfance sont autant de semences qui germent et se développent en même temps que nos facultés mentales. Un beau jour, la fleur du souvenir s'épanouit tout à coup au fond de notre mémoire, et nous revoyons, comme par une illumination soudaine, des scènes qui n'avaient frappé que nos yeux et n'étaient jamais parvenues à notre conscience. Il expliquait ainsi comment il pouvait décrire des événements arrivés lorsqu'il n'était qu'un nourrisson « disant *ba ba ba ba* et mettant ses doigts dans la lumière de la chandelle ». Son idée fait comprendre à merveille que ses souvenirs d'enfance soient quelquefois trop spirituels.

Il faut cependant admettre la réalité de deux au moins des exécutants de son concert de rêve. Sa petite tante Sophie, dont il a parlé souvent, a certainement existé. Elle avait vraiment une robe de taffetas vert ornée de nœuds roses, et bien d'autres que son neveu n'ont jamais oublié ses yeux et sa voix. Celle-là jouait du luth, instrument qui était relégué au grenier partout ailleurs que dans la famille Dœrffer, et elle en tirait des sons pénétrants qui remuaient les auditeurs. « J'ai vu de mes yeux, dit Hoffmann, des gens graves, qui savaient écrire et compter, et encore d'autres choses avec, verser des larmes au seul souvenir du luth de *mamzelle* Sophie. » Lui-même avait été bouleversé, dès sa première enfance, par l'étrange harmonie qui coulait « de l'âme même » de la mignonne joueuse de luth. Cette charmante créature était la bonne fée de la maison, et son neveu l'adorait. Quand la petite tante Sophie le prenait sur ses genoux pour lui raconter des histoires ou lui chanter de sa voix pure de vieux airs berceurs, l'infinie douceur de ses regards « lui mettait une grande lumière dans le cœur ».

Sans elle, il aurait été entièrement livré au petit oncle Otto, très honnête homme, qui, avec les meilleures intentions du monde, le rendit très malheureux et entrava son développement intellectuel, en lui donnant une éducation à rebours. C'était du moins l'avis de l'élève. D'autres penseront peut-être, en lisant son histoire, que son « pédagogue » n'avait pas toujours eu tort de contrarier ses instincts.

L'oncle Otto, conseiller de justice en retraite, était un singulier petit vieux drôlement bâti, coiffé d'un toupet frisé et vêtu d'une robe de chambre à fleurs. Les idées de la famille Dœrffer sur l'importance capitale de la règle et des formes s'étaient tournées chez lui en manies. Un ordre minutieux et inflexible présidait jour et nuit à ses actions. Il s'était assigné tant de minutes pour manger, tant pour jouer du clavecin ou lire des vers afin de faciliter la digestion, tant pour dormir ou se promener, et tant pour témoigner son affection filiale à sa vieille mère. Le même esprit d'ordre présidait à ses sentiments et à ses pensées. Il n'y avait pas dans la ville de Kœnigsberg un homme aussi esclave des conventions sociales, aussi à genoux devant tous les préjugés et aussi convaincu qu'ils sont le salut de la société; mais il lui semblait toujours possible, sinon facile, de munir chaque enfant du viatique des « principes normaux » sans lesquels notre monde n'est « qu'un tohu-bohu et une bousculade, où l'on attrape à tout bout de champ des bourrades et de vilaines bosses ». C'est de cette dernière idée, la toute-puissance de l'éducation, qu'Hoffmann lui en a le plus voulu, et pour cause. L'oncle Otto entreprit de faire de son neveu un citoyen respectable, ayant de l'ordre et de la tenue, et le dressage fut dur, pour le maître et pour l'élève[1].

[1]. Un éminent psychologue, M. Marillier, me fait remarquer que cet oncle si méthodique était aussi, sans doute, un malade. Le dégénéré méticuleux est un type classique.

L'élève était d'une exiguïté remarquable, même pour une tribu de nains ; on l'aurait tenu dans le creux de la main. Cet atome toujours agité et tourbillonnant avait l'humeur extrêmement mobile. Il riait, pleurait, se fâchait, se consolait, dans la même minute, et le tout avec explosion. Un seul sentiment était invariable chez lui : l'horreur de l'ordre et de la régularité. Devenu grand, Hoffmann ne comprenait point que son oncle n'eût pas reconnu à ces signes qu'il avait un tempérament d'artiste. Rien ne dit que son oncle n'eût pas reconnu ce tempérament ; seulement il avait dû en conclure que le fils serait aussi insupportable que le père, et il se proposa de le repétrir en le soumettant à la discipline que lui-même s'était imposée. Bon gré mal gré, Hoffmann dut se faire son ombre, accomplir les mêmes choses aux mêmes heures, avec une ponctualité d'horloge, et cultiver aussi les arts par hygiène. Ce dernier souvenir lui était particulièrement odieux. Lui qui, dès l'âge le plus tendre, ne vivait et ne respirait que pour l'art et « tendait vers lui de toutes les forces de son âme », être condamné « à n'entendre parler musique, peinture, poésie que comme d'agréables distractions », saines après les repas, quel supplice pour une nature enthousiaste, « éprise de tout ce qui était noble et grand ! » Il était certainement à plaindre ; mais son oncle l'était peut-être encore plus ; la race brillante et séduisante des romantiques a toujours eu le don de faire souffrir autour d'elle.

Pour comble de misère, son « pédagogue » le contraignit à faire des études régulières, au risque d'étouffer en lui le poète et l'artiste, dans l'espoir de compter un jour un honnête magistrat de plus dans la famille Dœrffer. C'était un crime de lèse-génie, et c'était encore plus stupide que féroce, d'après Hoffmann, car on ne force point la nature. « — Que pensez-vous, demande un de ses personnages, de l'axiome en vertu duquel une éducation appropriée peut faire très rapidement d'un enfant quelconque, sans s'occuper de ses aptitudes, de ses dons naturels, de son génie, un homme éminent dans n'importe quelle branche? — Que puis-je penser de cet axiome, réplique l'interlocuteur, si ce n'est qu'il est inepte et impie? » Il fallait être l'oncle Otto, c'est-à-dire la fleur des philistins, pour entreprendre de faire un conseiller de justice d'un bambin sur lequel l'art et la poésie avaient aussi manifestement mis leur empreinte. Le bonhomme l'a payé cher ; son neveu ne s'est jamais lassé de le tourner en ridicule dans ses œuvres.

L'oncle était pourtant très libéral, quelquefois trop. Sa bibliothèque était bien garnie, et le petit Hoffmann avait la permission d'y fouiller. Ce fut ainsi qu'il tomba sous la domination d'un génie qui n'a jamais lâché prise quand il s'est une fois emparé d'une âme. A quatorze ans, il mit la main sur une traduction allemande des *Confessions*, qu'il dévora, en recevant à de certains passages « comme des secousses électriques ». Il assure que sa jeunesse même le préserva d'abord des dangers d'une pareille lecture, mais il y revint, toujours, sans cesse. On lit dans son *Journal*, à la date du 13 février 1804, moins de quinze ans après la première initiation : « Je lis les *Confessions* de Rousseau peut-être pour la trentième fois. Je me trouve beaucoup de ressemblances avec lui. »

Qu'on songe à la tyrannie qu'un Jean-Jacques, lu avec une passion si tenace, peut exercer sur une intelligence encore tendre. Hoffmann était né avec l'esprit de révolte qui est le fond du romantisme ; il l'avait hérité de son père. Rousseau l'attisa en lui. L'étudiant Hoffmann, fils et petit-fils de bons bourgeois de Kœnigsberg, se complut dans le sentiment qu'il y avait un abîme entre lui et la société, et qu'il ne lui restait d'autre parti à prendre que de faire bande à part. A dix-neuf ans, il écrivait à son ami Hippel : « Je reviens d'une petite fête à laquelle on m'avait invité. J'y ai été bavard, profond avec les gens âgés — galant avec les dames, — et, au fond, aussi seul que si j'avais été dans un désert. » Il dit au même correspondant dans une autre lettre : « Je n'ai jamais vécu aussi isolé, aussi à part de tous. Celui-là seul m'adresse la parole qui vient me chercher tout exprès, et je lui sacrifie alors dix minutes, après quoi : un point. Je crois qu'une personne ne s'y connaissant pas pourrait voir là dedans un peu d'anthropophobie, mais il se tromperait complètement. J'aime toujours les hommes autant qu'auparavant. » Il les aimait à condition de n'être tenu à rien vis-à-vis d'eux, ni retenu en rien, de peur de devenir aussi un philistin, lui que la nature avait créé pour de plus hautes destinées. Hoffmann était à point pour le satanisme esthétique, auquel conduit en littérature l'esprit de révolte du romantisme. Qu'est-ce, disait-il, qu'un philistin ? « C'est un chat qui ne bouge de derrière le poêle, où il se sent en sûreté, parce que les toits lui donnent le vertige. » Rousseau lui avait montré le chemin des toits, et il rongeait son frein, d'impatience de ne pouvoir s'y élancer. Il prenait en haine les personnes de sa famille qui, par un zèle mal entendu, fermaient la porte menant aux gouttières : « Dieu sait, écrivait-il à Hippel, quel hasard ou, plutôt, quel bizarre caprice du sort m'a placé ici, dans cette maison! Le noir et le blanc ne peuvent pas être plus contraires que moi et ma famille. — Mon Dieu, quelles gens! — J'avoue volontiers que bien des choses, chez moi, peuvent paraître passablement excentriques. — Mais aussi, pas la moindre indulgence. — Le gros sire, trop usé pour ma plaisanterie, trop pitoyable pour mon mépris, commence à me traiter avec une indignation que je ne mérite vraiment pas. » (22 septembre 1795.)

Le « gros sire » avait ses raisons, qui n'étaient pas toutes mauvaises. Son neveu passait son temps à le mystifier, sous prétexte qu'il était né humoriste, et le petit vieillard ne trouvait pas cela convenable. « L'humour, disait Hoffmann, n'a rien de commun avec son avorton de frère, le persiflage. » Mais l'oncle Otto n'entrait pas dans ces distinctions, et la moutarde lui montait au nez de servir de plastron à ce galopin. Il lui en voulait aussi d'avoir mal placé son cœur dès la seconde fois qu'il était devenu amoureux. Leurs relations devenaient difficiles, et il était urgent de se séparer. En 1796, Hoffmann avait terminé cahin-caha ses études de droit et passé un examen qui lui ouvrait la carrière de la jurisprudence. Il comprit la nécessité de quitter Kœnigsberg et partit pour la petite ville de Glogau, en Silésie, où il était assuré d'une situation « dans les bureaux de la régence ». L'oncle Otto en était arrivé à ses fins : son neveu était en passe de devenir à son tour conseiller de justice.

Hoffmann avait vingt ans. De sa personne, il avait l'air d'une plaisanterie spirituelle de la nature. C'était un rien d'homme très jaune et très laid, avec des cheveux bruns tout hérissés qui lui mangeaient le front, et si fluet qu'il passait partout, si vif qu'il lui était impossible, avec la meilleure volonté du monde, de rester une seule minute tranquille; quand son corps ne pouvait absolument pas bouger, son visage vibrait — le mot est de lui — et faisait cent grimaces à la minute. Sa physionomie était malicieuse, et il parlait si vite qu'on le comprenait à peine.

Au moral, beaucoup d'esprit, mais du plus mordant, beaucoup de fantaisie, mais tournée à la caricature, et le cœur bon, malgré des habitudes de moquerie qui le faisaient redouter; il avait beau protester que « l'esprit du véritable amour habitait en lui », ses victimes refusaient d'y croire. Beaucoup de gaieté aussi, inclinant trop à la farce, et coupée d'accès d'une noire hypocondrie qui le laissaient tout épeuré et plein d'angoisse. Ignorant comme une carpe, en dehors du droit et de ce qu'on lui avait enseigné à l'école, lisant peu, et jamais de journal, par principe, ne s'intéressant ni au mouvement général des idées ni aux affaires publiques, mais artiste jusqu'au bout des ongles, jouant du piano, chantant, composant, improvisant, dessinant, peignant, s'exerçant à écrire, il rêvait d'une existence poétique où il n'irait plus à son bureau et ne ferait plus de rapports, et quittait Kœnigsberg mécontent de sa carrière, exaspéré contre l'esprit et les préjugés bourgeois, juste au moment où l'Allemagne intelligente avait pour marotte d'être « géniale ».

II

A la fin du siècle dernier et au début du nôtre, le romantisme allemand était une manière de vivre et de comprendre la vie, autant et plus qu'une manière d'écrire et de comprendre la littérature. La jeunesse s'y jetait avec entraînement, joyeuse d'être débarrassée des tyrannies sociales, car ici encore, et plus que jamais, romantisme signifiait révolte. Ce ne fut que plus tard qu'il s'identifia avec un réveil de l'idée catholique et de tout ce qu'elle ramène avec elle d'opinions et de sentiments. Pour le moment, il consistait essentiellement à s'insurger contre l'étiquette ou la morale courante, contre la mode ou les institutions, pêle-mêle et avec la même ardeur. On n'en faisait pas la différence, et c'est à croire qu'on n'en voyait pas. Un principe unique présidait à la conduite. Tout ce qui empêche l'homme ou la femme d'être « génial », que ce soit la forme d'un chapeau ou le préjugé du mariage, est également impie et intolérable : on se doit à soi-même de le supprimer. Et on le supprimait.

Gœthe avait donné l'exemple à Weimar avant de devenir la plus gourmée et la plus cérémonieuse de toutes les Excellences de l'Allemagne. Ce grand homme — cela n'ôte rien à son génie — ne s'était pas montré difficile, au cours de sa crise romantique, sur les diverses façons d'affirmer sa génialité à la face du monde. Tous les moyens lui étaient bons : excentricités, mauvaises manières, farces d'étudiant, amours variées, orgies plus ou moins élégantes. Il est amusant à contempler à l'œuvre, s'exerçant à se mettre le bonnet sur l'oreille, lui, l'Olympien. Ce n'était qu'un accès, peut-être même qu'un rôle, et il s'en lassa vite, mais il avait donné l'impulsion aux beaux esprits réunis à Weimar sous ses auspices, et l'on s'explique l'inquiétude des bonnes gens de la ville chaque fois que la grande-duchesse Amalia partait pour un voyage. Pourvu, disaient ses sujets, qu'elle n'aille pas en découvrir encore un et nous l'amener !

Iéna dépassa Weimar en laisser-aller quand les doctrinaires du romantisme, les deux Schlegel, vinrent s'y établir, Guillaume en 1796, Frédéric un peu plus tard. L'un et l'autre prêchaient et pratiquaient, et leurs femmes avec eux, le culte de la génialité sous toutes ses formes, y compris la liberté de la passion. Ils ne manquèrent point d'adeptes, parmi lesquels le philosophe Schelling ; ils furent immoraux avec pédanterie, ce qui est de l'immoralité triple, et confirmèrent le philistin dans l'opinion que l'homme génial est un vilain animal.

Iéna ne possédait pourtant, comme on l'a dit spirituellement [1], que « la chaire » du romantisme. L'église était à Berlin, où elle prospérait. Un groupe de Juives intelligentes et peu austères, les Rahel, les Henriette Herz et leurs amies, y menaient le chœur des muses folles devant un troupeau enthousiaste de poètes, de savants, et même de théologiens. L'espèce humaine est si peu inventive, qu'à Berlin comme à Weimar et à Iéna, l'amour libre représentait le point culminant de la génialité. Il en a été de même en France pour nos romantiques de 1830. Est-ce qu'on ne trouvera jamais autre chose ?

Il faut dire, à l'excuse de la jeunesse germanique d'il y a cent ans, que le milieu d'où elle sortait était souvent bien peu intellectuel, bien peu propre à contenter et à retenir des esprits ardents et curieux. La plupart des nobles ne se piquaient que d'être grands chasseurs et grands buveurs ; nombre de bourgeois ne le cédaient en rien, pour l'humeur routinière et provinciale, à l'oncle d'Hoffmann ou au père de Gœthe, nombre de parents étaient aussi incapables qu'eux, par le même zèle étroit et mal entendu, de respecter la personnalité d'autrui. Il est pénible de se sentir suspect aux siens, et c'est ce qui arrivait fréquemment aux jeunes gens. Hoffmann, qui en savait quelque chose, a dépeint la situation avec vivacité dans une page du *Chat Murr* où il se met en scène sous son déguisement favori de Jean Kreisler, maître de chapelle. L'une de ses héroïnes, Mme la conseillère Benzon, est en train d'exprimer sa satisfaction de ce qu'il est arrivé malheur à ce Kreisler dont l'esprit tourmenté se plaît à remuer des problèmes qu'il vaut infiniment

---

1. Rudolf von Gottschall, *Die deutsche Nationallitteratur des neunzehnten Jahrhunderts.*

mieux laisser dormir. Un ami du maître de chapelle l'interrompt violemment et prend en ces termes la défense de l'artiste : « Qu'avez-vous donc tous contre ce pauvre Jean? Quelle méchanceté vous a-t-il donc faite pour que vous ne vouliez pas lui accorder une petite place, un petit coin sur cette terre? Vous ne le savez pas? Eh bien! je vais vous le dire. Kreisler ne porte pas vos couleurs, il ne comprend rien à vos façons de parler. La chaise que vous lui offrez pour s'asseoir parmi vous est trop petite, trop étroite pour lui. Vous ne pouvez pas le considérer comme votre pareil, et c'est ce qui vous blesse. Il ne veut pas reconnaître l'éternité des conventions sur lesquelles vous avez fondé votre conception de la vie; il pense que les préjugés misérables où vous êtes emprisonnés ne laissent pas apparaître à vos yeux la vie véritable; il trouve tout à fait plaisante la solennité avec laquelle vous vous figurez régner sur un empire qui vous est impénétrable, et voilà ce que vous appelez de l'amertume... Vous ne pouvez pas souffrir Kreisler parce que le sentiment de la supériorité que vous êtes forcés de lui accorder vous est insupportable; vous le redoutez parce que son esprit est en commerce avec des choses plus élevées que celles qui cadrent avec l'étroitesse de votre cercle. »

Mme la conseillère répondit à cette tirade par une autre tirade, trois fois plus longue, sur l'utilité des conventions sociales, qui lui avaient seules procuré la paix et le repos, et elle avait raison de s'y tenir, puisqu'elle s'en trouvait bien, mais elle avait tort de manquer d'indulgence envers ceux qui s'en trouvaient mal. C'est ainsi qu'on pousse les Jean Kreisler à aller chercher n'importe où des âmes plus charitables et un peu d'air respirable. Sans l'oncle Otto et les bonnes dames des concerts de famille, Hoffmann n'aurait peut-être pas fait, lui aussi, tant de sacrifices fâcheux à la génialité à tout prix.

Dans toute sa génération, nul n'a été plus pénétré de la nécessité de « faire de sa vie un tout harmonieux ». Il ne reconnaissait pas au poète le droit de s'en dispenser. Le poète *doit* vivre en poète, parce qu'il ne *doit* pas pouvoir s'en empêcher; c'est le signe auquel on reconnaît qu'il possède réellement l'étincelle divine : « Il y a, disait-il, tant de gens qu'on appelle poètes et à qui, d'ailleurs, on ne saurait refuser ni l'esprit, ni la profondeur, ni même le sentiment! Mais, comme si la poésie était autre chose que la vie même du poète, ils ne savent se dégager d'aucune des trivialités de la vie quotidienne; ils s'abandonnent même volontiers à ces trivialités, et tracent soigneusement une ligne de démarcation entre les heures de la cérémonie sacrée, à leur table de travail, et tout le reste de leur activité... Il m'est odieux qu'on mette toujours à part la vie privée, chez le poète, comme s'il s'agissait d'un personnage diplomatique, ou d'un homme d'affaires en général. On ne me persuadera jamais que celui dont la vie tout entière n'est pas soulevée par la poésie au-dessus de la vulgarité, des misérables petitesses et des conventions du monde, celui qui n'est pas à la fois ardent et grandiose, soit un véritable poète, et que sa vocation ait surgi des profondeurs de l'émotion et du sentiment. »

Vivre la poésie, c'est bientôt dit. Ce n'est pas toujours facile pour un petit fonctionnaire très pauvre, envoyé de-ci de-là au hasard des postes vacants. Hoffmann s'en remit à sa nature d'artiste : elle le mena au cabaret. Il en eut d'abord quelque honte : « J'ai voulu m'étourdir, écrivait-il à Hippel, et je suis devenu ce que les maîtres d'école, les prédicateurs, les oncles et les tantes appellent un débauché ». Mais il s'avisa au bout de peu de temps que ce langage était d'un ingrat et que son instinct l'avait très bien servi. La bouteille, qui abrutit tant de gens, peut en soulever d'autres au-dessus d'eux-mêmes : « On parle souvent de l'inspiration que les artistes puisent dans l'usage des boissons fortes, — on cite des musiciens et des poètes qui ne sauraient travailler autrement (les peintres, autant que je sache, sont restés à l'abri de ce reproche). Je n'en crois rien, mais il est certain que, lorsqu'on est dans l'heureuse disposition, je pourrais dire dans la constellation favorable, où l'esprit passe de la période d'incubation à celle de création, une boisson spiritueuse imprime aux idées un mouvement plus vif. La comparaison qui me vient à l'esprit n'est pas bien noble; mais, de même qu'une roue de moulin travaille plus vite quand le torrent grossit et augmente de force, de même, quand l'homme se verse du vin, le mouvement intérieur prend une allure plus rapide ! C'est tout de même beau qu'un noble fruit porte en lui-même de quoi régir l'esprit humain, par un procédé inexplicable, dans ses résonances les plus personnelles. »

Le tout est de savoir se griser. C'est une science comme une autre, qui exige des études et un sens délicat des rapports de la psychologie avec la physiologie. Hoffmann se flattait de la posséder à fond et de pouvoir, au besoin, en donner des leçons. C'était avec du vin, et du meilleur, qu'il accélérait la roue de son moulin. Il y ajoutait çà et là un bol de punch, pour le plaisir de contempler « le combat entre les salamandres et les gnomes qui habitent dans le sucre ». En bon français, il aimait à le voir flamber; mais le punch jouait un rôle secondaire dans l'évocation de ce qu'il appelait « son humeur exotique ». C'est au vin qu'il la demandait, source unique des ivresses généreuses et légères qui excitent le cerveau et donnent des ailes à la pensée. Hoffmann se faisait fort d'indiquer aux artistes quels crus sont favorables aux genres sévères, quels font éclore les œuvres passionnées ou légères : « S'il était réellement à conseiller de verser quelque spiritueux sur la roue intérieure de l'imagination (et je le crois, car cela procure à l'artiste, outre l'allure plus rapide des idées, un certain bien-être, une gaieté, qui rendent le travail plus facile), on pourrait établir certains principes, une certaine méthode, pour l'usage des boissons. Par exemple, je recommanderais, pour la musique d'église, les vieux vins de France ou du Rhin, pour l'opéra sérieux le meilleur bourgogne, pour l'opéra-comique le champagne, pour les canzonettas les vins chaleureux d'Italie et enfin, pour une composition éminemment romantique comme le *Don Juan*, un verre modéré de la boisson issue du combat entre les salamandres et les gnomes. — Cependant, je laisse à chacun son appréciation individuelle. Je crois seulement devoir me faire remarquer à moi-même, discrètement, que l'Esprit, fils de la lumière et du feu souterrain, dominateur insolent de l'homme, est extrêmement dangereux, et qu'on ne doit pas se fier à sa bienveillance, car il a vite fait de changer d'attitude et devient un tyran terrible, d'ami agréable et bienfaisant qu'il était. »

Hoffmann se surveillait pour ne pas tomber sous le joug du « tyran terrible », et il y a réussi en ce sens qu'il n'a jamais été un ivrogne vulgaire, buvant pour boire, jusqu'à l'abrutissement final. Il a presque toujours su s'arrêter quand il se jugeait assez « monté ». Il n'en a pas moins été un alcoolique — il en est mort, — et comme son alcoolisme a influé sur la forme de son talent; comme nous sommes, d'autre part, très renseignés, par lui-même ou par son biographe [1], sur

---

1. Hitzig, son premier biographe. Ceux qui sont venus après

les sensations qui se transformaient sous sa plume en personnages ou en incidents fantastiques, on nous excusera d'insister sur un sujet qu'on a l'habitude de séparer de la littérature. Dans le cas d'Hoffmann, il la rejoint. Il serait dommage de ne pas en profiter pour hasarder des suppositions, peut-être extra-scientifiques, sur ce qu'il peut entrer d'éléments pathologiques dans une œuvre littéraire.

Il eut le temps de s'alcooliser tout doucement, n'ayant commencé à écrire pour le public qu'en 1809. Jusque-là, il avait toujours tâtonné dans des voies qui n'étaient pas la sienne. On lit dans son *Journal*, à la date du 16 octobre 1803 : « Suis-je né peintre ou musicien? Il faut que je pose la question au président *** ou au grand chancelier; eux le sauront. » Il demandait la réponse, avec persévérance, à ses crayons ou à son papier à musique, et jamais elle n'était concluante. Il avait le désir de faire des portraits, mais ses dessins, toujours vivants et spirituels, tournaient toujours à la caricature, qu'il le voulût ou non ; aussi les clients ne venaient-ils point. En musique, il a été un compositeur fécond et varié. Il a écrit de tout et en abondance : opéras, symphonies, sonates, airs de chant, musique de chambre, musique d'église, ouvertures, et ce n'était pas mauvais. Il manqua pourtant mourir de faim, faute d'éditeur, le jour, tant souhaité, où il fut réduit à faire de l'art pour vivre.

C'était après Iéna, la date fatidique du relèvement de l'Allemagne. En toutes choses, avec ce peuple, il faut dire : avant Iéna, après Iéna. Comme les leçons du malheur leur ont profité! Comme ils ont été eux-mêmes une leçon inoubliable pour les autres! Le

---

lui n'ont pu que le piller; il était intimement lié avec Hoffmann, et il a eu tous ses papiers entre les mains.

patriotisme naquit en un jour; poètes et écrivains parlèrent aux vaincus, dans un langage enflammé, « de la nationalité allemande, d'une patrie commune à tous, de la réunion des races chrétiennes de la Germanie, de l'unité de l'Allemagne [1] », et la nation se leva en masse. Les folies romantiques et les paradoxes de salon s'évanouirent comme une fumée, cédant la place aux pensers graves et aux haines vigoureuses. Un souffle religieux passa sur les âmes : « La mauvaise fortune, dit encore Henri Heine, enseigne à prier, et vraiment jamais elle n'avait été si grande parmi nous, et par conséquent le peuple plus enclin qu'alors à la prière, à la religion, au christianisme ».

Quelques Allemands, et non des moindres, auxquels leurs compatriotes ne l'ont jamais pardonné, demeurèrent pourtant insensibles aux désastres de la patrie, étrangers au glorieux mouvement qui les suivit. Hoffmann fut du nombre; il dépassa Gœthe en indifférence, et ce ne fut pas sa faute si la bataille d'Iéna eut pour lui les conséquences les plus graves, si elle a été cause que nous possédons les *Contes fantastiques*.

Il avait été nommé « conseiller de régence » dans la ville de Varsovie, qui appartenait alors à la Prusse, et il y menait joyeuse vie avec une bande d'amis des arts et du plaisir. Ce n'était que concerts, théâtres, bals masqués, parties de campagne et de cabaret. La défaite d'Iéna trouva Hoffmann et ses compagnons ordinaires dans un ouragan d'amusements, et, chose incroyable si elle n'était affirmée par un témoin oculaire, ils n'en furent pas dérangés, n'eurent même pas la curiosité d'ouvrir un journal, jugeant impossible, à la distance où était Iéna, que le contre-coup des événements arrivât jusqu'à eux, et c'était tout ce qu'il

---

1. Henri Heine, *De l'Allemagne*.

leur fallait. Hoffmann aurait cru déroger en s'intéressant aux affaires publiques. « Quel artiste, disait-il, s'est jamais soucié de la politique? » L'arrivée d'une armée russe charma sa badauderie, et son bonheur fut au comble quand les Français eurent remplacé les Russes, parce qu'il n'allait plus à son bureau : il n'y avait plus d'administration prussienne. Les employés se partagèrent la caisse pour l'empêcher de tomber aux mains de l'ennemi, et Hoffmann mangea sa part en bonne compagnie, dans un cabaret d'où l'on apercevait chaque matin Napoléon à la parade.

Lorsque tout fut mangé, et bu, il revint à Berlin et se résolut à mener la vie d'artiste, puisque les circonstances l'avaient débarrassé de sa situation. Il mit une annonce dans un journal pour demander une place de chef d'orchestre, et il en trouva une. C'était à Bamberg. Hoffmann arriva tout à point pour assister à l'agonie et à la faillite du théâtre, mais il n'en fut point découragé. Il avait la foi, il avait l'enthousiasme, il était décidé à « vivre la poésie », et il la vécut pendant huit ans, si c'est vraiment « se soulever au-dessus des vulgarités et des misérables petitesses de l'existence quotidienne » que d'être compositeur à gages, machiniste, ténor, peintre de décors, architecte pour trucs et praticables, chef d'orchestre à Bamberg, metteur en scène, et, quand tout cela ensemble ne suffisait pas pour le nourrir, professeur de piano au cachet. Les acteurs et les auteurs le firent enrager. Il subit les caprices et les humeurs de la *prima donna* et de la jeune première. Il fut sifflé parce que le public le trouvait trop ridiculement petit et trop bizarre d'allures pour conduire un orchestre. Il voyagea avec sa troupe dans un attirail digne du *Roman comique*. « Nous remplissions neuf voitures.... Il y en avait une surtout qui me paraissait si remarquable que je ne manquais jamais d'être présent pour la voir charger et décharger. Tout bien compté, il y avait là dedans : un coiffeur, deux hommes de peine, cinq filles de chambre, neuf enfants, dont deux nouveau-nés et trois autres tétant encore, un perroquet jurant sans discontinuer, cinq chiens, quatre cochons d'Inde et un écureuil. » Il fut ballotté d'une ville à l'autre, au gré des hasards de la guerre, jouant pour les Français ou les Allemands sans regarder à l'uniforme, enchanté de Napoléon quand ses soldats remplissaient la salle, furieux contre lui d'avoir donné une bataille à Dresde en pleine saison théâtrale, et découvrant alors subitement que l'empereur avait « un effroyable regard de tyran et rugissait d'une voix de lion ». Il eut quelques bons jours et beaucoup de mauvais, connut les délices des soupers de comédiennes, les dettes, les expédients, la misère noire, en vint à inscrire dans son *Journal* cette note de bohème : « Vendu ma vieille redingote pour avoir de quoi dîner ». Et il demeura persuadé jusqu'à son dernier soupir qu'il avait « vécu la poésie ». Heureux homme!

L'idée d'écrire lui vint dans un des mauvais jours. Il n'était pas seul à souffrir la faim. Hoffmann avait épousé une gentille Polonaise, nommée Micheline, qui doit avoir une place d'honneur au paradis des poètes, car elle ne s'est jamais impatientée contre son mari. A cause d'elle, celui-ci fit un dernier effort dans un moment d'extrême détresse. Il offrit sa collaboration au directeur de la *Gazette musicale*, de Leipzig, par une lettre de 1809 où il lui racontait gaiement son histoire et finissait par lui avouer « qu'en ce moment il n'était rien, qu'il n'avait rien, mais qu'il voulait tout, sans savoir précisément quoi, et que c'était précisément là ce qu'il désirait apprendre de lui. Il ajouta qu'il lui fallait une réponse prompte, vu que la faim, et surtout celle de sa femme, lui faisait mal, et qu'il n'y avait qu'une seule chose au monde qui pût l'attrister davantage, ce serait de recevoir de l'argent qu'il n'aurait pas gagné [1]. »

Le directeur de la *Gazette musicale* était homme d'esprit. Il répondit à ce correspondant original qu'il l'engageait à lui écrire un conte dont le héros serait un musicien plein de belles idées, mais aux trois quarts fou et tant soit peu grotesque. Le conte ne fut pas écrit; néanmoins le conseil ne fut pas perdu. Il poussait Hoffmann du côté où il penchait. La mode du jour l'avait disposé à chercher ses sujets dans le monde des malades et du mystère, et les progrès de l'alcoolisme ne lui rendaient que trop facile de se représenter des personnages singuliers, faisant des actions de rêve.

Le romantisme allemand était devenu morbide sous l'influence de Tieck et des Schlegel. Henri Heine appelait les écrivains de leur école des « troubadours somnambules », et le nom était bien trouvé. Tieck et les Schlegel, en opposition à l'esprit cosmopolite de Gœthe, avaient excité l'Allemagne à se replier sur elle-même et à ne demander qu'à son passé les éléments d'un renouvellement poétique. On ne voulait plus d'influences étrangères, de peur de retomber encore dans les imitations. On se retourna vers le moyen âge germanique, et ce fut alors une débauche de mysticisme et de fantastique. En même temps, l'ironie devenait le mot d'ordre du romantisme, pour des raisons subtiles qu'un des esthéticiens les plus distingués du parti, le philosophe Solger, a expliquées ingénieusement, sinon avec clarté. S'inspirant de la théorie platonicienne des Idées, Solger fait jaillir

---

[1]. Hitzig, traduction Loève-Veimars.

l'ironie du contraste douloureux entre l'Idée et les formes périssables, éphémères, sous lesquelles elle se manifeste sur la terre. Le parfait n'apparaît à nos yeux qu'en cessant d'être parfait; il n'existe pour nous qu'en s'anéantissant, et, par une conséquence naturelle, « le mysticisme engendre l'ironie quand il abaisse ses regards vers la réalité ».

Hoffmann n'avait pas besoin qu'on lui recommandât l'ironie. Il aurait plutôt eu besoin qu'on lui apprît à parler quelquefois sérieusement. Il se fait dire, dans un de ses contes, par un interlocuteur imaginaire : « Je t'en supplie, pas de ta maudite humour, ça me coupe la respiration ». Telle de ses lettres, sans parler de ses ouvrages, vous coupe, en effet, la respiration, par exemple quand il fait part à un ami de la mort d'un oncle qu'il aimait tendrement (ce n'était pas l'oncle Otto) dans les termes que voici : « L'oncle de Berlin est devenu, comme dit Mercutio, un homme tranquille; il est mort.... »

Le fantastique le séduisait à l'égal de l'ironie, parce qu'il y était aussi dans son élément, grâce à son système d'entraînement par le vin. Il y avait une dizaine d'années qu'il se « montait » presque tous les jours, et il en était arrivé à voir des scènes irréelles qu'il n'avait plus qu'à raconter. C'était désormais un alcoolique. A la vérité, tous les alcooliques ne sont pas sujets à des hallucinations, dans les premiers temps du moins : « Si les illusions, dit le docteur Magnan, sont fréquentes dans l'ivresse, les hallucinations, au contraire, sont rares; certains auteurs... n'en font pas mention; d'autres, au contraire, attribuant à l'ivresse des symptômes qui appartiennent à une autre phase de l'alcoolisme, signalent non seulement des hallucinations, mais encore des idées de suicide sous l'influence des hallucinations, des impulsions maniaques, etc. Ce n'est plus là de l'ivresse, mais bien des accidents aigus soit chez des individus adonnés depuis longtemps aux excès de boissons, atteints conséquemment de délire alcoolique, soit chez des individus à prédisposition spéciale, chez lesquels l'alcool ne vient agir qu'à titre d'excitant [1]. »

Hoffmann appartenait à la classe des « individus à prédisposition spéciale ». Mal équilibré, il avait été voué dès le berceau aux troubles nerveux. Les hallucinations ne se firent donc pas attendre. Deux ou trois ans après avoir commencé à boire un peu trop, il écrivait dans son *Journal* : « Hier soir, tous les nerfs excités par le vin épicé. Léger accès de pensées de mort. Fantômes. »

Les troubles sensoriels suivaient chez lui la marche classique. D'après le savant déjà cité, « on observe une gradation successive et dans l'intensité des phénomènes et dans leur mode d'évolution. L'on passe du simple trouble fonctionnel à l'illusion, de celle-ci à l'hallucination confuse d'abord, unique, puis multiple et devenant peu à peu hallucination nette, précise, distincte, s'imposant, en un mot, comme la réalité. » Le moment où l'on s'endort est particulièrement favorable « à l'éclosion des troubles hallucinatoires ».

Chaque mot de ce qui précède s'applique à Hoffmann. Les soirs de sobriété relative, et justement dans « l'état intermédiaire à la veille et au sommeil », il éprouvait une perversion générale des sens. Ce n'était plus seulement, comme chez Alfred de Musset et d'autres poètes nerveux, le phénomène de l'audition colorée qui, en lui-même, n'a rien de morbide. Hoffmann entendait les couleurs ou les odeurs, et réciproquement il voyait les sons : « Dans l'état de délire qui précède

1. *De l'Alcoolisme.*

le sommeil, disait-il, et surtout quand j'ai entendu beaucoup de musique, il se produit chez moi une confusion entre les couleurs, les sons et les parfums. C'est comme si les uns et les autres naissaient mystérieusement tous ensemble d'un même rayon de lumière et s'unissaient ensuite pour former un concert merveilleux. — Le parfum de l'œillet rouge foncé agit sur moi avec une puissance extraordinaire et magique. Je tombe involontairement dans un état de rêve, et j'entends alors, comme dans un grand éloignement, les sons d'un cor s'enfler et s'affaiblir tour à tour. »

Après des séries de séances trop prolongées au cabaret, les hallucinations se précisaient. Hitzig et d'autres amis étaient venus le soigner, à Varsovie, pendant une « fièvre nerveuse » assez grave, résultat de plusieurs mois de désordres. Hoffmann, très agité, très irritable, se plaignait sans discontinuer « des souffrances que lui infligeaient ses gardes-malades, qu'il prenait pour des instruments de musique. — Aujourd'hui, la flûte m'a cruellement tourmenté, s'écriait-il, désignant par là un ami qui parlait très bas et dont la voix avait quelque chose de langoureux. Ou bien : — Toute l'après-midi, cet insupportable basson m'a fait souffrir le martyre ; il manquait toujours sa rentrée, ou bien il était en retard. — Le basson était ***, qui avait une grosse voix de basse [1]. »

Les hallucinations des alcooliques sont presque toujours « pénibles, désagréables, agressives ». Ici encore, Hoffmann n'échappa point à la règle commune; cependant, il n'a jamais eu les visions terrifiantes des malheureux qui se croient entourés d'assassins, de bêtes féroces ou immondes, qui voient couler du sang

---

[1]. Biographie de Hitzig.

et entendent des cris d'angoisse. Les siennes étaient relativement douces. Tantôt il lui semblait « répandre dans l'obscurité une lueur phosphorescente [1] ». Tantôt, dans un salon très éclairé et plein de monde, il apercevait un gnome sortant du parquet, et refusait avec humeur d'admettre que les autres personnes ne vissent rien. Il lui arrivait quelquefois d'être entouré de spectres et de figures grimaçantes, en particulier la nuit, lorsqu'il était seul, assis à sa table de travail. Ses contes fantastiques se vivaient alors autour de lui avec tant de réalisme, que l'effroi le prenait et qu'il allait réveiller sa femme. La patiente Micheline se levait, tirait son tricot, et s'asseyait auprès de son mari pour le rassurer.

Les seules hallucinations vraiment cruelles lui venaient de la crainte de la folie, qui l'avait poursuivi depuis qu'il était en âge de penser : « Pourquoi, écrivait-il, pensé-je si souvent à la folie, endormi ou éveillé? — Je me figure que les purgations intellectuelles peuvent agir comme une saignée. » Nous devons probablement à cette idée bizarre les nombreux détraqués que l'on rencontre dans ses récits. Chaque fou qu'il « projetait de son monde intérieur au dehors », selon ses expressions, équivalait à une « purgation intellectuelle ». Mais il avait beau lutter, l'obsession ne le quittait pas. Il l'a dépeinte avec un accent de terreur qui inspire la compassion : « Vous ne la reconnaissez pas? — Vous ne la reconnaissez pas? — Regardez-la; elle saisit mon cœur avec des griffes de feu! — Elle prend toutes sortes de déguisements grotesques — en chasseur noir — en chef d'orchestre — en charlatan — en *ricco mercante*. — Elle frappe les cordes du piano avec les mouchettes, pour m'empêcher de jouer! —

---

[1]. Lettre à Hitzig, du 20 avril 1807.

Kreisler! — Kreisler! — Garde à toi! — Le vois-tu te guetter, le spectre pâle aux yeux rouges étincelants? Le vois-tu sortir ses griffes de squelette de dessous ses haillons pour te saisir, en secouant sa couronne de paille sur son crâne chauve et poli? — C'est la démence! — Tiens-toi ferme, Jean! — Comme tu me secoues, spectre irrité!... Comment fuir?... Laisse-moi[1]! »

D'après tout ce qui précède, la voie littéraire de Hoffmann était tracée au moment où il commença à écrire. Il ne pouvait guère faire que ce qu'il a fait.

III

Son œuvre est considérable. Elle forme douze volumes compacts, bien qu'on n'ait point recueilli les nombreux articles de critique musicale qui ne furent pour lui qu'un gagne-pain et qui n'offriraient d'intérêt — s'ils en offraient — qu'aux historiens de la musique. Parmi les ouvrages admis dans « l'édition complète », quelques-uns, où l'influence de Jean-Paul Richter est sensible dans le tour d'esprit et dans le style, ont été composés à la louange et en l'honneur de la déesse Ironie, prônée par les Schlegel. « Il aimait sur toutes choses, disait Hoffmann de lui-même, ce badinage qui naît d'une intuition profonde de l'être.... Mais vous êtes des gens sérieux et distingués, et vous n'aimez pas la plaisanterie. » Un ou deux des douze volumes excusent en vérité les « gens sérieux et distingués » d'avoir boudé certaines plaisanteries d'Hoffmann. On

---

1. *Kreisleriana.*

devient philistin déterminé en face d'un « badinage » de plusieurs centaines de pages qui naît et renaît sans rémission, « d'une intuition profonde de l'être ». Le *Chat Murr*, par exemple, chef-d'œuvre d'Hoffmann d'après son dernier biographe [1], est un défi effronté à la patience du lecteur le plus débonnaire. Il faudrait être la douce Micheline pour aller jusqu'au bout sans avoir envie de jeter le livre à la tête de l'auteur.

Murr est un chat philosophe qui écrit ses mémoires. Son maître ayant laissé un livre sur la table, il en déchire des pages pour se faire du papier buvard, et néglige ensuite de les retirer de son manuscrit. L'imprimeur des mémoires croit qu'elles font partie du texte, et les réflexions de Murr sur la vie ou sur l'art s'entremêlent ainsi, à bâtons rompus et au beau milieu des phrases, avec des fragments d'une histoire mélodramatique dont nous n'avons ni le commencement ni la fin. Voilà ce qu'on appelait, en langage romantique allemand, posséder le sens de l'ironie. Ce sont des inventions de ce genre qui ont arraché à Henri Heine ce cri du cœur, à propos des disciples de Tieck et des Schlegel : « Je viens de comparer le Parnasse allemand de ce temps-là à Charenton, mais je crois qu'en cela j'ai dit trop peu. Une démence française est loin d'être aussi folle qu'une démence allemande, car dans celle-ci, comme eût dit Polonius, il y a de la méthode. » La méthode dans l'extravagance a été la perdition d'Hoffmann humoriste ; on croit toujours être tombé sur le morceau auquel il songeait en notant dans son *Journal*, de peur, apparemment, de

---

1. *E.-T.-A. Hoffmann, Sein Leben und seine Werke*, par Georg Ellinger. (1 vol. in-8; Léopold Voss. Hambourg et Leipzig, 1894.)

l'oublier : « A présent, il faut écrire quelque chose de très spirituel [1] ».

Plusieurs critiques l'ont rangé en même temps parmi les écrivains réalistes, et cela peut se défendre. Hoffmann est, en effet, réaliste par la précision et la vérité des détails, jusque dans ses fantaisies les plus folles. Il devait cette qualité, très frappante dans des contes fantastiques où on ne l'attendait guère, à une étude approfondie du *Neveu de Rameau*. C'est Diderot qui lui avait appris à poser un personnage de manière à le rendre vivant et présent, fût-il habitant de la lune.

On a encore de lui, en dehors du genre hoffmannesque, des souvenirs personnels plus ou moins arrangés [2], et des fragments, ou dialogues, sur des questions d'art et de littérature et sur tous les sujets se rattachant au monde occulte, sa grande préoccupation, de plus en plus, à mesure que les hallucinations augmentaient [3].

Quelques-unes de ses idées sur l'art sont intéressantes. Il a soutenu, comme Gluck et longtemps avant Wagner, que les paroles et la musique doivent être étroitement liées dans un opéra, et il a conseillé aux compositeurs d'écrire eux-mêmes leurs livrets. « L'unité parfaite du texte et de la musique, disait-il, ne peut

---

[1]. Le *Chien Berganza* et certains *Kreisleriana* appartiennent aussi au genre humoristique. D'autres ouvrages, par exemple le grand conte intitulé *Petit Zachée*, sont un mélange d'humour et de fantastique.

[2]. Les *Souffrances musicales de Jean Kreisler*; les *Pensées très dispersées*; les *Singulières souffrances d'un directeur de théâtre*; des passages du *Chat Murr*, du *Chien Berganza*, des *Frères Sérapion*, etc.

[3]. La majeure partie des *Kreisleriana* et toutes les conversations où s'encadrent les contes fantastiques dans les quatre volumes des *Frères Sérapion*.

s'obtenir que si le poète et le compositeur sont une seule et même personne. » Cela doit « couler ensemble ». Il avouait toutefois qu'il était incapable, pour sa part, d'écrire les paroles d'un opéra, faute de savoir manier le vers, et encore pour d'autres raisons, et il ajoutait que la question des livrets avait été la grosse pierre d'achoppement de sa carrière musicale.

Il défendait chaleureusement la doctrine de l'art pour l'art : « Je fais dater la décadence du théâtre allemand, écrivait-il en 1813, de l'époque où l'on a posé en principe que le but le plus élevé de la scène, et même son but unique, est de moraliser l'homme, et où l'on a ainsi transformé les salles de spectacle en écoles de réforme. Le comique le plus comique n'amusait plus ; on apercevait derrière chaque plaisanterie les verges du pédagogue.... Les Allemands me rappellent toujours ce mathématicien qui avait été entendre l'*Iphigénie en Tauride*, de Gluck, et qui demandait en riant à son voisin : — Qu'est-ce que cela prouve? — Tout doit avoir un sens en dehors de son sens propre ; tout doit tendre à un but *extérieur*, que l'auteur doit avoir en même temps devant les yeux. Le plaisir même ne se contente pas d'être le plaisir; il faut qu'il procure quelque profit matériel ou moral, afin que l'utile soit toujours mêlé à l'agréable, suivant le vieux précepte des livres de cuisine. »

« Mais, objecte un interlocuteur, un simple divertissement passager est un but si mesquin, que tu en assignes assurément un plus élevé au théâtre? »

Le personnage qui exprime les vues de l'auteur reprend avec entraînement : « L'art ne saurait avoir de but plus élevé que d'éveiller chez l'homme une impression de plaisir d'une nature particulière, de l'affranchir par là, comme on le débarrasserait d'impures scories, de tous les soucis terrestres et de l'action déprimante de la vie quotidienne, de le relever et de l'amener, joyeux et la tête haute, à la vision et presque au contact des choses divines. Éveiller ce plaisir, susciter la foi aux merveilles du pur idéal, élever l'homme à ce point de vue poétique d'où il aperçoit la vie et ses innombrables manifestations illuminées et ennoblies par l'éclat de la poésie — cela seul, à mon avis, est le véritable but du théâtre. » Le théâtre étant pris ici pour emblème de l'art en général, la page est aussi juste que noble. L'œuvre d'art moralisatrice est celle qui fait passer dans les cœurs un certain frisson, unique et combien joyeux! que donne, et que donne seule « la vision des choses divines ».

Hoffmann devient inépuisable en théories et en réflexions dès qu'il touche au monde occulte. Il est là dans son domaine. A peine y a-t-il posé le pied, qu'on sent devant soi le vrai Hoffmann.

Il possédait un grand avantage sur le commun des romantiques allemands, qui fabriquaient du fantastique de commande, parce qu'on avait décidé entre poètes de ressusciter le moyen âge, et que le moyen âge était crédule et superstitieux. Leurs personnages surnaturels sentent toujours le bric-à-brac. Ils ne sont jamais faits comme vous et moi, et ne savent pas vivre simplement. On les voit sortir d'une fente de rocher ou du fond de l'eau. Ils sont accompagnés d'un bruit de tonnerre, ou de flammes de bengale. Leurs costumes et leurs manières attirent l'attention. Ce sont des faiseurs d'embarras, et c'est pourquoi ils n'ont pas été populaires longtemps.

Quelle différence avec ceux d'Hoffmann, qui frayait jour et nuit avec les fantômes! Comme les siens sont modestes et naturels! L'un de ses héros, le comte Hippolyte, est tranquillement assis à sa table de travail. Il reçoit la visite d'une vieille dame à toilette provinciale, suivie de sa fille. La mère lui raconte ses malheurs. Tandis qu'elle débite sa litanie, Hippolyte s'occupe à regarder la fille, qui est très jolie, Comment se douterait-il qu'il vient de recevoir dans son cabinet deux vampires [1] ?

Mme G... a chez elle quelques amis. On bavarde autour de la lampe en prenant du thé ou du punch. La porte s'ouvre et l'on voit paraître un monsieur très bien mis, très correct, qui se présente en homme « du grand monde ». C'est un invité de M. G..., qui a oublié d'avertir sa femme. C'est aussi un hypnotiseur (Hoffmann dit « magnétiseur »), possédant le pouvoir de la suggestion à distance, et il va jeter le trouble dans cette famille paisible [2].

Un brave Berlinois rentre chez lui, le soir, après avoir bu sa chope de bière. Il aperçoit un passant qui frappe à une maison inhabitée, et il l'avertit charitablement de son erreur. Par reconnaissance, l'autre l'invite à vider une bouteille. Le bonhomme accepte, sans pouvoir deviner qu'il trinque avec un célèbre alchimiste du XVIe siècle, et que le vieux juif assis en face d'eux fabriquait de la fausse monnaie à la même époque [3].

L'ombre de dona Anna vient causer avec Hoffmann dans une loge de théâtre, et c'est à une table de café, dans un jardin empesté par l'odeur du tabac, qu'il fait connaissance avec l'ombre de Gluck. Des fantômes qui sont comme tout le monde n'ont pas besoin de paysages romantiques et de châteaux moyen âge. Ils se montrent, sans être embarrassés de leur personne,

---

1. Dans les *Frères Sérapion*, vol. IV.
2. *Le Spectre fiancé. Ibid.*, vol. III. Nous conservons aux contes qui sont célèbres en France le titre sous lequel ils ont été traduits.
3. *Le Choix de la fiancée. Ibid.*, vol. III.

dans les lieux où tout le monde va, où tout le monde est. Ceux du *Majorat* n'habitent parmi des ruines que parce qu'Hoffmann avait réellement séjourné dans le vieux château des bords de la Baltique. Le décor lui avait paru joli ; il l'utilisa, mais sans croire un instant qu'on ait plus de chances de voir des revenants dans une salle gothique et croulante qu'au coin de son feu, dans la modeste chambre soigneusement époussetée par la bonne Micheline. Il savait trop bien le contraire, lui qui était entouré d'esprits, étant un Voyant.

En ce temps-là, l'alcoolisme n'avait pas encore été étudié scientifiquement. Hoffmann ne se doutait pas, lorsqu'il buvait pour exciter son cerveau, que ses visions sortaient avec le vin du goulot de la bouteille. Il croyait seulement avoir donné à ses facultés toute leur acuité, afin de pouvoir plonger ses regards dans le monde mystérieux qui reste invisible à l'homme ordinaire. Le poète, disait-il, « favori de la Nature », peut seul aspirer à « la connaissance profonde, complète, de l'être ». Il n'est donné qu'à lui de lever les voiles qui dérobent aux yeux du vulgaire des phénomènes obéissant à d'autres lois, à d'autres forces, que les lois et les forces étudiées, formulées, mesurées par les docteurs et les académiciens. Quand on a « le don », beaucoup de choses qui paraissent inexplicables aux autres deviennent toutes naturelles. Hoffmann avait le don. Il n'était donc pas surprenant qu'il vît les habitants de cet autre monde, et qu'il conversât avec les esprits des trépassés. Plus les hallucinations redoublaient, plus il avait la foi et, inversement, plus il réfléchissait à ces mystères, plus il apercevait après boire de revenants et d'êtres extra-terrestres en tout genre, car il a été constaté que « les hallucinations ont pour objet, soit les occupations ordinaires, soit les préoccupations dominantes du moment [1] ». Ce n'était pas un état d'esprit bien sain ; on ne le souhaiterait à personne ; mais c'était un état d'esprit éminemment favorable pour un écrivain fantastique, puisque Hoffmann aurait souvent été bien en peine de faire la part du rêve et celle de la réalité dans ses portraits *d'après nature*. Il ne s'imaginait pas que les personnages de ses contes, qui gambadaient dans la chambre tandis qu'il écrivait, avaient tous une existence véritable. Et pourtant ! puisqu'il les voyait et les entendait ! Il s'y perdait, et en arrivait à se demander si ce que nous appelons le monde réel ne serait pas une apparence, s'il existe en dehors de notre entendement.

Dans un de ses plus jolis contes, un promeneur nommé Cyprien s'égare dans une forêt. Il aperçoit un ermite assis sur une pierre et s'approche pour lui demander son chemin. L'ermite lui répond d'une voix solennelle et caverneuse : « Tu agis bien légèrement et bien étourdiment d'interrompre par une sotte question mon entretien avec des hommes de poids.... Tu vois que je n'ai pas le temps de causer avec toi. Mon ami Ambroise, des Camaldules, retourne à Alexandrie ; va avec lui. » Comprenant qu'il a affaire à un fou, Cyprien n'insiste pas.

Il demande dans le pays qui est cet ermite. On lui apprend qu'il appartient à une excellente famille, et qu'il n'y avait pas jadis dans toute la province de jeune homme mieux doué, plus cultivé et plus spirituel. Un beau jour il avait disparu, et on l'avait retrouvé ermite. Sa famille l'ayant ramené de force, il avait eu un accès de folie furieuse. Le médecin avait conseillé de ne pas le contrarier, et il était retourné vivre dans les bois. Les paysans du voisinage l'aimaient, parce qu'il leur

---

[1] Magnan, *loc. cit.*

faisait de bons sermons et leur donnait d'excellents conseils. Il ne divaguait que sur un seul point : il soutenait qu'il était un certain Sérapion, martyrisé à Alexandrie sous l'empereur Décius, et que sa forêt était le désert de la Thébaïde. Sur tout autre sujet, il s'exprimait avec autant de raison et d'esprit qu'autrefois.

La curiosité de Cyprien avait été piquée par ce récit. Il noua connaissance avec le Père Sérapion, qui lui parut en effet un homme instruit et aimable, et lui parla agréablement de son martyre. L'ermite l'entretint aussi des visites qu'il recevait des grands hommes des siècles passés et lui montra un rocher d'où l'on distinguait, disait-il, les tours d'Alexandrie. Il redevenait parfaitement sensé dès que sa personne et son histoire étaient hors de cause. Son calme et sa bonne grâce encouragèrent son hôte à mettre la conversation sur les maladies mentales, et à citer des cas d'aberrations étranges chez des hommes distingués, sains d'esprit en dehors d'une seule idée fixe. Qu'y avait-il de plus fou, par exemple, de plus absurde, que de se croire en Égypte, lorsqu'on était à deux heures de la ville de B***, et de se prendre pour un homme martyrisé il y avait plus de quinze siècles ?

L'ermite l'avait écouté patiemment, avec un sourire un peu railleur. Quand Cyprien eut achevé, le Père Sérapion lui répondit à peu près ceci : « Vous avez très bien parlé, monsieur. Permettez-moi de vous répondre quelques mots. Je suis comme saint Antoine au désert, lorsqu'il était tenté par des démons. Il me vient de temps en temps des gens envoyés par le diable, qui veulent me persuader que je suis le comte P..., et m'attirer dans le monde. Je les mets à la porte de mon jardinet. Je pourrais en faire autant avec vous, mais ce n'est pas la peine. Vous êtes évidemment le plus faible de tous les antagonistes qui se sont présentés devant moi, et je vais vous battre avec vos propres armes, puisque vos armes sont la raison. Vous parlez de folie; mais lequel de nous deux est le fou? D'après vous, je ne puis pas être le martyr Sérapion, parce qu'il est mort il y a des centaines d'années. Moi, il me semble qu'il y a trois heures à peine — puisque vous appelez cela des heures — que l'empereur Décius m'a fait supplicier. Pourquoi serait-ce vous qui avez la juste notion du temps et pas moi? Vous prétendez que l'endroit où nous sommes n'est pas la Thébaïde, mais une forêt à deux heures de B***? Prouvez que c'est moi qui me trompe en voyant un désert où vous voyez des arbres? »

Cyprien était lui-même trop réfléchi pour ne pas sentir la force de l'objection. Il garda le silence, et s'aperçut que les yeux du Père Sérapion riaient. Malgré leur querelle, ils se quittèrent bons amis, et Cyprien s'est souvent demandé depuis si les fous ne voyaient pas quelquefois plus loin que les prétendus sages.

Au fond, Hoffmann n'en était pas au même point que le Père Sérapion. Sa pensée pourrait se formuler ainsi : non seulement le monde que nous voyons n'est pas le seul possible, mais il n'est pas le seul existant. Le monde qu'il devinait, à côté de celui qui nous est familier, n'est pas jugé chimérique et impossible par tous les esprits rassis, puisqu'il se trouve en ce moment même des savants pour y croire et l'étudier, et que leurs observations, par une rencontre assez curieuse, vérifient le tableau que nous en avaient présenté les contes fantastiques d'Hoffman.

Ces récits, dont l'ensemble forme une masse imposante, sont de valeur très inégale. On peut négliger, d'un côté les contes de nourrice [1] et la littérature commerciale, bâclée pour payer le cabaret [2], de l'autre une partie des contes de la fin de sa vie, alors qu'il n'était plus lui-même [3]. Le résidu, qui représente l'effort du poète et de l'artiste et a valu à Hoffmann sa réputation, comprend une trentaine de courts récits [4], reposant tous (il ne faut pas compter le *Vampire* parmi les bons) sur les mêmes phénomènes qu'enregistrent aujourd'hui avec tant de soin les *Annales psychiques* et d'autres recueils spéciaux [5], en France et hors de France. La coïncidence est, au fond, très naturelle, puisque Hoffmann a vécu au temps du mesmérisme, et que les phénomènes qu'il attribue au magnétisme n'ont fait que changer de nom; on les appelle maintenant télépathie, suggestion à distance, etc., mais ce sont toujours les mêmes. De sorte que si ces phénomènes ont un fondement dans la réalité, Hoffmann cessera prochainement d'être un écrivain fantastique. Il aura simplement devancé la science et justifié sa prétention d'être un Voyant.

Ses meilleurs contes ont jailli sous la double influence indiquée plus haut. Ils procèdent tous d'une combinaison de troubles sensoriels, résultats de l'alcoolisme, et d'idées imprécises, relevant des sciences psychiques. Le mélange se fait à doses iné-

---

1. *Casse-noisettes, le Roi des Souris* et *l'Enfant étranger*, écrits pour les enfants de son ami Hitzig.
2. *La Princesse Brambilla, Maître Puce, l'Elixir du diable*, dont lui-même ne faisait aucun cas, et encore plusieurs autres. En général, la plupart des longs récits.
3. Les deux derniers volumes, sauf quelques exceptions, de l'édition complète.
4. Il suffirait de quelques changements et additions aux deux volumes de traduction française de Loève-Veimars, si populaires chez nous, pour avoir toute la fleur des œuvres fantastiques d'Hoffmann.
5. Voir les travaux de MM. Gurney, Myers et Podmore.

gales d'un récit à l'autre, sans doute en raison des conditions physiques où se trouvait l'auteur. Tantôt une pure hallucination lui fournit son point de départ; il en tire ensuite toute une histoire, en ayant soin — c'est son procédé pour donner l'impression de la réalité — d'y introduire des détails et des personnages de la vie réelle, observés pendant les heures de lucidité où on le rencontrait trottinant d'un air fureteur. Tantôt son cerveau a conservé la faculté de diriger, dans une certaine mesure, ses visions, et elles obéissent alors à l'obsession de ce monde occulte dans lequel Hoffmann s'acharnait à pénétrer. Ce n'était pas une entreprise qui fût vue d'un bon œil par ses contemporains; les âmes pieuses la jugeaient dangereuse et quelque peu satanique. Mais Hoffmann refusait d'avoir des scrupules : « On ne saurait nier, disait-il, l'existence du monde surnaturel qui nous environne, et qui se révèle souvent à nous par des accords singuliers et par des visions étranges. La crainte, l'horreur que nous éprouvons alors, tient à la partie terrestre de notre organisation : c'est la douleur de l'esprit, incarcéré dans le corps, qui se fait sentir.... Peut-être est-ce la punition que nous réserve la nature, dont nous tentons sans cesse de nous éloigner comme des enfants ingrats. Je pense que, dans l'âge d'or, lorsque notre race vivait dans une bienheureuse harmonie avec toute la nature, nulle crainte, nul effroi ne venait nous saisir, parce que, dans cette paix profonde, dans cet accord parfait de tous les êtres, il n'y avait pas d'ennemi dont la présence pût nous nuire. » Ce sont les mauvaises consciences qui redoutent le monde occulte.

Parmi les contes ayant eu un trouble fonctionnel pour point de départ, *Don Juan*, qui me semble le chef-d'œuvre d'Hoffmann à tous égards, est fondé sur l'une des hallucinations auxquelles il était le plus sujet. On se rappelle la scène dans la loge, tandis qu'il écoutait attentivement l'opéra de Mozart : « Depuis longtemps déjà, je croyais entendre derrière moi une haleine douce et chaude et comme le frôlement d'une robe de soie : je soupçonnais la présence d'un être féminin ; mais, entièrement plongé dans le monde poétique que m'ouvrait l'harmonie, je ne me laissai pas distraire de mes rêves. Quand le rideau se fut abaissé, je me retournai. Non, il n'est pas de paroles pour exprimer mon étonnement : Dona Anna, entièrement habillée comme je l'avais vue sur le théâtre, se trouvait là et dirigeait sur moi son regard plein d'âme et d'expression!... Il ne me vint pas à la pensée de discuter la possibilité de sa double présence dans la salle et sur la scène [1]. » Il ne pouvait pas la discuter, étant perpétuellement assiégé par des « doubles », au nombre desquels il semble bien que fût le sien. Il adressa la parole à l'*autre* Dona Anna — c'est ici que commence la fiction, — et de leur entretien exalté sortit la page fameuse : « La nature pourvut don Juan, comme le plus cher de ses enfants », etc.

Dans le *Cœur de pierre*, un grave conseiller aulique raconte qu'en ouvrant la porte d'un pavillon, il y a trouvé son double : « C'était moi — moi-même ». Tandis qu'il regardait et écoutait, avec une curiosité naturelle, ce que faisait et disait son autre Moi, il vit entrer le double d'une de ses amies. Encore une fois, c'était à peine extraordinaire pour Hoffmann. On lit dans son *Journal* qu'un soir, à un bal, s'étant amusé à se figurer que tous les assistants étaient « des Moi », multipliés et diversifiés, il s'était aussitôt senti responsable de leurs faits et gestes et disposé à s'en

---

1. J'emprunte l'excellente traduction de Loève-Véimars.

irriter. Hoffmann n'aurait pas eu besoin d'un grand effort pour prendre son idée tout à fait au sérieux, en supposant même qu'elle ne lui ait pas été suggérée par une hallucination.

Les contes où les personnages se métamorphosent d'une façon trouble et flottante, de façon que le lecteur ne sache pas au juste à quoi s'en tenir, relèvent aussi des troubles sensoriels. Dans le *Pot d'or*, histoire très décousue, le poète Anselmus, qui tient beaucoup d'Hoffmann, voit des êtres en chair et en os se transformer par instants en créatures fantastiques; mais le lecteur incertain et hésitant se demande toujours si l'auteur admet que la métamorphose a vraiment eu lieu, ou s'il a voulu nous représenter les rêveries d'Anselmus et ses visions de demi-malade. Dans l'*Homme au sable*, dont j'ai le portrait sous les yeux, dessiné de la main de l'auteur, l'avocat Coppélius et le marchand de baromètres Coppola sont deux et ne sont qu'un, selon les caprices d'un cerveau où fermente la folie. Nathanaël est impuissant à distinguer les « images intérieures », créées par son délire, des personnes et des objets que chacun peut voir et toucher. Clara, sa fiancée, lui écrit : « Toutes ces choses effrayantes que tu nous rapportes me semblent avoir pris naissance en toi-même : le monde extérieur et réel n'y a que peu de part ». Ces paroles ne servent qu'à exaspérer Nathanaël, spectateur terrifié d'une fantasmagorie envahissante, qui n'est que trop réelle pour lui et ne lui laisse bientôt plus un seul coin de saine réalité où se réfugier.

Dans l'autre groupe de contes, une idée théorique a fourni le point de départ. Les images sont venues ensuite, tantôt coordonnées, tantôt incohérentes, selon les jours et surtout selon les heures. Hoffmann ne connaissait d'autre inspiration que ces hallucinations maladives. D'après lui, le degré de force avec lequel la vision s'impose fait toute la différence de puissance entre un poète et un autre. Quand la création de son imagination ne s'objective pas devant ses yeux de chair à le remplir « de joie, d'horreur, d'allégresse, d'épouvante », le poète n'enfante que des poupées, de pauvres marionnettes collées à grand'peine. Il n'y a de vrai poète que le « vrai Voyant ». Le *Serment* roule sur deux des phénomènes que des hommes de science nous invitent aujourd'hui à tenir pour authentiques. L'un, le plus difficile à accepter, est la communication à distance, la « télépathie ». L'exemple choisi par Hoffmann est classique. On en trouve de tout semblables, en abondance, dans les travaux de médecins et de professeurs, surtout en Angleterre.

Le comte de C*** voit entrer sa fille Hermengilde en vêtements de deuil. Elle lui annonce avec désespoir que Stanislas, son époux, a été tué au loin dans des circonstances qu'elle lui rapporte. Le comte la croit folle. Il a de bonnes nouvelles de Stanislas, qui n'est point, d'ailleurs, le mari d'Hermengilde ; il n'est que son fiancé. Les jours passent ; on apprend que le jeune homme est mort et que le récit de la jeune fille était exact.

Il reste à s'expliquer l'obstination d'Hermengilde à soutenir qu'elle s'est mariée tel jour, à telle heure, avec un homme qui se trouvait alors au bout de l'Europe. La malheureuse a été victime d'un phénomène dont nous voyons qu'il est question à présent jusque dans les antichambres des cours d'assises. Un amoureux éconduit, le comte Xavier, avait abusé de ce qu'elle était facilement hypnotisable [1] pour lui sug-

---

[1]. J'ai déjà prévenu que les termes employés de nos jours n'étaient pas connus au temps d'Hoffmann. Toutes les fois

gérer qu'il était Stanislas, et pour simuler avec elle, durant son sommeil, les cérémonies du mariage.

C'est encore la suggestion qui fait les frais du *Spectre fiancé*. Maurice, le fiancé d'Angélique, a disparu pendant la campagne de France. A la surprise générale, Angélique, qui l'adorait, l'oublie du jour au lendemain et se dispose à épouser un certain comte italien qui lui avait toujours inspiré de la répugnance et même de l'effroi. Sa mère, choquée de sa légèreté, lui dit le matin du mariage : « Il reste incompréhensible pour moi que tu aies si promptement oublié Maurice. — Jamais, répond Angélique, je n'oublierai Maurice! Le sentiment que je ressens pour le comte est bien différent!... Non, je ne l'aime pas, je ne puis l'aimer comme j'aimais Maurice; mais c'est comme si je ne pouvais pas vivre sans le comte, comme si je ne pouvais penser, sentir que par lui! Un esprit invisible me dit sans relâche que je dois devenir sa femme, que sans lui il n'est plus d'existence pour moi. J'obéis à cette voix qui semble la parole mystérieuse du destin. » Le comte italien est frappé d'apoplexie au moment de se rendre à l'église. Il se découvre alors qu'on avait eu affaire à un grand « magnétiseur », qui employait sa puissance « à capter les forces psychiques ». Angélique avait été la victime de suggestions répétées à plusieurs reprises pendant le sommeil.

Les revenants ont aussi de chauds partisans, à l'époque actuelle, parmi d'honnêtes gens, dont plusieurs sont docteurs. Hoffmann a largement usé des fantômes et des bruits mystérieux entendus de toute éternité dans les maisons hantées. Il croyait aux fantômes avec la certitude d'un halluciné, et ce n'est

qu'il s'agissait de phénomènes évidemment identiques, je ne me suis pas fait scrupule de prendre les mots nouveaux que tout le monde comprend.

même pas intéressant à suivre dans ses contes. C'est la partie banale et usée de son fantastique. Il suffira d'avoir constaté qu'ici encore, il n'est point sorti du monde occulte que plusieurs tâchent à faire rentrer dans le monde réel. De quelque côté qu'on l'envisage, Hoffmann n'a donc jamais dépassé, quand il faisait œuvre d'artiste, les limites où s'arrête le possible pour les imaginations mystiques. Comme il y en a eu dans tous les temps et qu'il y en aura toujours, il donnait ainsi satisfaction à un besoin de l'esprit humain, sans exiger de son lecteur un trop grand effort de crédulité.

De là son succès. Si la science a favorisé la renaissance du fantastique en lui fournissant des thèmes nouveaux, moins grossiers que les anciens, le matérialisme, que la science amène à sa suite, a avivé le besoin d'un à-côté, à défaut d'un au-delà, et il a disposé les âmes éprises de rêve à aimer les Hoffmann et les Poe. Ceux-ci venaient à point nommé pour consoler nos imaginations, brutalement sevrées du merveilleux, qu'on pourchasse à présent de toutes parts. Le merveilleux suppose l'ignorance ou, plutôt, l'inconscience des lois de la nature. Il a dans la science une ennemie irréconciliable, et l'ingrate humanité, orgueilleuse de son jeune savoir, s'est détournée de lui avec dédain, même lorsqu'il était le merveilleux divin. Elle a oublié tout ce qu'elle lui avait dû, depuis sa naissance, de doux et de bon. Elle a oublié que, sans lui, sans les amis surnaturels et tout-puissants dont il avait peuplé la terre et les cieux et qui jouaient auprès de nous le rôle de redresseurs de torts, l'homme n'aurait jamais eu cette foi bénie à une justice supérieure et réparatrice, dont la perte le laisse aujourd'hui meurtri et sans courage. Abandonné de tous ceux qui croyaient savoir mieux, le merveilleux s'est envolé, nous abandonnant à notre tour dans ce qu'on a appelé la prison du Cosmos.

L'humanité s'est lassée bien vite de son cachot. Les savants nous ont fait un univers trop bien réglé. Leur monde devient pédant à force d'être incapable de manquer aux formules imprimées dans les manuels. On voudrait le prendre en flagrant délit d'infraction aux principes, convaincre la mécanique ou la physique de fantaisie, et le fantastique raffiné de notre siècle, celui qu'Hoffmann a créé et qu'Edgar Poe a porté après lui à une si grande hauteur, est alors une joie pour l'imagination en révolte. Il ressemble peu aux inventions ingénues de nos pères. Il ouvre au lecteur des mondes imaginaires, mais non pas monstrueux, où personne n'est dispensé d'obéir aux lois de la nature : la nature s'est seulement mise en frais de lois spéciales. Ce n'est plus le désordre et l'illogisme, comme dans le royaume du merveilleux, c'est un autre ordre et une logique particulière ; tel le mathématicien s'amuse à raisonner sur l'espace à quatre dimensions. L'éducation scientifique que nous possédons d'aventure contribue à notre plaisir, loin de nous gêner et de nous troubler. Sans elle, nous n'aurions pas la jouissance un peu perverse de reconnaître où le ressort a été faussé, quel rouage est changé ou supprimé, en quoi ce monde qui marche si bien est absurde ou impossible. Les enfants et les simples, qui aiment tant les contes de fées, ont en général peu de goût pour Poe et Hoffmann.

IV

Sept années s'étaient écoulées depuis qu'Hoffmann avait réalisé son rêve de n'être que poète et de vivre en poète. Il en avait assez. Il commençait à s'avouer que le romantisme en action est une erreur. La misère avait été le moindre de ses maux, le pire étant de trafiquer de ses dons d'artiste et d'écrivain. Quand il tirait ses crayons pour exécuter une commande de caricatures patriotiques à quatre thalers pièce; quand il rentrait d'une soirée où il avait accompagné au piano les « piaillements, miaulements, gargouillades, soupirs, geignements, trémolos et grincements » de ses élèves mâles et femelles; quand il avait barbouillé un article sur la dernière œuvre d'un musicien infime ou un conte à dormir debout pour un almanach quelconque, le dégoût le prenait, et le regret de son honnête bureau, qui lui assurait des loisirs pour bayer aux étoiles. Il arriva ainsi que, tout en ne pardonnant pas à l'oncle Otto de l'avoir destiné à l'administration, Hoffmann accueillit son ami Hippel comme « l'Ange de la consolation » lorsque ce dernier se chargea de le faire rentrer dans les fonctions publiques : « (*Journal*, 6 juillet 1813.) Il est toujours le même. Il m'a promis à l'instant même une place à Berlin; il m'a donné sa montre à répétition en or.... »

Hippel s'acquitta de sa promesse sans trop de peine. Hoffmann avait été un employé modèle. C'est un des plus beaux triomphes de l'éducation que je connaisse, l'un des plus propres à confondre ceux qui viennent vous dire qu'on est ce qu'on est, et que rien n'y change rien. Voyez Hoffman, ce bohème, ce buveur romantique qui mettait sa gloire à n'avoir ni ordre, ni suite, ni sens commun, à n'agir que par boutades et fantaisie : si jamais homme sembla prédestiné à être la honte d'une administration, c'est bien lui. Mais l'oncle Otto croyait à l'éducation. Il s'était juré de faire de son coquin de neveu un bon fonctionnaire, et il avait réussi. Grâce à lui, Hoffmann au bureau était un autre homme, ponctuel et laborieux, justement réputé pour la lumineuse précision de ses rapports. Le poète n'intervenait dans les affaires de l'employé que s'il se présentait quelque problème psychologique à résoudre; Hoffmann se laissait alors entraîner par son imagination et était trop ingénieux dans ses déductions et conclusions. En toute autre circonstance, il était le parfait bureaucrate. Aussi ne fit-on point de difficulté de le replacer à Berlin (1814), dans un poste modeste, à la vérité.

Ce fut un temps heureux. Il était tranquille et libre, content de frayer avec quelques gens de lettres, et trop pauvre pour abuser des vins de cru; il fut des mois sans pouvoir se griser, ou à peine.

Le succès le perdit. En 1816, la gloire lui arriva brusquement. Ce fut à la musique qu'il la dut. Hoffmann avait écrit un nouvel opéra, *Ondine*, qui fut joué à Berlin et très applaudi. L'auteur devint célèbre du soir au matin. Il fut le grand homme que les salons se disputent, que les belles dames encensent, et la tête lui tourna. Il dédaigna les poètes et autres pauvres diables, n'alla plus que chez les comtesses ou, à tout le moins, les présidentes.

Berlin avait alors des salons littéraires. Berlin donnait des « thés esthétiques » où l'on mangeait des tartines de beurre en écoutant des vers et en contemplant la face du génie. Hoffmann se fit contempler, ne trouva pas que ce fût aussi amusant qu'il l'avait cru, et en conçut une vive indignation. Il l'exhala en descriptions très malicieuses, mais qui devaient être ressemblantes.

Voici d'abord les jolies mondaines, qui raffolent de littérature parce que la mode l'exige et qu'il est distingué d'avoir une opinion sur Shakspeare. Pour leur punition, Mme la Présidente du Consistoire les a conviées à la lecture d'une tragédie en cinq actes. Elles sont rangées en demi-cercle, parées, héroïques, s'exerçant à avoir l'air d'écouter : « La première sourit sans penser à rien ; la seconde regarde le bout de son soulier et répète en tapinois un pas nouveau ; la troisième dort et fait évidemment de doux rêves ; la quatrième coule des regards enflammés du côté où se tiennent les hommes ; la cinquième murmure : — Divin,... ravissant,... sublime. »

Voici la jeune personne romantique, consumée par l'enthousiasme, dévorée par l'admiration des grands hommes. Elle se jette à la tête d'Hoffmann, qui s'y laisse prendre comme un benêt : « Mina donnait en m'écoutant des signes non équivoques d'un intérêt si intense, d'une telle attention, que moi, je m'élevais de plus en plus dans les régions de la poésie transcendante. Je finis par ne plus me comprendre moi-même. Mina ne me comprenait pas davantage, mais elle manifestait un ravissement sans égal. Elle protestait qu'un de ses plus ardents désirs avait été de me connaître. Elle avait lu mes œuvres. Que dis-je ? Elle en avait pénétré le sens profond et en savait de grands morceaux par cœur. » Tandis qu'Hoffmann déploie ses grâces et fait la roue, un joli petit jeune homme bien mis s'approche de Mina, qui n'a plus d'yeux que pour lui et d'oreilles que pour son insipide bavardage. Le grand homme est oublié. Il essaie de se rappeler à l'attention de la jeune fille : elle s'échappe avec une

4

moue d'impatience et ne se laisse plus rejoindre de la soirée.

Cette dame mûre, qui a intrigué pour être placée à souper auprès de la nouvelle célébrité, c'est un bas-bleu. Elle se faisait une fête de causer en confrère avec Hoffmann, mais sa joie n'a pas été de longue durée. Aux premiers mots qui l'ont décelée, il a saisi son assiette et son couvert, et s'est enfui à toutes jambes à l'autre bout de la table. Pour lui, une femme auteur était un monstre : « Elles appartiennent, disait-il, à l'hospice des Incurables, au moins passé vingt-cinq ans ». Il ajoutait : « Quant à vos femmes intellectuelles, qui pérorent sur toutes sortes de sujets savants sans y rien entendre, je les hais à la mort ».

Je ne voudrais pas, de peur de tourner toutes les femmes contre lui, qu'on crût qu'il était mieux élevé avec les hommes. Il n'y avait pas d'impertinences qu'il ne se permît avec eux, sous prétexte que le monde avait été une déception, qu'il s'y ennuyait « abominablement » et qu'il était incapable de supporter l'ennui. Les soirées données en son honneur, pour le produire et s'en parer, étaient marquées par des séries de déconvenues. On avait promis aux invités un causeur éblouissant, doublé d'un original. Ils arrivaient la bouche en cœur, et le premier coup d'œil était réellement intéressant. Hoffmann avait l'air plus fantastique que ses propres personnages, tant il était immatériel d'aspect et voltigeant. On s'empressait pour entendre ce farfadet : Hoffmann se mettait à faire l'imbécile et à débiter des balourdises. Ou bien il faisait le pitre et lançait d'ineptes facéties, avec une espèce de fureur, à la noble compagnie. Ou bien il inventait une mystification qui mettait la maison sens dessus dessous. Ou bien il s'arrangeait pour qu'il se produisît un charivari au moment où la musique commençait. Ou bien il jouait quelque mauvais tour à une personne considérable. Il n'y avait plus de sécurité pour aucun des invités, et quiconque essayait de l'amadouer recevait une bordée de mots piquants. C'était un farfadet enragé.

Il savait bien qu'il avait de très mauvaises manières : « Comment se fait-il, écrivait-il, qu'il y ait de grands poëtes, de grands philosophes, pleins d'esprit du reste et connaissant la vie, qui ne sachent absolument pas comment s'en tirer dans ce qu'on est convenu d'appeler le monde distingué? Ils sont toujours à l'endroit où il ne faudrait pas être. Ils parlent quand ils devraient se taire, et se taisent quand ils devraient parler. Ils sont toujours à rebours des usages reçus, froissent les autres et sont froissés. En un mot, ils ressemblent à un individu qui remonterait à grands coups de coude un courant de promeneurs paisibles. Je sais qu'on l'attribue à ce qu'ils n'ont pas l'habitude du monde, qui ne se prend pas devant une table de travail; mais ce n'est pas difficile à acquérir; il faut qu'il y ait une autre raison à cette incapacité dont rien ne triomphe. » Quatre pages plus loin, Hoffmann se donnait à lui-même la réponse : « Je m'ennuyais trop; il n'y avait pas de considérations qui pussent tenir ».

J'imagine que les invités des thés esthétiques devaient s'amuser; les grands hommes des salons littéraires ne sont pas toujours aussi divertissants que l'était ce malin petit démon; mais leurs hôtes étaient au supplice. Hoffmann fut très rarement prié deux fois dans la même maison, et jamais trois. Sa carrière mondaine se termina ainsi d'elle-même au bout de peu de temps. Les gens de lettres ne se souciant plus de lui, ou lui d'eux, depuis qu'il leur avait si lestement tiré sa révérence pour courir après les gens titrés, il se trouva entièrement isolé.

D'autres succès le précipitèrent alors dans l'abîme. La fortune lui était venue en même temps que la gloire. Il avait été nommé à de hautes fonctions, fort bien rétribuées. Les éditeurs le payaient au poids de l'or depuis qu'il était célèbre. Hoffmann reprit le chemin du cabaret et n'en bougea plus.

Aux temps héroïques où les exploits des buveurs excitaient l'admiration, il aurait laissé une légende. Je ne sais s'il existe dans les fastes de la vigne un autre exemple d'un homme ayant réussi à boire de gros revenus. Hoffmann avait adopté un cabaret où il s'installait le soir pour n'en sortir qu'au jour. C'est là que les étrangers en tournée de monuments et de curiosités venaient contempler l'auteur des *Contes fantastiques*. Ils le trouvaient discourant avec une verve étincelante au milieu d'une très mauvaise compagnie; Hoffmann était capable de parler, et d'avoir de l'esprit, cinq ou six heures de suite.

Il avait compté sans la justice des choses, la seule qui ne soit pas boiteuse. Elle ne se fit pas attendre. Ni le talent d'Hoffmann ni sa santé ne résistèrent longtemps à de pareils excès. Ses plus mauvais ouvrages datent de cette période; quelques-unes des meilleures pages aussi; mais c'étaient des éclaircies. En général, il y a grande décadence. Non, certes, que le sens du fantastique fût éteint chez lui. Son cerveau surexcité ne cessait de « projeter » des visions mouvantes et bruissantes, dont l'agitation fatigante lui donnait, disait-il, la sensation d'être éternellement ballotté sur une mer éternellement agitée, et jamais ses rêves de dormeur éveillé n'avaient été plus ingénieux; seulement, quand il voulait les écrire, Hitzig, son confident littéraire, l'avertissait qu'il devenait « obscur et nuageux ». Des hallucinations saisissantes de réalisme n'étaient plus sur le papier que des « ombres vaines, dans un milieu sans consistance ». Il avait un jour entrevu dans la fièvre un sujet charmant. « Figurez-vous, disait-il à son ami avec une respiration encore haletante, un affreux petit bonhomme, stupide — faisant tout de travers, — et c'est à lui qu'on attribue tout ce qui est bien. Par exemple, quelqu'un lit de beaux vers dans une réunion — on s'imagine qu'il en est l'auteur, — c'est lui qui reçoit les compliments; ainsi de suite. — Un autre, au contraire, rien ne lui réussit. — Quand il veut mettre un habit, les manches deviennent trop courtes et les basques trop longues. — Dès que je serai debout, j'en ferai un conte. » Il le fit en effet; mais ce conte, *Petit Zachée*, est fort médiocre.

Sa plus belle vision n'a jamais été utilisée. C'était un sujet à l'Edgar Poe, et Hoffmann n'était plus en état de le traiter. Le voici, tel qu'il l'avait noté : « Rêve. — La police enlève toutes les horloges publiques et confisque toutes les montres, parce qu'on veut confisquer le temps. La police ne réfléchit pas qu'elle-même n'existe que dans le temps. » Quel beau sujet de conte pour un philosophe!

Les buveurs impénitents finissent toujours mal. Hoffmann se croyait voué à la démence; il comptait même écrire un volume où il se montrerait perdant la raison. Ce fut la paralysie qui le happa. Il en fut quitte pour analyser les sensations d'un impotent; et dicta la *Fenêtre d'angle du cousin*, tableau exact, et très moral, de son état dans les derniers temps. Le « cousin », c'est lui. J'abrège : « Mon pauvre cousin a eu le même sort que le fameux Scarron. Une maladie opiniâtre lui a aussi ôté l'usage de ses jambes. Il en est réduit à rouler de son lit à son fauteuil, et de son fauteuil à son lit, avec l'aide du bras vigoureux d'un invalide maussade qui lui sert de garde-malade. Mon cousin a une autre ressemblance avec Scarron,

Il est aussi auteur. Il a aussi beaucoup de fantaisie et d'humour, une manière à lui de plaisanter. Le public lit volontiers ses ouvrages; il paraît que c'est bon et amusant; moi, je ne m'y connais pas. Cette passion d'écrire a pourtant joué un vilain tour au pauvre cousin. Il a beau être très malade, la roue de l'imagination tourne toujours au galop dans sa tête; il invente, invente, malgré toutes les souffrances. Mais quand il s'agit de faire prendre aux idées le chemin du papier, le méchant démon de la maladie a barré le passage. Non seulement la main refuse le service, mais les idées s'envolent, ce qui jette le cousin dans la plus noire mélancolie. »

Un ami va rendre visite au « cousin ». Il trouve ce pauvre petit sac-à-vin, encore plus ratatiné par la maladie, posé sur un fauteuil parmi des oreillers. L'invalide morose l'avait enveloppé dans une ample robe de chambre rapportée jadis de Varsovie. Il lui avait mis sur la tête un bonnet rouge qui avait vu sauter bien des bouchons et que tous les amis de Hoffmann connaissaient, et il l'avait roulé dans la fenêtre d'angle, d'où l'on découvrait la place du marché et son fourmillement. Le paralytique regardait la foule. Il faisait des conjectures sur les passants, leur état social, leur caractère, leurs idées, leur histoire, et se donnait ainsi l'illusion de mettre « son honorable cadavre » en communication avec la vie. D'après son ordre, on avait fixé sur un paravent, à portée de sa vue, une feuille de papier sur laquelle étaient tracés ces mots : *Et si male nunc, non olim sic erit! Et si cela va mal maintenant, cela ira mieux un jour.* « Pauvre cousin! » conclut Hoffmann.

Triste loque humaine, si piteuse à voir parce qu'elle avait quelque chose de risible à force d'être réduite à rien, fripée, recroquevillée, lamentable. La servante portait Hoffmann dans ses bras comme un enfant au berceau. Il trouvait cela très drôle, car il trouva tout drôle, jusqu'à la fin. Il était incapable de sérieux, même devant la souffrance, ce qui est très beau, même devant la mort, ce qui est un grand malheur.

Hoffmann acheva de mourir le 25 juin 1822. Peu s'en fallut que ce ne fût au milieu d'une phrase : il venait de demander à sa femme de lui relire le passage où il en était resté. Quand il n'avait pas bu, ses facultés avaient peu baissé, quoi qu'il en dise dans la *Fenêtre d'angle du cousin*. Les contes dictés de son fauteuil ou de son lit, depuis qu'il n'allait plus au cabaret, valent mieux que ceux des années précédentes, comme pour narguer la médecine, qui prédit la ruine intellectuelle aux alcooliques saisis par la paralysie. Le pauvre Hoffmann aurait été content s'il avait su que, même en mourant, il se moquait encore de quelqu'un et de quelque chose.

Il avait occupé une grande place dans la littérature allemande de son temps, si l'on mesure le succès au nombre des lecteurs plutôt qu'à leur qualité. « Les véritables penseurs et les natures poétiques ne voulurent pas entendre parler de lui », dit Henri Heine, dont on n'a pas oublié le mot cruel : « Sa poésie est une maladie ». Gœthe non plus ne l'aimait point. « Quel est, disait-il en 1827, l'ami sincère de la culture nationale qui ait pu voir sans tristesse l'influence exercée en Allemagne, pendant bien des années, par les œuvres morbides de ce malade, et l'inoculation aux esprits sains d'imaginations aussi fausses, présentées comme des nouveautés ayant de l'importance? »

Les romantiques étaient partagés, variaient dans leurs jugements. L'homme privé les gênait; il ne pouvait pas leur être agréable qu'Hoffmann jouât au naturel le rôle de l'ilote ivre sous les yeux des bons bourgeois imbus de préventions contre la vie d'artiste. L'auteur les gênait aussi, en tenant boutique de camelote littéraire. En un mot, Hoffmann était compromettant, et il n'y avait aucune raison de faire cause commune avec lui. « Hoffmann, dit encore Heine, n'appartient pas à l'école romantique. Il ne fut pas en contact avec les Schlegel, et encore moins avec leurs tendances. » Pour d'autres écrivains allemands, qui n'aiment pas l'école romantique, Hoffmann est, au contraire, « le romantisme en chair et en os [1] ». Les deux thèses peuvent se soutenir. L'auteur de *Don Juan* était de ceux qu'on a le droit de se renvoyer d'un camp à l'autre, au mieux des intérêts de chacun, parce qu'il n'a jamais été enrôlé sous aucun drapeau.

On a vu que son fantastique était un fantastique à part et bien à lui. C'était même son originalité, son raffinement, qui le rendaient malsain. Le merveilleux ne fait plus peur qu'aux petits enfants et aux bonnes femmes, tandis que le monde et les sciences occultes ont conservé leur empire sur les tempéraments nerveux et les esprits impressionnables. Les contes d'Hoffmann agissaient sur une portion du public à la façon d'une séance de tables tournantes ou d'hypnotisme. On conçoit que Gœthe les jugeât dangereux, dans un temps où le magnétisme troublait les cervelles; mais on ne saurait refuser à leur auteur le mérite d'avoir créé un genre, bon ou mauvais, sain ou malsain. Hoffmann avait subi plus ou moins diverses influences; il n'était vraiment le fils ou le frère spirituel de personne.

Quand un écrivain n'est inféodé à aucun groupe, il court risque d'être abandonné à lui-même dans la lutte pour l'existence. S'il est, de plus, contesté, ses

---

[1]. Gottschall, *loc. cit.*

chances de survie deviennent problématiques. Tel fut en Allemagne le sort d'Hoffmann. La haute critique ne s'en occupa guère, lui étant indifférente ou hostile. Il avait pour lui la foule, mais la foule est très inconstante. Il sombra. Des divers écrivains qui étaient en lui, l'humoriste fut le premier démodé : « Cet Hoffmann m'est insupportable, disait Guillaume Grimm, avec son esprit et ses pointes à tout propos ». L'humour qui n'amuse pas exaspère : il n'y a pas de milieu ; et j'ai grand'peur pour Hoffmann que l'esprit tortillé du *Chat Murr* ou du *Chien Berganza* ne réjouisse plus ses compatriotes.

L'écrivain fantastique se défendit mieux et exerça une certaine influence sur la littérature nationale ; mais lui aussi a succombé et on ne le lit plus guère dans son pays. Il n'intéresse plus. L'Allemagne actuelle est trop loin de celle qui réclamait le monopole des fantômes et des choses vagues et terribles, criant à nos romantiques par la voix d'un de ses grands poètes : « Dans le mot *spectre*, il y a tant d'isolement, de grondement, de silencieux, d'allemand.... Laissez-nous, à nous autres Allemands, toutes les horreurs du délire, les rêves de la fièvre et le royaume des esprits. » Les nouvelles générations germaniques, qui ont la tête si claire et si solide, doivent hausser les épaules lorsque des lignes comme celles-là leur tombent sous les yeux. Les esprits n'ont jamais habité les casernes ni les usines.

Tout compte fait, c'est en France qu'Hoffmann a été vraiment aimé, j'ose dire plus, vraiment compris, et par l'élite. On sait combien son action a été forte sur nos romantiques. Dès que parurent les premières traductions fidèles, Sainte-Beuve signala le côté original et séduisant des « meilleurs contes », ceux où l'auteur a « dégagé et mis à nu le magnétisme en poésie », et qui s'expliquent ainsi par des moyens humains, sans « exiger à toute force l'intervention d'un principe supérieur [1] ». Il loua Hoffmann d'avoir découvert à la limite des choses visibles et sur la lisière de l'univers réel un coin mystérieux et jusque-là inaperçu, dans lequel il nous a appris à discerner « tout un revers imprévu des perspectives naturelles et des destinées humaines auxquelles nous étions le plus accoutumés ». C'est, en effet, à ce coin obscur et insondable, qui irrite depuis plus d'un siècle notre curiosité, qui n'est peut-être rien et qui est peut-être immense, qu'Hoffmann a dû sa popularité en France. Nous l'aimons dans ses « meilleurs contes » seulement, lorsqu'il est le Voyant et l'aède de ce qu'il appelait déjà le monde des forces psychiques. Il aura été le premier poète de ce trouble univers qu'habitent, à tout le moins, les illusions et les hallucinations. On ne demande plus comme lui la clef du royaume à une bouteille, mais on la demande toujours à des phénomènes pathologiques, et les nouveaux procédés ne paraissent pas moins dangereux que le sien pour la santé et la sérénité d'âme des curieux de l'à-côté. C'est à leur imprudente lignée qu'il faut transmettre et recommander le mot dans lequel Hoffmann résumait ses vues sur le monde et la vie : « Le diable fourre sa queue partout ».

1. L'article est de 1830.

QUINCEY

L'OPIUM

QUINCEY [1]

L'OPIUM

Vers la fin du siècle dernier, l'Angleterre souffrait d'un mal singulier, qu'elle devait sans doute à ses relations assidues avec les Indes. L'habitude de manger de l'opium s'était insinuée dans plusieurs villes et jusqu'au fond des campagnes, minant les corps et les âmes du paysan comme du poète, du faubourien comme de l'orateur ou de l'homme d'église. Coleridge, Quincey, lord Erskine, le très pieux William Wilberforce, plusieurs autres personnages considérables, avaient succombé à la tentation, et s'il est vrai qu'une douzaine ou deux d'hommes célèbres ou connus ce soit peu de chose dans un grand peuple au point de vue arithmétique, il n'est pas moins vrai que c'est pourtant beaucoup lorsqu'il s'agit d'un mauvais

---

[1]. OEuvres complètes de Thomas de Quincey, 14 vol. — *De Quincey's Life*, par A.-H. Japp. — *De Quincey*, par David Masson. — *De Quincey and his friends*, par James Hogg. — *Recollections of Thomas de Quincey*, par J. Ritchie Findlay.

exemple à donner et d'un vice nouveau à introduire.

Dans la masse anonyme de la nation, les ravages semblent s'être localisés en vertu de règles qui nous échappent. Il était naturel que Londres, en perpétuelle communication, par son port, avec l'Inde et la Chine, fût tout d'abord contaminé, et nous en croyons là-dessus le témoignage de Quincey, bien que ce doux endormi doive être suspect d'altérer la vérité, à cause de son vice, sur tout ce qui touche son vice, car c'est l'une des sanctions physiologiques attachées à l'abus de l'opium. Quincey écrivait en 1822 : « Trois honorables droguistes de Londres — dans des quartiers très différents, — auxquels j'ai acheté par hasard, ces temps derniers, un peu d'opium, m'ont assuré que le nombre des mangeurs d'opium était actuellement immense, et qu'il ne se passait pas de jour qu'eux, les droguistes, n'éprouvassent toutes sortes d'ennuis et de tracas dus à la difficulté de distinguer les personnes auxquelles l'habitude rend l'opium nécessaire de celles qui en achètent pour se suicider ».

Il prétend aussi avoir ouï dire à plusieurs manufacturiers de Manchester, entre 1810 et 1820, que l'opiophagie faisait des progrès rapides parmi leurs ouvriers, au point que le samedi soir, les comptoirs des droguistes étaient couverts de pilules toutes préparées, contenant de un à trois grains, selon les goûts et les besoins des clients. Est-ce bien exact? Quincey inclinait à grossir les rangs de la confrérie dont il se proclamait fièrement « le pape ». Mais voici qui ne saurait être suspect. L'un de ses contemporains, Thomas Hood, l'auteur de la *Chanson de la Chemise*, dit dans ses *Souvenirs*[1] : « J'ai été extrèmement surpris de découvrir, en visitant le Norfolk, que l'opium... sous

---

1. *Literary reminiscences.*

forme de pilules était d'un usage tout à fait habituel parmi les classes inférieures, dans le voisinage des marais ».

De ces victimes du puissant poison oriental, l'une au moins n'a jamais renié son erreur. Thomas de Quincey s'en est plutôt paré. Il se repentait par instants, lorsqu'il souffrait trop et qu'il avait peur de ce que lui réservait le lendemain. La crise passée, il se faisait l'historiographe complaisant des effets de l'opium sur l'âme humaine, et il ne s'est jamais lassé de les analyser, de les décrire par le menu, avec une précision qui donne beaucoup de prix à ses récits, et non pas seulement dans ses fameuses *Confessions d'un mangeur d'opium*, mais dans cent endroits de ses œuvres, de ses lettres, de son *Journal*, de ses notes inédites. Ce n'est pas chez lui obsession maladive; c'est l'hommage volontaire de l'esclave crucifié au maître cruel qu'il ne peut s'empêcher d'admirer et de diviniser, tout en luttant contre lui pour sa raison et pour sa vie. Nous savons au juste, grâce à Quincey, ce qu'il en coûte de charger ses épaules d'un joug pareil, qu'on ne secoue plus sans arracher la chair vive. Dans l'étude précédente sur le *Vin*, nous avons vu Hoffmann payer ses excès de boisson par des troubles profonds de l'imagination. L'opium s'en prend à d'autres parties de notre être moral. Il agit sur la volonté, pour la paralyser, sur la conscience, pour la rendre calleuse; c'est-à-dire qu'il ruine et dévaste ce qu'il y a en l'homme de plus noble et de plus précieux. La connaissance que chacun de nous peut avoir du bien et du mal n'est nullement obscurcie; Quincey le répète avec insistance, et Coleridge le confirme dans une lettre; mais nous avons perdu la faculté et jusqu'au désir d'agir selon cette connaissance, et cela est autrement grave que d'avoir une imagination incohérente et visionnaire. Keats a quelque part un mot profond et magnifique à l'adresse de ceux qui trouvent tout mal ici-bas et qui se demandent à quoi sert le monde : — Appelez le monde, écrivait-il, « la vallée où l'on fabrique des âmes », et vous comprendrez alors à quoi il sert. — Keats n'avait pas songé à l'opium ni aux autres poisons de l'intelligence, quand il traçait cette ligne. Il aurait peut-être hésité à l'écrire, s'il s'était souvenu de tous les coins de la vallée où l'on travaille au contraire à défaire des âmes, et de tous les moyens qui sont à notre disposition pour cette œuvre impie.

Aujourd'hui même, et en ne considérant qu'un seul de ces moyens, elles se défont par milliers sous nos yeux, en Angleterre, en Allemagne, dans notre propre pays, et, j'en ai peur, dans tout l'univers civilisé. Le cas de Quincey ne doit pas être considéré simplement comme l'un des faits divers amusants de l'histoire des lettres. Les mangeurs d'opium de Londres et du Norfolk ont laissé une lignée nombreuse qui, pour être surtout indirecte, n'en est pas moins lamentable. On sait que la morphine est tirée de l'opium. Leurs effets offrent d'étroites analogies, et ils sont plus que ressemblants, ils sont identiques, sur le point capital de la perte de la volonté et de l'abaissement moral. Les médecins s'accordent là-dessus, tellement qu'ils ont infligé au morphinomane la honte suprême de discuter sa responsabilité devant la loi pénale [1].

C'est avec la pensée fixée sur cette flétrissure, qui menace en ce moment plus de gens qu'on ne le croit, qu'on ne le sait dans le public, qu'il convient de lire l'histoire de Quincey, prophète impénitent des paradis artificiels où il a tant souffert et tant laissé de son génie.

---

1. Voir *le Morphinisme*, par le Dr G. Pichon (Paris, 1890, Octave Doin).

I

Thomas de Quincey est né en 1785. Son père, négociant à Manchester, mourut phtisique, après avoir eu huit enfants dont deux seulement, Thomas et une fille, atteignirent la maturité. L'aîné des garçons était un cerveau fêlé, qui cherchait le moyen de marcher au plafond la tête en bas, comme les mouches. « Si un homme peut tenir cinq minutes, disait-il, qu'est-ce qui l'empêchera de tenir cinq mois? » Rien assurément; mais il mourut avant d'avoir commencé les cinq minutes.

Un autre des garçons était une tête brûlée. Il s'enfuit de sa pension, gagna à pied Liverpool, où il s'engagea sur un baleinier, fut pris par des pirates et fait pirate malgré lui. On peut croire que les aventures ne lui manquèrent pas, et qu'elles ne furent point banales. La dernière fut de disparaître subitement, très jeune encore, de la surface de cette terre.

Les autres enfants étaient des mélancoliques, des méditatifs de tempérament, qui aimaient à s'asseoir autour du feu, vers la tombée de la nuit, et à frissonner en silence tandis que l'ombre montait derrière eux avec son cortège de forces mystérieuses. Le plus méditatif de tous, comme le plus mélancolique, était Thomas, petit être malingre et craintif, qui avait toujours eu des rêves oppressants, et qui devint un véritable visionnaire dès l'âge de six ans, lors de la perte d'une sœur préférée. Il était allé en secret voir la morte, et la secousse avait été trop forte pour ses nerfs débiles. Quelque temps après, comme il regardait les nuages, ceux-ci devinrent des rangées de petits lits à rideaux blancs; « et dans les lits étaient des enfants malades, des enfants mourants, qui s'agitaient avec angoisse et pleuraient à grands cris pour avoir la mort ». Il revit la même vision, la revit encore, en fut longtemps poursuivi, et garda de son deuil l'impression d'un événement irréparable, qui « courut après lui une grande partie de sa vie ». Il ajoutait : « Je ressemble peut-être très peu, en bien ou en mal, à ce que j'aurais été sans cela ».

Il sera juste de lui tenir compte de cet héritage morbide, de ce tempérament mal pondéré, quand nous le verrons s'abandonner sans résistance à la tyrannie abjecte et redoutable de l'opium. Thomas de Quincey, ses frères et ses sœurs, continuaient de payer pour la tare pathologique de leur père. On ne savait pas encore, dans ce temps-là, quel créancier impitoyable est la nature. « L'hérédité, a dit un homme de science[1], c'est la solidarité entre les générations successives; elle pourrait devenir le plus puissant facteur du progrès humain, si chaque homme était convaincu que chacun des actes de sa vie doit retentir sur sa descendance :

> Pour que vos actions ne soient vaines ni folles,
> Craignez déjà les yeux futurs de vos enfants [2].

Le vieux Quincey n'avait pas craint ces « yeux futurs » qui allaient témoigner contre lui en s'emplissant de l'ombre du tombeau ou de rêves effrayants. Son fils Thomas fut peut-être le plus accablant de ces témoins, justement parce qu'il vécut et qu'il avait du génie. C'était ce que les médecins appellent un « dégénéré supérieur ». Il lui fut impossible de remplir sa

---

1. M. le D* Paul Le Gendre, *L'hérédité et la pathologie générale.*
2. Jean Lahor, *Bénédiction du mariage persan.*

destinée parce qu'il offrait un « terrain » trop bien « préparé » aux passions maladives, alcool ou opium, absinthe ou morphine.

Il était devenu après la mort de sa sœur d'une sauvagerie d'animal malade. La maison de sa mère était située aux environs de Manchester, dans un isolement qui favorisait sa passion pour la solitude : « Tout le long du jour, dit-il, à moins d'impossibilité, je cherchais dans le jardin ou dans les champs voisins les coins les plus silencieux et les plus secrets. Le calme presque effrayant de certains midis d'été, lorsqu'il n'y a aucun vent, le silence fascinateur des après-midi gris, ou lourds de brouillard, agissaient sur moi comme les enchantements d'un magicien.... Dieu parle à l'enfant par les rêves, et aussi par les oracles qui le guettent dans les ténèbres. Mais c'est surtout dans la solitude que Dieu entre avec l'enfant dans une communion que rien ne vient troubler. Tout homme arrive *seul* dans ce monde; tout homme en sort *seul*. Le petit enfant lui-même sent d'instinct, avec effroi, que s'il était appelé à se rendre devant Dieu, il ne serait pas permis à sa bonne de le conduire doucement par la main, ni à sa mère de le porter dans ses bras, ni à sa petite sœur de partager son tremblement. Prêtre ou roi, jeune fille ou guerrier, philosophe ou enfant, chacun doit marcher seul dans ces avenues mystérieuses. La solitude qui, dans ce monde, épouvante ou fascine un cœur d'enfant, n'est que l'écho d'une solitude bien plus profonde à travers laquelle il a déjà passé, et d'une autre solitude plus profonde encore, à travers laquelle il aura à passer : réminiscence de l'une, pressentiment de l'autre [1]. »

Mme de Quincey ne faisait rien pour réconcilier avec

---

1. *The affliction of Childhood.*

la société de ses semblables ce marmot à grosse tête, toujours solitaire et toujours pensif. Elle n'était pas de ces femmes qui mettent de la joie dans la vie des autres. Pieuse et austère, elle avait une vertu hautaine et une religion glaciale, tenait ses enfants à distance et s'en faisait redouter, malgré de grands et solides mérites. Jamais une maison où elle habitait ne s'égayait, jamais les petits ne sortaient de chez eux, et Thomas grandissait replié sur lui-même, dans l'ignorance de ce qu'il y avait derrière les haies bornant son horizon. Avec sa précocité dangereuse d'enfant anormal, il réfléchissait sur ce monde qui lui demeurait caché, et travaillait à le deviner d'après ses livres ou d'après les rares événements d'un cercle étroit et monotone. La première fois qu'il eut l'intuition de la vie et de la mort universelles, ce fut à un commencement de printemps, devant une touffe de crocus qui sortait de terre dans le jardin encore hivernal et défeuillé. Il était alors bien petit, et fut pourtant bouleversé.

Vers six ans, une page des *Mille et une Nuits* lui donna une autre secousse intellectuelle. Il lisait *Aladdin ou la lampe merveilleuse*. Au début du conte, le magicien africain [1] découvre qu'il ne pourra s'emparer de la lampe que par les mains d'un enfant innocent, et cela ne suffit pas encore : « Il faut que cet enfant ait un horoscope spécial écrit dans les étoiles, ou, en d'autres termes, une destinée spéciale écrite dans sa constitution, qui lui donne droit à s'emparer de la lampe. Où trouver cet enfant? comment le chercher? Le magicien le sait. Il applique son oreille à terre; il écoute les innombrables bruits de pas qui fatiguent à

---

[1]. La version française de Galland raconte les choses tout autrement. On sait qu'elle prend de grandes libertés avec le texte original.

cet instant la surface du globe; et parmi tous ces bruits, à une distance de six mille milles, il distingue les pas particuliers du jeune Aladdin, qui joue dans les rues de Bagdad. A travers cet inextricable labyrinthe de sons,... les pieds d'un enfant isolé marchant sur les bords du Tigre sont reconnus distinctement, à une distance qu'une armée ou une caravane mettrait quatre cent quarante jours à franchir. Ces pieds, ces pas, le magicien les reconnaît, il les salue en son cœur comme les pieds, comme les pas de cet enfant innocent par les mains duquel il a chance de saisir la lampe [1]. »

Un enfant ordinaire aurait trouvé tout naturel qu'un magicien entendît et comprît ce qui se passait à l'autre bout de la terre; c'était son métier de magicien. Le petit Thomas eut l'intuition que le conte merveilleux présentait sous une forme figurée l'une des grandes énigmes de l'univers. Il la débrouilla comme il put, et pas trop mal, puisque les années l'affermirent dans son idée. Plus il fut en état de raisonner, plus il demeura convaincu qu'il existe entre les choses les plus éloignées par le temps ou l'espace, les plus étrangères les unes aux autres en apparence, des relations obscures et insondables, issues de lois et de forces ignorées de l'humanité. Le don surnaturel attribué au magicien d'Aladdin n'était que la représentation poétique de l'un de ces secrets « sublimes ». « Après avoir laissé de côté comme inutiles des milliards de sons terrestres, après avoir concentré son attention sur un certain bruit de pas, il a le pouvoir encore plus incompréhensible de déchiffrer dans ce mouvement précipité un alphabet infini de symboles inconnus. En effet, pour que le bruit des pas de l'en-

---

[1]. *Autobiography, Infant literature..*

fant ait une signification intelligible, il faut que leur musique corresponde à une gamme d'une étendue infinie; il faut que les pulsations du cœur, les mouvements de la volonté, les visions du cerveau se traduisent, comme en hiéroglyphes secrets, dans le son de ces pas fugitifs. Tous les sons articulés et tous les bruits qui se produisent sur ce globe doivent être autant de langages et de systèmes de chiffres, ayant quelque part leur clef, leur grammaire et leur syntaxe. Ainsi, les moindres choses de cet univers sont mystérieusement les miroirs des plus grandes [1]. »

Le futur symboliste de *Nos dames de douleurs* est déjà tout entier dans ces réflexions, que Thomas de Quincey aurait refusé de trouver surprenantes chez un bambin, car il avait aussi une théorie sur l'origine des idées chez chacun de nous. Il les faisait naître dans le premier âge, au hasard d'incidents le plus souvent futiles, décisifs néanmoins pour notre avenir intellectuel, et qu'il nommait, d'un mot emprunté à la géométrie, « les *développantes* de la sensibilité humaine ». Il ajoutait : « Ce sont les combinaisons par lesquelles la matière première des pensées ou des sentiments futurs est introduite dans l'esprit par un procédé aussi insaisissable que le transport des semences végétales, dans les pays éloignés, par les rivières, les oiseaux, les vents et les mers ». L'histoire du magicien africain avait été l'une des principales « développantes » de son esprit. A la vérité, les réflexions qu'elle lui avait suggérées restèrent d'abord à l'état rudimentaire; ayant voulu expliquer sa pensée à quelqu'un, il ne put en venir à bout, faute d'un vocabulaire suffisant. La semence n'en était pas moins en terre, car « les mots sont le vêtement de la pensée », rien de plus, et il est

---

1. *Autobiography.*

faux qu'on ne puisse penser qu'avec des mots. Au temps voulu, il sortit de cette graine spirituelle une conception du monde occulte qui devint la clef de voûte de la partie mystique et poétique de son œuvre.
— Faut-il prendre au pied de la lettre les souvenirs d'enfance de Quincey? Je n'oserais en répondre. Il est certain seulement, par les témoignages de son entourage, qu'il fut une façon de petit prodige, philosophant dès le berceau.

Ce n'était pas tout que d'avoir recréé l'univers par un effort d'imagination. Que s'y passait-il, dans cet univers? Y était-on bon ou méchant? Le petit Thomas ne savait trop qu'en croire. Une servante lui avait révélé l'existence de la violence et les dangers qui menacent le faible en brutalisant une autre petite sœur à la veille de mourir aussi. Cette première échappée sur la vie réelle l'avait transi d'horreur; il baissait involontairement les yeux devant la créature qui avait tué sa confiance enfantine dans l'universelle bonté.

D'autre part, ses livres contenaient des traits d'héroïsme et de générosité qui le transportaient d'admiration. Il avait même éprouvé, au cours d'une de ses lectures, la divine sensation du « sublime moral », et la page avait « flamboyé devant ses yeux comme un phare puissant ». Où était la vérité? Il ne la découvrit que dans sa huitième année, au sortir de sa thébaïde. Son frère aîné, celui qui voulait marcher au plafond la tête en bas, vivait encore, mais on l'élevait au loin. Une raison quelconque l'ayant ramené au logis, sa mère l'envoya passer ses journées chez un pasteur des environs et lui adjoignit Thomas, le sage et timide Thomas, « pas plus fort qu'une mouche », disait son aîné avec mépris, et sans plus de défense. Ce fut une brusque initiation aux côtés actifs de la nature humaine. Le frère était un forcené batailleur, qui ameuta contre eux tous les gamins du pays et obligea l'infortuné Thomas à être son « corps d'armée ». Pendant que le « général en chef » accomplissait des prouesses et se décernait des ordres du jour louangeurs, ses troupes recevaient d'abominables raclées, dont elles ne lui gardèrent pas rancune. Plus tard, à la réflexion, Quincey se disait qu'il serait mort de langueur sans cette violente diversion, qui se prolongea plus de trois ans, à ses éternelles spéculations métaphysiques. Il était à présent trop préoccupé le soir de la sortie du lendemain matin, et le matin de la rentrée du soir, pour s'abandonner à ses rêveries, et ce fut en effet très sain pour lui.

Thomas, cependant, n'aurait pas été Thomas, s'il n'avait jamais profité de ses premières incursions dans le vaste monde pour ratiociner sur ce qu'il observait. Ce fut en rôdant dans la maison du pasteur, M. S***, qu'il plongea les yeux dans les abîmes de douleur dont il commençait à soupçonner l'existence sur cette terre. M. S*** avait deux filles jumelles, sourdes, scrofuleuses, monstrueuses et passant pour idiotes. Elles trébuchaient en marchant et entr'ouvraient à peine des yeux rouges et clignotants. Leur mère les haïssait et les cachait au fond du logis, où elles étaient assujetties à des travaux serviles et pénibles. Le petit Quincey, qui ne comptait pas encore et avait ses entrées partout, arriva jusqu'aux jumelles, fut frappé de leur morne tristesse, et employa à pénétrer leur pensée le don particulier qu'il avait reçu « de lire l'obscur et le silencieux ». Le drame qu'il déchiffra fut une autre *développante*, celle de toutes, peut-être, qui agit le plus fortement sur sa sensibilité.

Les jumelles n'étaient pas assez idiotes pour ne pas souffrir dans leur âme imparfaite. Elles sentaient même vivement, quoi qu'en dît leur mère pour se justifier à ses propres yeux. Quincey vit leur figure disgraciée s'illuminer à un sourire affectueux, à un geste caressant, « comme à un message de Dieu leur disant tout bas : — Vous n'êtes pas oubliées ». Il surprit leur terreur et leur muet désespoir au seul son de la voix maternelle. Un jour, elles s'étaient assises pour prendre un peu de repos. Un appel irrité les fit tressauter. Elles se levèrent vivement, se tendirent les bras en même temps, s'embrassèrent sans mot dire, puis dénouèrent leurs bras et se séparèrent, chacune trébuchant vers sa tâche. Quelques jours plus tard toutes deux moururent, et le petit Thomas comprit qu'il ne fallait pas en avoir de chagrin; mais il se demanda, et il s'est toujours demandé depuis, pourquoi il y a des parias dans le monde. Il entendait par cette expression les êtres pour lesquels ne luit jamais aucune lueur d'espérance, les déshérités et les méprisés, les races maudites et tous ceux que la société écrase ou rejette, que leurs proches écrasent ou rejettent, hypocritement, en gardant des apparences devant le monde et en les traitant par derrière comme on traitait les juifs ou les cagots au moyen âge. Pourquoi y a-t-il des hommes qui naissent parias aussi sûrement que d'autres naissent lépreux? La question n'était pas nouvelle, et Quincey n'y trouva pas plus de réponse que les millions d'hommes qui se l'étaient posée avant lui, mais il ne la perdit plus de vue. Le mot et l'idée de paria jouent un grand rôle dans son œuvre littéraire. Il s'y indigne à plusieurs reprises, avec véhémence, contre ceux qui ne veulent pas voir que nous sommes entourés de parias, en Europe, au xix® siècle, et qui refusent d'admettre, comme la mère des deux pauvres jumelles, que les déshérités et les méprisés sentent le mal qu'on leur fait. « Je suis confondu, écrivait-il, de la colossale culpabilité et de la colossale misère du cœur humain. »

Ses études marchaient de pair avec les progrès extraordinaires de son esprit. Il fut la gloire de la première école où sa mère l'envoya. A douze ans, il faisait des vers latins dignes des humanistes du vieux temps. A quinze, il composait des poésies lyriques en grec et avait retrouvé dans Démosthène « les véritables lois de la rhétorique », sur lesquelles « les modernes n'ont écrit que des sottises ». L'un de ses professeurs disait un jour à un étranger : « Ce gamin-là haranguerait une foule athénienne plus facilement que vous et moi une foule anglaise ». C'était peut-être vrai. Quincey parlait grec couramment, sur n'importe quel sujet, connu ou non des anciens. Il avait pris l'habitude de se lire à lui-même les journaux anglais en grec, tous les matins, et il avait acquis à cet exercice « une adresse surnaturelle » pour fabriquer des périphrases et découvrir des équivalents.

Il possédait la littérature anglaise sur le bout du doigt, même les très vieux auteurs, même ceux que personne ne lit, même les livres introuvables qu'on ne déniche que par une grâce d'état. Passionné pour la poésie de son pays, il aimait à rappeler plus tard qu'il avait salué sa renaissance moderne dès la première aurore et voué un culte aux Lakistes à une époque où le public les ignorait et où la critique n'avait pas de mots assez durs pour Wordsworth et Coleridge. « On les vilipendait, dit-il. J'ai été en avance de trente années sur mon temps, et j'en suis justement fier. »

Une mémoire alerte et impeccable tenait ce savoir immense à son service, et faisait de ce pâle petit écolier un objet de curiosité pour ceux qui l'approchaient. La maturité de son esprit était un autre sujet d'ébahissement pour les étrangers. Personne ne s'avisait de le traiter en enfant. Les hommes graves lui parlaient sur un pied d'égalité et des lettrés se remettaient à son école. Il forma ainsi des amitiés charmantes, une, entre autres, avec un *clergyman* qui avait soixante ans de plus que lui et vivait en sage loin des vaines agitations du monde. Son presbytère, situé au cœur de Manchester, était néanmoins la maison du silence. Les bruits du dehors expiraient au pied de ses murailles enchantées. Les domestiques marchaient à pas étouffés, comme avec des chaussons. Des vitraux adoucissaient la lumière, et du fond de cette paix, de cette solitude, le vieux *clergyman* travaillait avec ardeur à convertir l'Angleterre au swedenborgianisme, sans que Quincey ait jamais pu comprendre comment ses supérieurs ne disaient rien et laissaient faire. Sentant venir la mort, le vieillard se mit en devoir de rompre les liens terrestres de son âme, représentés par les classiques grecs et latins, seules et pures délices d'une vie innocente. Il les prenait l'un après l'autre, relisait une dernière fois ses passages favoris, et distribuait les chers volumes à ses amis. Se séparer de l'*Odyssée* fut le sacrifice suprême. Un soir, seul à seul avec Quincey, il lui dit d'un ton solennel : « Ce livre est presque le seul qui me reste de mes classiques. J'ai gardé Homère jusqu'à la fin, et l'*Odyssée* de préférence à l'*Iliade*. Votre favori, en grec, est Euripide; aimez tout de même Homère, nous devons tous aimer Homère. Même à mon âge, il me charmerait encore, et j'ai fait une exception en sa faveur aussi longtemps que des œuvres d'inspiration purement humaine ont eu le droit d'occuper mon temps. Mais je suis un soldat du Christ, et l'ennemi n'est pas loin. Mes yeux ont regardé aujourd'hui dans Homère pour la dernière fois et, de peur de manquer à ma résolution, je vous donne ce livre, mon dernier. » En achevant ces mots, il s'assit devant un orgue délicatement ouvragé, seul ornement de sa bibliothèque, et entonna un cantique [1]. Il faut ne pas savoir ce que c'est que d'aimer ses livres pour se représenter cette scène sans émotion.

Des intimités aussi peu naturelles ne permettent guère à un adolescent d'ignorer qu'il est différent des autres. Quincey savait qu'il avait eu trop tôt un esprit d'homme, des goûts et des sentiments d'homme. Mais il n'y pouvait rien. Il était entraîné « comme par une cataracte » vers des problèmes au-dessus de son âge, de ses forces, « de toutes les forces humaines ». C'était une fascination, un besoin âpre et maladif. On le fit voyager : il racolait partout des auditeurs, amusés d'entendre ce blanc-bec parler éloquemment sur les sujets les plus sérieux et les plus abstraits. On l'envoya en visite dans des châteaux : il communiqua sa fièvre de savoir aux belles dames, qui se mirent à apprendre le grec, l'hébreu et la théologie sous sa direction. On le mena à une grande fête où était la cour d'Angleterre : il ébaucha séance tenante une philosophie de la danse, « la forme la plus grandiose de tristesse passionnée » que l'homme ait inventée, et un éreintement du rire, compagnon louche du bas comique et des plaisirs vulgaires.

Il n'y avait rien à faire que de se résigner à avoir un enfant prodige, et de l'envoyer le plus tôt possible, selon son désir, à l'Université d'Oxford. C'était très simple, et ce fut pourtant l'origine de tous ses malheurs.

1. *A Manchester Swedenborgian.*

II

M. de Quincey père avait désigné quatre tuteurs pour veiller sur ses enfants. L'un d'eux était un banquier, ami de l'ordre et de l'économie, qui crut faire un coup de maître en plaçant Thomas, à quinze ans et précoce comme on l'a vu, dans une école de Manchester dont le maître en savait beaucoup moins que lui, mais où trois ans de séjour assuraient aux élèves brillants une demi-bourse à l'université d'Oxford. Le jeune Quincey n'avait aucun besoin de cette combinaison; sa famille était riche. En vain il supplia. En vain il appela sa mère à son secours, lui remontrant qu'il ne pouvait plus redevenir petit écolier, faire de petits devoirs et n'entendre que des conversations de collégiens dont il avait la nausée d'avance. Mme de Quincey ne comprit pas ou ne voulut pas comprendre. Elle laissa faire, et il en résulta qu'un beau matin du mois de juillet 1802, son fils s'enfuit de Manchester, affolé par une existence imbécile. Il avait un volume d'Euripide dans une poche, des poésies anglaises dans l'autre.

Il jugea de son devoir d'aller avant tout rassurer sa mère, qui n'habitait plus le pays; elle s'était établie près de Chester. Ce n'était pas, dit-il amèrement, qu'il se flattât « d'être l'objet d'un intérêt particulier de sa part », mais sa disparition pouvait lui causer des embarras. L'entrevue fut mauvaise pour l'un et pour l'autre. Mme de Quincey fit au fugitif l'accueil glacial dû à un grand criminel et attendit ses explications en silence. Assis en face d'elle dans une chambre qu'il n'oublia jamais, il se taisait aussi, accablé par la certitude qu'elle ne comprendrait pas. Il se disait que sa mère l'absoudrait avec transport si elle pouvait se représenter, l'espace d'une demi-minute, ce qu'il avait souffert dans les derniers mois, par quels accès de désespoir il était passé, par quelles crises douloureuses, physiques aussi bien que morales. Mais où trouver des mots pour émouvoir cette statue, pour expliquer à cette incarnation de la règle et des convenances qu'il y a des cas où il faut sauter par la fenêtre si la porte est fermée? Les paroles expiraient sur ses lèvres. Il en sentait l'inutilité et courbait la tête devant « l'*Incommunicable* », auteur mystérieux et ignoré d'un nombre effroyable de malentendus sans remèdes. C'est lui qui rend les enfants étrangers aux parents, qui dresse des murailles entre les âmes et les cœurs des époux. « S'il y a dans ce monde, écrivait Quincey dix-neuf ans après, un mal pour lequel il ne soit pas de soulagement, c'est ce poids sur le cœur qui vient de l'*Incommunicable*. Qu'il paraisse un nouveau sphinx, proposant une autre énigme à l'homme, lui disant : « Quel est le seul fardeau trop lourd pour l'âme humaine? je lui répondrai sans hésitation : « *C'est le fardeau de l'Incommunicable* ». Un dernier effort pour articuler au moins une parole ne produisit qu'un soupir, et il renonça : à quoi bon, puisqu'elle ne comprendrait pas [1]?

La pension de Manchester lui avait fait un mal sans remède. Un milieu par trop antipathique, l'excès d'ennui et de découragement joint à une privation absolue, contre nature, d'air et d'exercice, avaient développé les germes de bizarrerie qui sommeillaient dans cet adolescent trop intellectuel. Ils éclatèrent bientôt à tous les yeux et décidèrent de son avenir. Au sortir de la maison maternelle, Quincey était allé

---

1. *Confessions of an English Opium-Eater.*

vaguer dans le pays de Galles. Il s'y livra à des excentricités de collégien mal équilibré. Le jour, il cherchait des baies sauvages pour sa nourriture. Le soir, il campait sous une tente « pas plus grande qu'un parapluie », qu'il s'était fabriquée avec une canne et un morceau de toile à voile, ou bien il couchait complètement à la belle étoile, malgré la peur des vaches; les montagnes étaient pleines de troupeaux, et il tremblait toute la nuit qu'une vache, soit curiosité, soit malveillance, ne profitât de son sommeil « pour poser une patte juste au milieu de sa figure », où elle « enfoncerait ». Ce malheur n'arriva pas, mais il aurait pu arriver, et Quincey n'en dormait pas.

Les auberges de la route lui servaient à mener à bonne fin une étude qu'il avait à cœur. Depuis longtemps déjà, il tenait en singulière estime l'art de la conversation; c'est à lui qu'on doit cet aphorisme : « Une nation n'est vraiment civilisée que lorsqu'elle a un repas où l'on cause ». Les jours de pluie furent donnés au difficile apprentissage de la conversation générale, la seule qu'il admît et recherchât. Cet étrange petit bonhomme s'exerçait méthodiquement à entraîner les tablées de rencontre des auberges dans des discussions à la du Deffand, et le procédé n'était pas tant sot, puisqu'il a fait de son auteur, d'un avis unanime, le plus merveilleux causeur de son pays et de son temps.

Sa famille ne savait ce qu'il était devenu; il n'écrivait plus, de peur d'être poursuivi par ses tuteurs. L'hiver le trouva le gousset vide et le ventre creux. En cette extrémité, il résolut d'escompter l'avenir et de recourir à un usurier. De bonnes gens lui prêtèrent un peu d'argent pour la route, et le voilà parti pour Londres, le voilà à Londres. Les pages où il a conté son expédition sont célèbres; l'épisode d'Anne, l'héroïne du trottoir d'Oxford-Street, est aussi populaire en Angleterre qu'en Russie celui de Sonia, la pauvre pécheresse de *Crime et Châtiment*.

Il court chez un usurier. C'était un personnage invisible. Aucun client ne l'avait jamais aperçu. Il égorgeait ses victimes par l'entremise d'agents véreux dont la sécurité ne le regardait pas. Celui auquel Quincey échut en partage se nommait tantôt Brunell et tantôt autrement, ne couchait jamais deux nuits de suite au même endroit, et ne recevait les pratiques qu'avec du secours à portée de la voix. Il avait loué un colosse appelé Pyment, et on l'entendait hurler : « Ici, Pyment ! A moi, Pyment ! » Pyment se précipitait, et, à eux deux, ils jetaient le récalcitrant dans la rue.

La consigne était de traîner les affaires en longueur, afin de réduire les emprunteurs à merci par la famine. On faillit dépasser le but avec Quincey, et l'envoyer dans l'autre monde. Au bout de quelques semaines, il était sans sou ni maille, sans feu ni lieu, ne sachant que faire, que devenir, où coucher, comment manger, perdu sans ressources s'il n'y avait aussi une Providence pour les idéalistes, quoi qu'en pense le monde dans sa sagesse terre à terre. La manière dont il fut secouru fut précisément telle qu'il l'avait mérité par son culte ingénu et désintéressé pour les lettres. Quincey dut son salut aux muses grecques, comme jadis les Athéniens prisonniers de Syracuse, qui allèrent, dit Plutarque, remercier Euripide à leur retour en Grèce, « lui contant les uns comme ils avaient été délivrés de servitude pour avoir enseigné ce qu'ils avaient retenu en mémoire de ses œuvres, les autres comme après la bataille s'étant sauvés de vitesse en allant vagabonder çà et là parmi les champs, ils avaient trouvé qui leur donnait à boire et à manger pour chanter de ses vers ».

Il était impossible de causer avec Thomas de Quincey, fût-ce d'échéances et d'intérêts, sans être frappé de sa familiarité avec les anciens. L'agent de l'usurier, Brunell, le remarqua immédiatement et en fut remué. L'amour des classiques grecs et latins était le seul sentiment humain qui fût resté à ce misérable. Il leur attribuait un pouvoir mystique et bienfaisant, et assurait qu'il aurait tourné autrement sans un accident qui avait interrompu ses études. Dès son premier entretien avec le nouveau client, il oublia tout pour le suivre avec ravissement dans les jardins fleuris de la poésie antique. Une citation appelait l'autre, un mot réveillait un vieux doute sur le sens d'un vers, sur une construction difficile, et cette âme vile s'épurait pour quelques instants au contact des plus nobles esprits de la Grèce et de Rome. Les affaires de Quincey n'en allaient ni mieux ni plus vite; Brunell n'était pas en posture d'en remontrer à son maître; mais il ne se sentit pas le courage de laisser périr le docte enfant qui disait si bien Euripide, Homère, l'*Anthologie*, Virgile, et dont la voix le reportait aux temps heureux où il croyait devenir un honnête homme. Quand il le vit sur le pavé, il lui donna asile dans le local où étaient ses bureaux.

C'était une maison où les murs mêmes semblaient avoir faim. Il n'y avait pas de meubles, sauf dans le cabinet de Brunell, que celui-ci fermait à clef en partant; pas d'habitants à demeure, excepté une malheureuse petite fille d'une dizaine d'années, hâve et maigre, qui se terrait le jour dans le sous-sol, dormait la nuit sur le plancher, et ne savait qui elle était, ni pourquoi elle était là, seule avec les rats et mourant de frayeur. Quincey lui ayant demandé un jour si elle ne serait pas la fille de M. Brunell, elle répliqua qu'elle n'en savait rien. Heureuse, cette enfant aurait été bien peu intéressante, car elle était laide, disgracieuse et stupide, mais c'était une « paria », un rebut, et il n'en fallait pas davantage pour lui assurer la pitié de Quincey et le peu d'aide qu'il était en son pouvoir de donner. Il fut touché de la joie de cette pauvre créature en apprenant qu'elle ne serait plus seule, la nuit, dans les ténèbres du logis désert : « On ne pouvait pas dire que la maison fût grande, chaque étage en lui-même n'était pas très spacieux; mais, comme il y en avait quatre, cela suffisait pour donner la vive impression d'une solitude vaste et sonore. Tout étant vide, le bruit des rats résonnait d'une façon prodigieuse dans le vestibule et la cage de l'escalier, de sorte qu'au milieu de maux réels et matériels, du froid et de la faim, l'enfant abandonnée avait encore plus à souffrir de la crainte des fantômes qu'elle s'était forgés elle-même. Contre ces ennemis-là, je pouvais lui promettre ma protection; la compagnie d'un être humain était à elle seule une protection.... »

« Nous nous étendions à terre, une liasse de papiers d'affaires pour oreiller, mais sans autre couverture qu'un grand manteau de cavalier. Nous finîmes pourtant par découvrir dans un grenier une vieille housse de canapé, un petit morceau de tapis et quelques autres guenilles, et nous fûmes alors un peu mieux. La pauvre enfant se serrait contre moi pour avoir plus chaud et pour être en sûreté contre ses ennemis les fantômes. Quand je n'étais pas trop malade, je la prenais dans mes bras, et elle n'avait pas trop froid de cette façon; souvent, elle pouvait dormir quand cela m'était impossible. Dans les deux derniers mois de ces souffrances, je dormais beaucoup le jour; j'étais sujet à de petits accès de somnolence qui me prenaient à toute heure. Mais le sommeil m'était plus pénible encore que la veille, car, en dehors de l'agitation que me causaient mes rêves (ils étaient à peine moins terribles que ceux que j'ai eus plus tard sous l'influence de l'opium et que j'aurai à raconter), mon sommeil n'était jamais que ce qu'on appelle un *sommeil de chien*; je m'entendais gémir, et m'éveillais souvent au son de ma propre voix [1]. »

Le matin, il déjeunait des miettes de Brunell, quand Brunell laissait des miettes de son petit pain; après quoi il fallait sortir et ne rentrer que le soir, les affaires du maître ne souffrant point de témoins. Par la pluie ou la bise, la neige ou le brouillard, il allait, harassé, rongé de faim, connu des autres « péripatéticiens » mâles ou femelles, de son quartier, comme aussi de la police, qui le rudoyait quand il se laissait tomber d'épuisement sur les marches d'une maison. Les parias s'attirent entre eux. Il fit des connaissances infâmes, accompagna les filles dans leurs rondes nocturnes, et n'en rougit jamais. « Ces malheureuses femmes, dit-il, n'étaient pour moi que des sœurs d'infortune. » Et des sœurs auxquelles il trouvait plus de cœur qu'à beaucoup d'autres, qui ne manquaient ni d'une certaine générosité ni d'un certain genre de fidélité, et dont il admirait le courage parce qu'elles le défendaient contre la police. Il ne voyait pas de raison de les fuir : « A aucune époque de ma vie, je n'ai consenti à me tenir pour souillé par l'approche ou le contact d'une créature humaine quelconque. Je ne puis pas admettre, je ne veux pas croire, que des êtres ayant forme d'homme ou de femme soient des parias à ce point réprouvés et rejetés, que nous emportions une tache d'un simple entretien avec eux [2]. »

Anne, la fameuse Anne des *Confessions*, était une de

1. *Confessions*, etc.
2. *Ibid.*

ces « sœurs d'infortune ». Pourquoi Quincey la distingua parmi ses compagnes d'opprobre et de misère ; pourquoi il la choisit pour lui représenter la douleur anonyme du monde, dont le gémissement le poursuivait depuis l'enfance : lui-même n'en a jamais rien su. Peut-être était-ce la jeunesse de cette pauvre fille : elle avait quinze ans ; peut-être son visage, sans beauté mais très doux ; peut-être autre chose, et peut-être rien. Peu importe la cause. Il l'aima en frère, elle l'aima en sœur. Leur affection fut pour tous deux une bouffée d'air pur dans l'atmosphère d'ignominie qu'ils respiraient. Ils se donnaient rendez-vous sur un de ces immondes trottoirs du centre de Londres où roule tous les soirs, à perte de vue, le fleuve colossal du vice britannique. Là, ils cheminaient côte à côte, et Quincey n'avait que de la compassion pour cette malheureuse et son atroce métier. Il voyait en elle une sorte de colombe expiatoire de la corruption universelle. Volontiers il se serait mis à genoux devant elle, comme Raskolnikof devant Sonia ; volontiers il aurait aussi crié en lui baisant les pieds : « Ce n'est pas devant toi que je me prosterne, c'est devant toute la souffrance de l'humanité ».

Il arriva qu'une nuit Quincey se sentit défaillir de faiblesse et de besoin. A sa prière, Anne l'accompagna dans un square, où il s'affaissa sur les degrés d'une maison. Son amie courut lui chercher un verre de vin épicé, qu'elle paya de ses maigres deniers, et qui lui sauva la vie. Du moins, il l'assure. Dans l'état d'esprit où était Quincey, l'aventure lui parut symbolique : « O ma jeune bienfaitrice ! combien de fois, dans les années postérieures, jeté dans des lieux solitaires, et rêvant de toi avec un cœur plein de tristesse et de véritable amour, combien de fois ai-je souhaité que la bénédiction d'un cœur oppressé par la reconnaissance eût cette prérogative et cette puissance surnaturelles que les anciens attribuaient à la malédiction d'un père, poursuivant son objet avec la rigueur indéfectible d'une fatalité! — que ma gratitude pût, elle aussi, recevoir du ciel la faculté de te poursuivre, de te hanter, de te guetter, de te surprendre, de t'atteindre jusque dans les ténèbres épaisses d'un bouge de Londres, ou même, s'il était possible, dans les ténèbres du tombeau, pour te réveiller avec un message authentique de paix, de pardon et de finale réconciliation [1] ! »

Ce qu'il faisait dans les rues de Londres, du matin au soir, et quelquefois du soir au matin, ce qu'il a vu et entendu dans l'ignoble société de son choix, Quincey n'a pas jugé à propos de le dire ; nous n'en savons pas, de son aveu, « la millième partie ». Mais il n'a jamais caché qu'il avait reçu de ces temps, de ces spectacles, une impression ineffaçable. « La vision de la vie, écrivait-il dans sa vieillesse, a fondu sur moi trop tôt, et avec trop de puissance, comme cela n'arrive pas à vingt personnes en mille ans. L'horreur de la vie s'est mêlée dès ma première jeunesse à la douceur céleste de la vie [2] ! » Il comprit plus tard, quand tout cela était déjà loin, les dangers de toutes sortes auxquels il avait exposé ses dix-sept ans, et en eut le vertige de souvenir : « Supposez un homme suspendu par quelque bras colossal au-dessus d'un abîme sans fond — suspendu, mais finissant par être retiré lentement, — il est probable qu'il ne sourirait pas pendant des années. Ce fut mon cas. » Sa physionomie en garda une expression de tristesse indélébile, qui frappa Carlyle plus de vingt-cinq ans après : « Assis, écrivait Carlyle, on l'aurait pris aux lumières pour un joli

---

1. Traduit par Baudelaire dans les *Paradis artificiels*.
2. *Suspiria de Profundis*, *Vision of Life*.

enfant; des yeux bleus, un visage brillant, s'il n'y avait pas eu un je ne sais quoi qui disait : — *Eccovi*, — cet enfant a été aux enfers. »

Quincey n'est sorti de sa réserve systématique sur la parenthèse de Londres et du pays de Galles que pour raconter comment il perdit son amie. Il considérait cet événement comme la grande tragédie de son adolescence, bien plus que le froid et la faim. Un soir, il avait dit adieu à Anne pour cinq ou six jours, dans le dessein de poursuivre aux environs de Londres une affaire qui devait décider son usurier à conclure avec lui. Leur séparation avait été presque solennelle. Ceux-là seuls s'en étonneront auxquels je n'ai pas réussi à faire comprendre le caractère mystique et exalté de cette liaison équivoque. Les deux enfants cherchèrent un coin obscur et solitaire : « Nous ne voulions pas, dit Quincey, nous séparer dans le tumulte et le flamboiement de Piccadilly ». Lui, babillait gaiement de l'avenir, et de ce qu'il ferait pour elle afin de la relever et de la tirer de sa fange dès que la fortune lui aurait souri. Elle, écoutait en silence, plongée dans un morne désespoir que les circonstances n'expliquaient ni ne justifiaient. « De sorte, poursuit Quincey, que lorsque je l'embrassai en lui disant un dernier adieu, elle mit ses bras autour de mon cou, et pleura, sans prononcer un mot ». Il ne la revit jamais. Elle ne revint jamais à leur rendez-vous accoutumé dans la rue, et il n'avait jamais pensé à lui demander son adresse. Cette disparition mystérieuse était la fin qui convenait à un personnage symbolique, et la seule qui permît à Quincey de continuer à vivre dans son rêve de réparation sociale. Il ne put cependant en prendre son parti. Il persévéra pendant des années à chercher la triste Anne dans Oxford-Street chaque fois qu'il revenait à Londres. Faute de mieux, il l'a transfigurée dans une de ses fantaisies poétiques, où nous la verrons expirer, Madeleine repentie et pardonnée, en extase devant les cieux, ouverts pour la recevoir.

Cependant, il était à bout de forces. Un ami de sa famille, rencontré par hasard, lui ayant prêté quelque argent, Quincey courut acheter deux petits pains chez un boulanger dont il se rappelait avoir contemplé la boutique avec « une ardeur de désir » incroyable; mais son estomac ne supportait plus la nourriture. Un autre ami lui offrit à déjeuner, et le seul aspect des mets lui souleva le cœur. L'affaire sur laquelle il comptait avait manqué. Il s'estima trop heureux d'être découvert par ses tuteurs et d'en recevoir des ouvertures de réconciliation. L'automne de 1803 le trouva installé à l'université d'Oxford, ayant repris sans effort ses habitudes de bénédictin, et poursuivant avec son ancienne vigueur des études encyclopédiques, au premier rang desquelles la philosophie. Ses camarades l'apercevaient à peine; Quincey calculait qu'il ne leur avait pas adressé cent paroles les deux premières années, un peu par dégoût de leur ignorance, beaucoup par dégoût du monde en général depuis qu'il en avait exploré les bas-fonds : « Je fuyais tous les hommes afin de pouvoir les aimer tous ». Mais quiconque l'approchait emportait la conviction que l'université d'Oxford comptait parmi ses nourrissons un esprit puissant et original.

Un accident grotesque compromit cette magnifique moisson d'espérances. En 1804, Quincey était revenu à Londres pour son plaisir. Il eut mal aux dents. Une imprudence augmenta la douleur. Sur le conseil d'un camarade, il acheta de l'opium et fut perdu. Le poison avait trouvé un « terrain préparé »; il en prit possession sans l'ombre d'une résistance.

III

L'histoire de la chute misérable de Thomas de Quincey, de la détérioration de son intelligence et de son être moral sous l'influence d'un poison en pilules ou en bouteilles, est restée une histoire d'aujourd'hui, dont chacun de nous peut voir les divers chapitres se répéter sous ses yeux, avec leurs cruelles péripéties et leurs dénouements inévitables. Il n'y a de changé que l'étiquette du flacon. Les efforts des morphinomanes pour tenir leur vice secret ne réussissent jamais qu'un temps. D'ailleurs les médecins les trahissent dans l'intérêt public. Plusieurs de ces derniers, et non des moindres, effrayés de la grandeur soudaine de ce mal nouveau, l'ont dénoncé avec énergie. Le docteur Ball écrivait en 1885 : « L'abus de la morphine, qui depuis quelques années a pris de si grandes proportions, est généralement limité aux classes supérieures.... Mais, depuis peu, ce vice tend à se répandre même parmi nos ouvriers [1]. » Trois ans après, du docteur Pichon : « La morphinomanie est actuellement une passion, un vice aussi grave, aussi redoutable, plus redoutable, peut-être, que l'alcoolisme, que l'absinthisme. Il y aurait, certainement, exagération à dire que l'*ivrognerie morphinique* est aussi répandue que l'*ivrognerie éthylique* et l'*ivrognerie absinthique*. Mais personne ne saurait nier que le morphinisme ait progressé d'une façon effrayante depuis trois ou quatre ans [2]. » Du même, en 1890 : — « ... Pendant longtemps,

---

1. *La Morphinomanie.*
2. *Les Maladies de l'esprit.*

le morphinisme est resté l'apanage exclusif des lettrés, des savants, des classes privilégiées. Mais actuellement... on sait que dans ces dernières années l'intoxication morphinique a pris une extension considérable, et qu'elle a envahi non seulement les milieux moyens et populaires, mais qu'elle a pénétré jusque dans la chaumière même [1]. » La contagion s'est répandue tout particulièrement parmi les femmes, depuis la mondaine et l'intellectuelle jusqu'aux « sœurs d'infortune » de Quincey, en passant par les ateliers de modistes et même par les cuisines.

Toujours d'après le docteur Pichon, les morphiniques sont inégalement responsables de leur dégradation. Il y a d'abord ceux qui ont reçu l'initiation de la main du médecin, dans une crise d'intolérables souffrances, et qui sont demeurés les esclaves du poison, trop souvent par la faute de l'initiateur, ses imprudences, ses négligences ; ceux-là sont des victimes. Et il y a les coupables, les chercheurs de sensations inconnues, prêts à payer d'un vice une volupté neuve, « vulgaires ivrognes » sans aucun droit « au respect ni à la moindre considération ». Faisons-leur seulement l'aumône d'un peu de compassion, pour avoir été orientés vers l'abîme par une prédestination physiologique. La recherche morbide de la sensation non encore perçue, non encore ressentie, est l'un des attributs du peuple grandissant des dégénérés. Elle devient chez eux « un appétit quasi irrésistible ». Elle « confine au délire ». Ainsi parle la science, et ses décrets se sont vérifiés à la lettre pour Quincey, « dégénéré supérieur » s'il en fut jamais, être anormal chez qui la tare héréditaire avait été aggravée par les cahots de l'existence ; c'est pourquoi, sauf aux heures

---

1. *Le Morphinisme.*

de torture physique et d'épouvante morale, il n'a jamais regretté que de n'avoir pas connu l'opium plus tôt : « Je n'admets pas que j'aie été en faute.... La première fois que j'ai eu recours à l'opium, ce fut sous la contrainte d'une douleur atroce. Voilà les faits : il y a eu accident. Mais il aurait pu en être autrement sans que je fusse à blâmer. Si j'avais su plus tôt quels pouvoirs subtils résident dans ce puissant poison,... si je l'avais seulement soupçonné, j'aurais certainement inauguré ma carrière de mangeur d'opium dans la peau d'un chercheur de jouissances et de facultés *extra*, au lieu d'être l'homme qui fuit un supplice *extra*. Et pourquoi pas?... Je n'admets pas d'argument moral contre le libre usage de l'opium [1]. » Il « n'admet pas... ». C'est le langage ordinaire des pécheurs endurcis : — Cela ne regarde que moi. — On va loin avec cette théorie.

Quincey ne veut pourtant pas qu'on le croie capable d'avoir cédé à l'horreur de la douleur physique. L'excuse lui paraît trop basse, quoiqu'elle soit la seule bonne. Il tient à ce qu'on sache qu'il a demandé à l'opium précisément les voluptés défendues dont il avait eu la révélation à sa première fiole : « Une heure après, ô ciel ! quelle transformation ! quelle résurrection intérieure d'une âme émergeant de profondeurs insondables ! quelles révélations d'un monde inconnu que je portais en moi ! La fin de mes souffrances n'était plus qu'une bagatelle à mes yeux. Cet effet purement négatif était noyé dans l'immensité des effets positifs qui se découvraient à moi, dans l'océan des joies divines qui s'était tout à coup dévoilé. Je tenais une panacée, un φάρμακον νηπενθές, pour tous les maux des humains. Je tenais le secret du bonheur sur

---

[1]. *Confessions*, etc.

lequel les philosophes avaient disputé pendant tant de siècles. Il était découvert. On pouvait à présent acheter le bonheur pour deux sous et l'emporter dans la poche de son gilet. On pouvait se procurer des extases portatives en bouteille, et le pain de l'esprit pouvait s'expédier par la diligence [1]. »

C'était la lune de miel du poison, décrite maintes fois par les voyageurs et les hommes de science. « L'action première de l'opium pris à petite dose, dit le docteur Reveil [2], s'exerce sur le système nerveux ; le résultat ordinaire est de réjouir l'esprit, d'amener une succession d'idées le plus souvent riantes, un bien-être difficile à décrire ; en un mot, dans ces circonstances, il agit comme nos vins et nos liquides spiritueux. »

Les morphinomanes ne connaissent que trop la perfide « béatitude » qui succède d'abord aux piqûres. C'est elle qui les perd. « ... La morphine calme non seulement les douleurs physiques, mais aussi les souffrances psychologiques, les névralgies morales ; à la suite des injections de morphine, les chagrins s'envolent pour faire place à un calme plein de volupté.... D'un coup d'aiguille vous pouvez effacer les souffrances du corps et celles de l'esprit, les injustices des hommes et celles de la fortune [3].... » A charge de revanche, bien entendu. Dent pour dent, œil pour œil, et pis encore ; l'opium et sa fille la morphine sont de terribles usuriers.

Il faut, de plus, être bien averti, avant d'écouter Quincey sur les « béatitudes », que ses pareils se complaisent amoureusement à les exagérer ; c'est un fait

---

1. *Confessions*, etc.
2. *Recherches sur l'opium*, Paris, 1856.
3. Ball, *loc. cit.*

d'observation médicale. Il ne leur en coûte nullement d'altérer la vérité sur ce point spécial, c'est un autre fait d'observation, et je suis obligé de dire que Quincey n'a pas échappé à cette partie cruelle du châtiment. Il existe un fragment de lui où il avoue qu'il a menti dans les *Confessions*, de propos délibéré, en affirmant qu'il avait renoncé à l'opium; sans cela, ajoute-t-il naïvement, on ne m'aurait pas cru. D'autres fragments, épars dans ses œuvres, achèvent de mettre en défiance; certaines contradictions, certaines équivoques prouvent qu'il a été, comme tous les autres, dépourvu de sincérité dès qu'il s'agissait de son vice. Il est juste d'ajouter que le sens du réel s'émousse chez les morphiniques; il y a des cas où ils mentent sans s'en apercevoir.

Il ne se permit d'abord l'opium que toutes les trois semaines, et à doses modérées. Son tempérament le prédisposait à en recevoir des sensations aiguës; c'est lui-même qui nous le dit. Il était de ceux « qui vibrent jusqu'au plus profond de leurs sensibilités nerveuses aux premières atteintes du divin poison [1] ». Après l'inévitable malaise qui suit l'absorption, venait un allégement de tout l'être. Il se sentait délivré de « l'ennui de vivre », plus redoutable aux hommes que la douleur. Son esprit prenait des ailes, ses capacités de jouissance étaient décuplées, et il se donnait des fêtes intellectuelles. Quelquefois, il profitait de cette « envolée » de l'âme pour se rendre à l'Opéra, où il voyait sa vie passée se dérouler dans les sons, « non pas comme s'il l'évoquait par un acte de sa mémoire, mais comme si elle était présente devant lui et incarnée dans la musique. Elle n'était plus douloureuse à contempler; les détails pénibles s'étaient effacés ou con-

---

1. *Coleridge and Opium-Eating.*

fondus dans une brume idéale, les passions s'étaient exaltées, spiritualisées, sublimées [1]. »

Le samedi soir, il courait les rues de Londres : « En quoi le samedi soir se distinguait-il de tout autre soir? De quels labeurs avais-je donc à me reposer? quel salaire à recevoir? Et qu'avais-je à m'inquiéter du samedi soir?... Les hommes donnent un cours varié à leurs sentiments, et, tandis que la plupart d'entre eux témoignent de leur intérêt pour les pauvres en sympathisant d'une manière ou d'une autre avec leurs misères et leurs chagrins, j'étais porté à cette époque à exprimer mon intérêt pour eux en sympathisant avec leurs plaisirs. J'avais récemment vu les douleurs de la pauvreté, je les avais trop bien vues pour aimer à en raviver le souvenir; mais les plaisirs du pauvre, les consolations de son esprit, les délassements de sa fatigue corporelle ne peuvent jamais devenir une contemplation douloureuse. Or, le samedi soir marque le retour du repos périodique pour le pauvre; les sectes les plus hostiles s'unissent en ce point et reconnaissent ce lien commun de fraternité; ce soir-là, presque toute la chrétienté se repose de son labeur. C'est un repos qui sert d'introduction à un autre repos; un jour entier et deux nuits le séparent de la prochaine fatigue. C'est pour cela que le samedi soir il me semble toujours que je suis moi-même affranchi de quelque joug de labeur, que j'ai moi-même un salaire à recevoir et que je vais pouvoir jouir du luxe du repos. Aussi, pour être témoin, sur une échelle aussi large que possible, d'un spectacle avec lequel je sympathisais si profondément, j'avais coutume, le samedi soir, après avoir pris mon opium, de m'égarer au loin sans m'inquiéter du chemin ni de la distance, vers tous les marchés où

---

[1]. *Confessions*, etc.

les pauvres se rassemblent pour dépenser leurs salaires[1]. »

Il se mêlait aux pauvres et s'enquérait de leurs humbles malheurs pour prendre part à leur joie. Quand il ne leur découvrait que des sujets d'inquiétude et de chagrin, il tirait de son opium — la remarque est caractéristique — « des moyens de consolation. Car l'opium (semblable à l'abeille qui tire indifféremment ses matériaux de la rose et de la suie des cheminées) possède l'art d'assujettir tous les sentiments et de les régler à son diapason. »

A d'autres instants — mais ce fut seulement plus tard, dans une phase plus avancée, — il recherchait le silence et la solitude : « Je tombais souvent dans de profondes rêveries, et il m'est arrivé bien des fois, les nuits d'été, étant assis près d'une fenêtre ouverte d'où j'apercevais la mer et une grande cité,... de laisser couler toutes les heures, depuis le coucher du soleil jusqu'à son lever, sans faire un mouvement et comme figé ». La conscience de sa personnalité était abolie; il lui était impossible de se distinguer des formes et des objets qu'il contemplait, éléments multiples d'un immense symbole dont il faisait partie au même titre que le reste : « La ville, estompée par la brume et les molles lueurs de la nuit, représentait la terre avec ses chagrins et ses tombeaux, situés loin derrière, mais non totalement oubliés ni hors de la portée de ma vue. L'Océan, avec sa respiration éternelle, mais couvé par un vaste calme, personnifiait mon esprit et l'influence qui le gouvernait alors. Il me semblait que, pour la première fois, je me tenais à distance et en dehors du tumulte de la vie; que le vacarme, la fièvre et la lutte étaient suspendus; qu'un répit était accordé

---

1. Traduit par Baudelaire.

aux secrètes oppressions de mon cœur; un repos férié; une délivrance de tout travail humain. L'espérance qui fleurit dans les chemins de la vie ne contredisait plus la paix qui habite dans les tombes, les évolutions de mon intelligence me semblaient aussi infatigables que les cieux, et cependant toutes les inquiétudes étaient aplanies par un calme alcyonien; c'était une tranquillité qui semblait le résultat, non pas de l'inertie, mais de l'antagonisme majestueux de forces égales et puissantes; activités infinies, infini repos [1] ! »

Suit une magnifique invocation à l'opium, presque une prière, ardente et enflammée, où il y a seulement un peu trop de rhétorique : — « O juste, subtil et puissant opium! Toi qui, au cœur du pauvre comme du riche, pour les blessures qui ne se cicatriseront jamais et pour les angoisses qui induisent l'esprit en rébellion, apportes un baume adoucissant; éloquent opium! toi qui, par ta puissante rhétorique, désarmes les résolutions de la rage, et qui, pour une nuit, rends à l'homme coupable les espérances de sa jeunesse et ses anciennes mains pures de sang; — O juste opium, ô justicier! qui cites les faux témoins au tribunal des rêves, pour le triomphe de l'innocence immolée; qui confonds le parjure, qui annules les sentences des juges iniques; tu bâtis sur le sein des ténèbres, avec les matériaux imaginaires du cerveau, avec un art plus profond que celui de Phidias et de Praxitèle, des cités et des temples qui dépassent en splendeur Babylone et Hékatompylos; et du chaos d'un sommeil plein de songes, tu évoques à la lumière du soleil les visages des beautés depuis longtemps ensevelies, et les physionomies familières et bénies, nettoyées des outrages de la tombe. Toi seul, tu donnes à l'homme

1. Traduit par Baudelaire.

ces trésors, et tu possèdes les clefs du paradis, ô juste, subtil et puissant opium! »

Mais un mangeur d'opium n'est jamais heureux longtemps; c'est encore Quincey qui le dit.

Ses études terminées, il s'était établi en poète dans une maison de poète, une modeste chaumière « vêtue de beauté » par le lierre et les roses grimpantes, et située dans la pittoresque région des lacs. Il l'avait bourrée de livres de choix — elle en était « populeuse », — et s'était enfoncé dans la métaphysique allemande avec l'intention de consacrer toutes les forces de son intelligence, « fleurs et fruits », à un seul ouvrage dont les grandes lignes commençaient à se dessiner dans son esprit. Il en avait choisi le titre, emprunté à Spinoza : *De emendatione humani intellectus; De la réforme de l'entendement humain*; et fixé l'objet : « exalter la nature humaine au mieux des facultés que Dieu lui avait départies ».

Pour délassement de ses travaux, il avait les promenades dans un beau pays. Marcheur intrépide, Quincey fut bientôt connu à plusieurs lieues à la ronde de tous les paysans, qui s'étonnaient de le voir passer, seul et rapide, dans les ténèbres. Il commençait à prendre les habitudes de noctambule qui ont aidé à son renom de bizarrerie, et auxquelles l'opium n'a pas été étranger :

« J'aimais, dit-il, à suivre la marche de la nuit d'après les signes qui apparaissaient aux fenêtres; à voir flamboyer le feu à travers les vitres de maisons isolées, tapies dans quelque enfoncement; à surprendre les bruits joyeux de la vie de famille, dans des solitudes qui avaient l'air abandonnées aux hiboux; à distinguer plus loin l'heure du coucher, puis l'envahissement des maisons par le silence, puis le règne somnifère du grillon; à entendre par intervalles, au pied des puissantes collines, l'horloge d'une église annoncer les heures, ou la cloche d'une petite chapelle solitaire verser son glas lugubre sur les tombes où dormaient les rudes ancêtres des habitants du hameau.... Tel était le genre de plaisir que je goûtais dans mes promenades nocturnes [1]. »

Les fêtes de l'esprit ne chômaient point dans sa montagne. Il avait pour voisins Wordsworth, Southey, Coleridge et leurs familles. Wordsworth, un peu olympien d'aspect et de manières, quoique mal bâti, assez égoïste, et sentimental en vers seulement, n'en avait pas moins une âme très noble, douée de hautes facultés, et une imagination tendre. Son seul gros défaut était d'abîmer les livres, avec ingéniosité, avec raffinement. Southey, grand bibliophile, le comparait à un ours dans un parterre de tulipes, et ne l'introduisait qu'en tremblant au milieu de ses trésors. Quincey n'aurait peut-être jamais écrit certain article très malicieux, qu'on lui a souvent reproché, si Wordsworth n'avait pas coupé son *Burke* avec le couteau du beurre. Je comprends les représailles en pareil cas, et je les excuse. — Miss Wordsworth, une brune agitée et bégayante, aux yeux sauvages, mais intelligente, vibrante, pleine de cœur, était la bonne fée de son illustre frère, dont elle avait humanisé le génie un peu sévère et qu'elle accompagnait par monts et par vaux, sous la pluie et le soleil, à la recherche de sensations et d'images poétiques. Quincey n'eut pas de meilleure amie. — Mme Wordsworth, laide, bête, louche, et charmante. — Southey, modeste et froid, modèle d'honneur et de vertu, vivait dans ses livres, auxquels il avait donné la plus belle pièce de sa maison, et cela disposait Quincey à penser du bien de ses vers. — Coleridge, « le vieux somnambule sublime », l'ilote

---

[1]. *The Lake poets : Wordsworth and Southey.*

ivre que le bon ange de Quincey avait mis sur son chemin; Coleridge au regard embrumé par l'opium, au visage flétri, à l'intelligence paralysée, au foyer en ruine, Coleridge menacé de la folie, et dont Quincey ne pouvait assez plaindre le destin, assez blâmer la faiblesse, quoiqu'il roulât sur la même pente avec rapidité.

Les mangeurs d'opium et les morphinomanes obéissent à une loi commune. « Tout organisme... qui a reçu pendant quelque temps de la morphine éprouve le besoin d'en recevoir à doses croissantes : c'est un besoin somatique.... Il n'est pas un homme, croyons-nous, quelque bien trempé qu'il soit, quelque lettré, quelque énergique qu'il soit, qui puisse faire une exception à cette règle[1]. » Quincey moins que tout autre; il n'avait jamais été « bien trempé ». En 1804, il prenait de l'opium toutes les trois semaines. En 1812, il en prenait toutes les semaines; en 1813, tous les jours. Il l'absorbait à présent sous forme de laudanum, à cause, dit-il, que l'action est plus rapide, et il en était arrivé à « dix ou douze mille gouttes », soit plusieurs verres à bordeaux, dans sa journée[2]. En 1816, il diminua la dose en l'honneur de son mariage avec une charmante fille du voisinage, la douce Marguerite, qu'il adora et rendit très malheureuse; mais il retourna presque aussitôt à son vomissement, comme dit la Bible, et voici ce qu'il était devenu en 1817.

Un voile épais s'était étendu sur son intelligence. Les matériaux de son grand ouvrage gisaient dans un tiroir, abandonnés, inutiles, souvenirs humiliants et amers des vastes espoirs de sa première jeunesse.

---

1. Pichon, *loc. cit.*
2. Il est à remarquer que les préparations peuvent être plus ou moins fortes. Ces chiffres n'indiquent donc rien de précis.

Kant et Schelling étaient relégués sur leur rayon : il ne les comprenait plus. Tout travail était « odieux à son cœur », tout effort d'attention impossible à son cerveau. C'était presque de l'imbécillité, sauf sur un point, un seul : son sens moral ne fut jamais obscurci. Il vit toujours très nettement ce qu'il aurait fallu faire ou ne pas faire, bien que cela n'eût plus aucune influence sur sa conduite. La conscience avait gardé son activité, elle avait même redoublé d'acuité ; la volonté, supplice effroyable, était devenue inerte ; elle était anéantie, annulée. Quincey se compare, pendant cette descente aux enfers, à un paralytique qui voit entrer les assassins de ceux qu'il aime et ne peut faire un mouvement pour les secourir. Des angoisses impossibles à décrire le déchirent : « Il donnerait sa vie pour pouvoir se lever et marcher » ; mais il ne bouge pas, ne bougera pas, ne fera même pas un effort pour bouger.

Autour de lui, son bonheur s'écroulait. Sa petite fortune avait fondu, par générosité d'abord — il avait donné 300 livres sterling, anonymement, à Coleridge, — et puis par désordre et incurie ; il n'était plus en état d'écrire une lettre ni de s'occuper d'une affaire. La misère était entrée dans la maison, et les enfants arrivaient. Quincey les voyait pâtir, il voyait sa femme s'épuiser, et son cœur saignait, mais il était le paralytique qui *ne peut pas*.

Il n'était plus question de « béatitudes » pour compenser ces tortures et cette dégradation. L'opium avait perdu ses vertus « divines ». Plus de « débauches intellectuelles », plus de voluptés inédites ; rien qu'une torpeur stupide et d'horribles tourments. Éveillé, les hallucinations l'obsédaient ; endormi, il avait des rêves terrifiants : « La nuit, quand j'étais éveillé dans mon lit, d'interminables, pompeuses et funèbres processions défilaient continûment devant mes yeux, déroulant des histoires qui ne finissaient jamais et qui étaient aussi tristes, aussi solennelles, que les légendes antiques d'avant OEdipe et Priam ». Il s'assoupissait, et c'était alors « comme si un théâtre s'ouvrait et s'éclairait subitement dans son cerveau ». La nuit se passait en « représentations d'une splendeur supraterrestre », qu'accompagnaient « une angoisse profonde et une noire mélancolie…. Il me semblait, chaque nuit — non pas métaphoriquement, mais à la lettre, — descendre dans des gouffres et des abîmes sans lumière au delà de toute profondeur connue, sans espérance de pouvoir jamais remonter. Et je n'avais pas, quand je me réveillais, le sentiment d'*être remonté*. Pourquoi m'appesantir sur ces choses? Il est impossible de donner avec des mots une idée, même éloignée, de l'état de sombre tristesse, de désespérance voisine de l'anéantissement, qui accompagnait ces spectacles somptueux. » Les notions d'espace et de durée avaient subi de puissantes déformations. « Monuments et paysages prirent des formes trop vastes pour ne pas être une douleur pour l'œil humain. L'espace s'enfla, pour ainsi dire, à l'infini. Mais l'expansion du temps devint une angoisse encore plus vive; les sentiments et les idées qui remplissaient la durée d'une nuit représentaient pour moi la valeur d'un siècle[1]. »

Il raconte quelques-uns de ses rêves et leur progression dans l'angoissant et l'effrayant. Au commencement, il vit des architectures monstrueuses et vivantes, qui grandissaient sans fin et se reproduisaient sans fin, chaos d'édifices mouvants dont les masses « sans repos » s'élançaient vers les cieux et se précipitaient dans des abîmes sans fond. Des lacs

---

1. Traduit par Baudelaire.

« argentés » leur succédèrent, accompagnés de maux de tête qui se prolongèrent aussi longtemps que l'eau fut « l'élément obsédant » de ses rêves. « Les eaux changèrent graduellement de caractère; les lacs transparents, brillants comme des miroirs, devinrent des mers et des océans. Et alors se produisit une métamorphose redoutable, qui se découvrit comme un rouleau lentement déroulé. » Quincey connut ce qu'il appelle « la tyrannie de la face humaine », et ses précédents cauchemars n'étaient que jeux riants auprès de ce supplice. « Alors, sur les eaux mouvantes de l'Océan commença à se montrer le visage de l'homme; la mer m'apparut pavée d'innombrables têtes tournées vers le ciel; des visages furieux, suppliants, désespérés, se mirent à danser à la surface, par milliers, par myriades, par générations, par siècles; mon agitation devint infinie et mon esprit bondit et roula comme les lames de l'Océan [1]. »

Ensuite vinrent les rêves orientaux, évoqués par le souvenir d'un Malais en turban et costume oriental, qui avait frappé un soir à sa porte, dans sa solitude de Grasmere, et avait avalé goulûment un morceau d'opium « à tuer une demi-douzaine de dragons, avec leurs chevaux », après quoi il avait poursuivi sa route comme si de rien n'était, et l'on n'avait plus entendu parler de lui. La face de cet étrange visiteur fut une de celles qui « tyrannisèrent » le plus cruellement les rêves de Quincey. Elle se multipliait à l'infini; elle était le vaste grouillement humain de l'Inde et de la Chine, de l'Asie entière, de l'immense Orient, *officina gentium* aux « religions monumentales, cruelles et compliquées », aux sentiments indéchiffrables pour l'homme de l'Occident. Quincey avait toujours abo-

---

1. Traduit par Baudelaire.

miné les mœurs et les modes de pensée de l'extrême Orient. « J'aimerais mieux, disait-il, vivre avec des brutes ou des fous qu'avec des Chinois. » L'obsession — elle dura plusieurs mois — des rêves « d'imagerie orientale » lui causa « une horreur inimaginable »; elle fut le point culminant de son supplice. « Sous les deux conditions connexes de chaleur tropicale et de lumière verticale, je ramassais toutes les créatures, oiseaux, bêtes, reptiles, arbres et plantes, usages et spectacles, que l'on trouve communément dans toute la région des tropiques, et je les jetais pêle-mêle en Chine ou dans l'Hindoustan. Par un sentiment analogue, je m'emparais de l'Égypte et de tous ses dieux, et les faisais entrer sous la même loi. Des singes, des perroquets, des kakatoès me regardaient fixement, me huaient, me faisaient la grimace ou jacassaient sur mon compte. Je me sauvais dans des pagodes, et j'étais, pendant des siècles, fixé au sommet, ou enfermé dans des chambres secrètes. J'étais l'idole; j'étais le prêtre; j'étais adoré; j'étais sacrifié.... J'étais enseveli, pendant un millier d'années, dans des bières de pierre, avec des momies et des sphinx, dans les cellules étroites au cœur des éternelles pyramides. J'étais baisé par des crocodiles au baiser cancéreux; et je gisais, confondu avec une foule de choses inexprimables et visqueuses, parmi les boues et les roseaux du Nil[1]. »

A l'horreur et à la terreur succédait par moments « une sorte de haine et d'abomination » pour ce qu'il voyait. « Sur chaque être, sur chaque forme, sur chaque menace, punition, incarcération ténébreuse, planait un sentiment d'éternité et d'infini qui me causait l'angoisse et l'oppression de la folie. Ce n'était

---

1. Traduit par Baudelaire.

que dans ces rêves-là, sauf une ou deux légères exceptions, qu'entraient les circonstances de l'horreur physique. Mes terreurs jusque-là n'avaient été que morales et spirituelles. Mais ici les agents principaux étaient de hideux oiseaux, des serpents ou des crocodiles, principalement ces derniers. Le crocodile maudit devint pour moi l'objet de plus d'horreur que presque tous les autres. J'étais forcé de vivre avec lui, hélas! pendant des siècles. Je m'échappais quelquefois, et je me trouvais dans des maisons chinoises meublées de tables en roseau. Tous les pieds des tables et des canapés semblaient doués de vie; l'abominable tête du crocodile, avec ses petits yeux obliques, me regardait partout, de tous les côtés, multipliée par des répétitions innombrables; et je restais là, plein d'horreur et fasciné[1]. »

Il redoutait maintenant le sommeil et luttait contre lui en désespéré. « Je me débattais pour y échapper, dit-il dans un fragment inédit, comme à la plus féroce des tortures. Souvent, j'essayais de lutter contre le besoin de sommeil; je le domptais en restant debout la nuit entière et tout le lendemain. Quelquefois, je ne me couchais que pendant le jour, et je tâchais de conjurer les fantômes en priant ma famille de se tenir autour de moi et de causer; j'espérais que les impressions extérieures pourraient dominer mes visions intérieures. Loin de là. Ce qui m'avait obsédé pendant le sommeil venait au contraire se mêler, pour les infecter et les salir, à toutes mes perceptions du monde extérieur. Même éveillé, j'avais l'air de vivre avec les spectres, mes compagnons imaginaires, et d'être en relations bien plus étroites avec eux qu'avec les réalités de la vie. « Que voyez-vous, mon ami? mais que

---

1. Traduit par Baudelaire.

voyez-vous donc? » Telle était l'exclamation par laquelle m'éveillait constamment Marguerite, à peine venais-je de m'endormir. (Il me semblait à moi que j'avais dormi plusieurs années [1].) »

Il est bon de faire remarquer que Thomas de Quincey ne commit jamais d'autres excès que l'opium. Ses mœurs étaient irréprochables, et il n'avait aucune tendance à l'alcoolisme. Ses nuits ressemblaient néanmoins à des agonies. A peine assoupi, il poussait des gémissements douloureux. « Et je m'éveillais, poursuit-il, avec des convulsions, et je criais à haute voix : « Non! je ne veux plus dormir! »

Les morphinomanes se seront reconnus dans ces pages. Ils courent la même course à l'abîme. Les signes relevés chez eux par les médecins sont identiques à ceux dont Quincey fait l'humiliante confession. Ils savent ce que c'est que d'être le paralytique qui ne bougera pas, quoi qu'il arrive, l'être sans volonté, inerte en face de lui-même, en face de sa conscience, comme en face des événements et des nécessités de l'existence. Un livre de science que j'ai déjà cité souvent [2] donne un nom à ce malheur, l'un des plus grands qui puissent atteindre une créature humaine, et l'invariable châtiment du morphinomane invétéré; le docteur Pichon l'appelle « la perte du tempérament moral ». C'est un envahissement à marche plus ou moins rapide de « l'inertie morale ». Quand le mal est arrivé à sa dernière période, le morphinomane pourrait prendre pour devise : « Rien ne m'est plus; plus ne m'est rien ». — « Interrogez-les, dit le docteur Pichon, sur leurs souffrances, sur leurs intérêts, sur leurs amis et sur les personnes qui leur sont le plus chères, ils ne

---

1. Publié pour la première fois par M. Japp, dans sa biographie de Quincey.
2. *Le Morphinisme*, par le Dr Pichon.

prêteront aucune attention à ce que vous leur demandez; ils vous répondront même que cela ne les regarde pas et vous déclarent bien franchement qu'ils ne s'intéressent à rien. Une seule chose les occupe, les intéresse : *leurs piqûres de morphine*. Mais tout ce qui a trait à autre chose ne les regarde plus. »

Mêmes analogies pour les rêves. Les morphinomanes connaissent aussi les hallucinations à l'état de veille et les « cauchemars terrifiants » pendant le sommeil. L'un voit en plein jour des figures grimaçantes. L'autre — une fille du ruisseau — « écrase sur le plancher des bêtes qu'elle prétend voir distinctement ». X..., « vingt-neuf ans, docteur en médecine », a traversé en dormant les mêmes affres que Thomas de Quincey : « Il se réveillait la nuit en sursaut, croyant tomber dans les précipices. Ajoutez à cela des rêves terrifiants (visions d'animaux, de spectres, de bandes de feu, de figures grimaçantes), des rêvasseries qui lui prédisaient toutes sortes de mésaventures, de deuils, et qui plusieurs fois par nuit amenaient les insomnies les plus pénibles. Il se réveillait alors le matin brisé, anéanti, courbatu, épuisé au moral et au physique, et ne pouvant ni se tenir sur son séant, ni, à plus forte raison, se lever.... » Une jeune femme « sent des bêtes qui viennent lui frôler la figure; elle en sent quelques-unes même entrer dans le nez, la bouche... ».

En 1819, Quincey roulait toujours dans le gouffre. Il en regardait le fond, et y apercevait trois spectres, prêts à le recevoir dans leurs bras d'ombre. L'un était la folie, « qui le balançait sur une balançoire » d'une hauteur à toucher les nuages. Et il sentait que la folie était « une force » et qu'elle le tirait [1]. Le second était le suicide. Pourquoi pas? « Nous pouvons regarder la

---

1. *Suspiria de profundis : Dreaming.*

mort en face; mais sachant, comme quelques-uns le savent, ce qu'est la vie humaine, qui de nous pourrait regarder la naissance en face sans frissonner[1]? » La mort est le correctif de la naissance. Le troisième fantôme n'était bien qu'un fantôme, et nous fait sourire aujourd'hui, mais on le prenait alors quelquefois au sérieux. Il avait nom « la combustion spontanée », et pulvérisait les ivrognes, qui faisaient explosion : il n'en restait que quelques os. Rien ne prouvait que les mangeurs d'opium « n'éclatassent pas » tout aussi bien et même mieux que les alcooliques, et cette idée inspirait à Quincey un effroi salutaire.

Son corps était ravagé comme ses facultés. L'estomac était détruit, le foie malade. Il souffrait beaucoup et ne savait pas souffrir patiemment. Sa vie se passait dans les transes : peur de la folie, peur de la douleur physique, peur du prochain cauchemar, peur de brûler vif, et de toutes ces peurs, auxquelles se mêlait la pensée des siens, une tendresse inactive, mais non éteinte, pour sa femme et ses enfants, se forma une grande Peur, impérieuse et irrésistible, qui sauva ce qu'il restait encore à sauver de Thomas de Quincey. Elle lui cria : — Lève-toi et marche! — et le paralytique fit un effort pour bouger.

IV

Chaque vice a son humeur particulière. Un ivrogne cesse de boire, il s'en porte mieux : le vin est bon enfant et ne garde pas rancune à qui lui est infidèle. Un morphinomane sevré brusquement de son poison

---

1. *Suspiria de profundis : Memorial Suspiria.*

peut en mourir ou en perdre la raison : la morphine est méchante et se venge de qui la délaisse. Les livres de médecine contiennent des exemples saisissants des dangers auxquels on s'expose en la bravant. Une femme avait été amenée au Dépôt de la Préfecture de police. On la vit soudain défaillir, et bientôt elle parut expirante d'un mal qui présentait les symptômes du choléra. Une piqûre de morphine la ressuscita : c'était une morphinomane en état d' « abstinence » et de « besoin ». Une autre malheureuse mourut à l'hôpital avec un « soubresaut violent, l'écume aux lèvres », parce qu'on lui avait supprimé la morphine, par degrés, mais trop vite encore. Un jeune médecin qu'on empêchait de se faire une injection « fut pris d'un véritable accès de manie furieuse ». Les accès se renouvelèrent et il en mourut. Des femmes du monde à court d'argent ont volé pour acheter de la morphine. Des hommes qu'on aurait crus fiers se sont prosternés « en vrais suppliants » devant leur médecin pour obtenir du poison. La science a fait à ces malheureux, aux impulsions sauvages et irrésistibles, l'aumône honteuse de la « responsabilité atténuée », leur signifiant par là qu'ils avaient perdu jusqu'aux derniers restes de leur dignité d'homme. « Quand le délit, écrit le docteur Pichon, a été commis dans le dessein immédiat de se procurer de la morphine, l'accusé doit être exonéré. La souffrance est trop forte, on ne peut pas y résister. On ne parvient à se guérir que par une diminution lente et méthodique de la dose, et à travers de telles angoisses, que bien peu vont jusqu'au bout s'ils ne sont en pouvoir de médecin, dans un hospice ou un asile [1]. »

La domination de l'opium n'est pas moins terrible.

---

1. *Le Morphinisme*, par le Dr Pichon.

Lui aussi, il est un tyran impitoyable, acharné à faire souffrir qui essaie de lui échapper. La lutte que nous allons raconter est véritablement effroyable.

Le jour où Thomas de Quincey, acculé au suicide ou à la folie, se résolut sous l'aiguillon de la terreur à l'effort qu'il avait refusé à des motifs plus nobles, il connut l'étendue de son malheur et le poids de ses chaînes. Il eut beau procéder par degrés, il endura des tortures qui le précipitèrent de rechute en rechute. Sa bouche se remplissait d'ulcères et d'enflures. Chaque respiration lui coûtait une nausée. Il éprouvait des douleurs atroces à l'estomac. Une surexcitation violente ne lui permettait point de fermer l'œil, ni de tenir en place. Il lui arrivait alors de se jeter comme un fou sur son flacon de laudanum et de boire à longs traits : « Ne me demandez pas combien. Dites, vous, les plus sévères, qu'auriez-vous fait à ma place? Je recommençais à m'abstenir; j'en reprenais; je recommençais, et ainsi de suite [1]. »

Il sentait le joug de la « noire idole » s'appesantir à chaque rechute. La troisième fut suivie de « phénomènes nouveaux et monstrueux » sur lesquels il ne s'explique pas davantage, et qui eurent l'heureux effet d'aiguiser ses terreurs : « Quand il me fut impossible de me dissimuler que ces effroyables symptômes poursuivaient leur marche en avant, sans jamais s'arrêter et en accélérant leur allure avec une régularité solennelle, je fus pris de panique, et j'essayai pour la quatrième fois de rétrograder. Mais au bout de quelques semaines, j'eus la profonde conviction que c'était impossible. Or, je vis dans mes rêves, qui traduisaient tout en leur langage, que les hautes portes qui étaient placées au bout des immenses avenues de ténèbres se

---

[1]. Lettre au *London Magazine* du mois de décembre 1821.

déroulant devant moi, et qui étaient restées ouvertes jusqu'ici, me barraient enfin la retraite; elles étaient fermées et tendues de crêpes funéraires [1].

Il compare son état d'esprit, à la suite de ce rêve, à celui d'une personne qui courait délivrer un condamné à mort et qui arrive trop tard : « Les sentiments évoqués par la révélation soudaine que *tout est perdu* s'amassent silencieusement dans le cœur; ils sont trop profonds pour se traduire par des gestes ou des paroles, et rien n'en transpire au dehors. Si le désastre dépendait d'une condition quelconque, s'il était le moins du monde douteux, il serait naturel de pousser des cris, de faire appel à quelque sympathie. Mais lorsqu'on comprend qu'il s'agit d'un désastre absolu, lorsque aucune sympathie ne peut être une consolation, et aucun conseil apporter d'espérance, la voix s'éteint, le geste se glace, et l'âme humaine se replie vers son centre. Pour moi, du moins, à la vue de ces portes redoutables fermées et tendues de draperies de deuil, comme si la mort était déjà un fait accompli, je ne parlai pas, je ne tressaillis point, je ne poussai point de gémissements. Un profond soupir monta de mon cœur, et je restai muet pendant bien des jours. »
Il sentait sur lui « la force de la folie », et un désespoir farouche l'étreignait.

Cela dura des années. Chaque pas en avant était suivi d'une reculade, et le supplice des cauchemars recommençait. Quincey en était arrivé à avoir des hallucinations en plein midi. Les fleurs des bois et les herbes des champs devenaient des « faces humaines » pour ses yeux en délire, et, si ces visions ne figurent point dans les *Confessions d'un mangeur d'opium*, c'est que ces portions de son manuscrit ont été

1. Œuvres complètes : *Suspiria de profundis Dreaming.*

détruites par accident. Des hallucinations de l'ouïe s'étaient jointes à celles de la vue. Il entendait les cris d'agonie des ouragans de victimes emportés furieusement à travers ses rêves, et les profonds soupirs de la pauvre Anne, d'Oxford-Street, dont le visage navré le hantait, lui « brisant le cœur ». Une nouvelle tentative amenait une nouvelle défaite, et l'on s'étonnerait qu'il ait tenu bon, même sous le puissant stimulant de la peur, s'il ne nous avait confié les joies intenses que lui valait, en dépit de tout, chaque nouvelle bataille. Sa forte intelligence secouait aussitôt sa torpeur, en partie du moins. Elle revivait, et le spectre de l'idiotie reculait. Il écrivait à un ami pendant l'un de ces bienheureux réveils : « Je vous jure qu'en ce moment, j'ai plus d'idées en une heure, que je n'en ai dans toute une année sous le règne de l'opium. C'est une véritable inondation. On dirait que toutes les idées qui avaient été gelées depuis dix ans par l'opium ont fondu à la fois, comme les paroles de la légende. Telle est mon impatience, qu'il m'en échappe cinquante, pour une que je réussis à attraper et à fixer sur le papier. » Pouvoir penser, travailler, quand on y avait presque renoncé après de si hautes ambitions, cela vous soutient un homme et le ferait passer à travers le feu.

Ses malheurs venaient aussi à son secours. Il eut un allié efficace, sinon bienvenu, dans la misère installée à son foyer. Quand il eut des dettes partout, plus de crédit et pas un sol, il fallut bien ménager l'opium, bon gré mal gré.

Il finit ainsi, contre toute attente, par remonter cahin-caha une partie de la pente. Pourquoi telle rechute fut moins prompte, telle autre moins profonde, nous l'ignorons. Nous savons seulement qu'en 1821 il avait retrouvé des éclairs de lucidité dont il profita pour prendre la plume. Les débuts furent pénibles au delà de toute expression. Il ne pouvait travailler qu'à bâtons rompus, et moyennant un supplément d'opium qu'il « payait ensuite chèrement ». La crise apaisée, il fallait saisir au vol le nouveau répit. A regarder ce malheureux se débattre ainsi, on finit par être soi-même sous une impression de cauchemar, et c'est avec soulagement qu'on voit poindre l'aurore de sa demi-délivrance. Par morceaux, par débris plutôt, Quincey commençait à produire; jouissance aiguë, mêlée toutefois d'abondantes amertumes, car il plaçait les lettres trop haut pour ne pas abhorrer la pensée d'en faire un métier, et il se savait condamné, de par son désordre et ses fautes, à n'en faire jamais que par métier. Il lui échappe çà et là des mots douloureux sur sa « malheureuse vie, odieuse à son cœur, de besognes littéraires ». Ces besognes détestées l'obligeaient en outre à se rendre compte des ravages accomplis par l'opium dans ses facultés mentales, et c'était une triste vérification, rappelant la *Revue nocturne* du poète allemand, où l'ombre du grand empereur passe en revue les ombres de la grande armée. L'ombre du génie de Quincey passait la revue des dons qui avaient promis à l'Angleterre un grand écrivain, et les plus beaux n'étaient désormais que des ombres.

Son intelligence était devenue incapable d'efforts suivis. D'après Quincey, observateur curieux et attentif des autres mangeurs d'opium aussi bien que de lui-même, il n'y a pas d'effet plus certain. Coleridge en eut sa carrière interrompue, presque brisée. Quincey analyse les raisons de cette impuissance avec beaucoup de netteté, pour les avoir souvent éprouvées. L'intelligence est débilitée. Elle est pour ainsi dire molle, et dans un état de continuelle torpeur. On peut la ranimer pour quelques heures en prenant un peu d'opium, mais ce n'est pas une activité normale et régulière ; ce sont des espèces « d'efforts spasmodiques et irréguliers », qui laissent le cerveau épuisé, hors de service pour un temps plus ou moins long. On conçoit l'extrême difficulté de mener à bonne fin une œuvre de longue haleine dans de pareilles conditions : « Tous les mangeurs d'opium ont l'infirmité de ne jamais finir un travail ». Chez tous, l'infirmité est aggravée par un invincible et bizarre dégoût pour ce qu'ils viennent d'écrire ou seulement de penser. Il suffit qu'un sujet quelconque ait occupé leur esprit, pour qu'il leur inspire tout d'un coup, sans aucun autre motif, « une horreur puissante,... un dégoût puissant ». A la mort de Quincey, on trouva des centaines de lettres qu'il n'avait jamais pu prendre sur lui de finir. Coleridge, plus gangrené encore, lui conflait qu'un sujet dont il avait simplement causé était un sujet perdu : il y avait désormais une barrière insurmontable entre lui et la page à écrire [1].

Une autre lacune, qui se produit également, à la longue, chez tous les mangeurs d'opium, achève de leur rendre impossible d'élever leur « monument », celui auquel ils avaient droit de par leur génie, grand ou petit. « La faculté du jugement, dit Quincey de lui-même — et ses paroles s'appliquent également à Coleridge, — était cruellement entamée, parfois même complètement abolie, à l'égard de tout ce que j'avais écrit depuis peu de temps.... C'était cette impuissance enfantine, ou paralysie sénile, du jugement, qui met un homme dans la pénible impossibilité d'embrasser l'ensemble de ce qu'il vient de produire, de voir où cela mène. On est aussi incapable de grouper des idées

[1]. Œuvres complètes : *Coleridge and opium eating*, *Recollections of Charles Lamb*, *Story of a Libel*.

et de saisir leurs relations entre elles, qu'un ivrogne de suivre une chaîne de raisonnements [1]. »

Quincey ne parle pas, en ce qui le concerne, de la reine des facultés, de la créatrice, l'imagination; mais il s'en exprime nettement au sujet de Coleridge, qui cessa très tôt, comme on sait, de faire des vers : « Nous sommes d'opinion, dit Quincey, que l'opium tua le poète chez Coleridge. Ses tourments réduisirent pour toujours au silence « la harpe de Quantock [2] ». La chose va de soi à ses yeux. Les lambeaux de prose poétique que nous a laissés Quincey doivent donc nous remplir d'amers regrets, car belle et forte était l'imagination qui a pu, étant blessée à mort, donner au monde les *Suspiria de profundis*.

Sa mémoire avait résisté, sans être absolument intacte. On se souvient qu'elle avait été exceptionnelle de vigueur et d'ampleur, et qu'il avait passé sa première jeunesse à la charger impunément d'un immense butin. L'opium en avait affaibli certaines parties, la mémoire des notions techniques, par exemple; mais, de tout le reste, jamais Quincey n'oublia rien. Il a fait des flots de citations, en prose et en vers, en grec et en latin aussi volontiers qu'en anglais, il les a faites de souvenir la plupart du temps, faute de savoir retrouver un livre dans le désordre de son cabinet de travail, et l'on pourrait presque compter sur les doigts les endroits où il s'est trompé. Des vers lus une seule fois lui remontaient à l'esprit au bout de vingt ans, et cela jusqu'à la fin de sa longue existence, lorsqu'il eut derrière lui près d'un demi-siècle d'opium. Cette immunité d'un coin du cerveau ne s'observe guère, paraît-il, chez les morphinomanes, qui ne sauvent du

---

1. *Recollections of Charles Lamb.*
2. Allusion à des vers de Wordsworth où Coleridge est ainsi désigné.

naufrage pas une de leurs facultés intellectuelles.
Toutes « diminuent », et la première « qui se perd »,
c'est justement la mémoire : « Elle se perd de très
bonne heure [1], dit le docteur Pichon. Dans toutes nos
observations nous avons signalé le fait à un moment
de l'intoxication morphinique. Chez certains intoxiqués la mémoire disparaît tôt, chez d'autres elle
subsiste assez longtemps ; mais chez tous cette faculté
finit par sombrer. Dans tous les cas que nous avons
pu observer, c'est un des premiers symptômes que
remarque le malade. Et ce phénomène va s'accentuant
avec les progrès de l'intoxication, et le morphinomane
lui-même remarque bien cette aggravation. »

Il nous reste à dire la plus cruelle de toutes les
pertes qu'il avait subies. La volonté s'était réveillée,
mais elle n'était pas guérie et ne le fut jamais. Ce
n'était plus le paralytique supplicié par l'angoisse,
« qui voit entrer les assassins de ceux qu'il aime et ne
peut faire un mouvement pour les secourir » ; c'était
l'infirme qui fait deux pas avec des béquilles, n'en fera
jamais trois et se sent incurable. Lui-même, et je ne
sais rien au monde de plus humiliant, de plus désolant
pour un honnête homme, — lui-même n'était plus
qu'un malade, celui qui a le droit de renier en partie
la responsabilité de ses actes, de réclamer aux lois et
aux hommes un peu d'indulgence, parce qu'il n'est
plus maître de lui. L'opium et la morphine marchent
ici la main dans la main. « L'inertie morale, dit encore
le docteur Pichon, forme... le fond du caractère chez
le morphinique, et c'est à cette inertie qu'il doit de se
laisser dominer par ses mauvais instincts, de ne pas
résister à une mauvaise incitation de son esprit, alors

---

1. Je dois dire que, d'après le Dr Ball, la mémoire, au contraire, ne serait pas « sérieusement affectée ». Voir *la Morphinomanie* (1885).

qu'à l'état sain, son bon sens normal se fût immédiatement révolté. Ainsi donc, le premier fait qui ressort de cette inertie chez le morphinomane, c'est une *diminution du libre arbitre* en rapport avec le degré d'intoxication, et par là même une diminution de responsabilité. » On entend bien qu'il ne s'agit pas ici de philosophie. Le docteur Pichon s'adresse aux médecins légistes et emploie les mots dans le sens pratique, si j'ose ainsi parler, où les prendrait un tribunal. Le docteur Ball renchérit sur lui quand il écrit : « L'état normal des morphinomanes peut s'exprimer en quelques mots : c'est une paralysie de la volonté, un engourdissement du moi[1] ». Un peu plus loin, le docteur Ball emploie l'expression « amoindrissement du moi ». Elle s'applique parfaitement à Quincey, qui avait fini par ne plus avoir de personnalité et devenir le jouet, risible et piteux, de ses instincts et de ses impulsions.

En résumé, il était devenu impropre à l'action, dans les grandes ou les petites choses, qu'il s'agît de repenser le système de Kant ou de mettre des souliers. Il était énervé, dans le vrai sens du mot. Coleridge, en proie au même mal, ne valait pas mieux. Quincey le raille doucement de son penchant invincible à la « procrastination ». « C'était, dit-il, l'un des traits caractéristiques de sa vie quotidienne. Quand on le connaissait, il ne venait pas à l'esprit de compter sur un rendez-vous ou un engagement quelconque de Coleridge. Ses intentions avaient beau être invariablement honnêtes, personne n'attachait la moindre importance à ses promesses. Ceux qui l'avaient invité à dîner... allaient le chercher ou y envoyaient quelqu'un. Quant aux lettres, à moins que l'adresse ne fût d'une main de femme la recommandant à son estime et à son cœur

---

1. *La Morphinomanie.*

il les jetait au rebut, sans même les ouvrir la plupart du temps... et n'y répondait jamais [1]. » Ce portrait pourrait être celui de Quincey vieillissant, quoiqu'il ne s'en vante pas.

Il était donc déjà très diminué quand il se mit à écrire. Il avait d'autre part le désavantage d'être un écrivain besogneux, obligé de produire quand même et avec l'inquiétude lancinante des bouches à nourrir, lui qui n'avait jamais commandé à ses nerfs et que l'opium avait laissé sans aucune défense contre leurs caprices et leurs révoltes. Le souci des siens et la pression de la nécessité, qui grandissent parfois et exaltent l'homme sain, écrasaient Thomas de Quincey. Tant qu'un homme est seul, disait-il, la misère n'est pas un mal. — « Lutter n'est pas souffrir.... Ce sont la femme et les enfants, les biens les plus précieux de l'homme, qui lui créent par cela même les angoisses les plus mortelles, qui rembourrent d'épines son oreiller et sèment de chausse-trapes sa route quotidienne. Prenez le cas d'un homme de qui dépendent des êtres si chers, sans autre appui que lui. Supposez-le privé subitement de ses ressources. L'idée que, s'il ne réussit pas, c'est la ruine immédiate, paralyse toutes ses facultés, à commencer par l'esprit créateur, qui est un organe des plus délicats, surtout lorsqu'il est aux prises avec des sujets aussi fugaces que ceux qui relèvent de la sensibilité et de l'imagination. Ce sont des provinces de la littérature où le succès est toujours douteux, même dans les meilleures conditions. Le succès devient impossible, quelques dons que l'on possède, quand les facultés ne sont pas dans un état d'épanouissement; et, dans le cas qui nous occupe, il faut conserver cet épanouissement alors que le plus effroyable des abîmes

---

1. Œuvres complètes : *Samuel Taylor Coleridge.*

est béant sous vos pieds; il faut que l'inspiration du poème ou du roman naisse des pleurs de petits enfants réclamant leur pain quotidien [1]. »

Raison de plus pour choisir un genre littéraire où l'on pût se passer d'imagination. L'œuvre de Thomas de Quincey est en harmonie avec les conditions physiologiques et morales qu'on vient de voir. On peut dire de lui, comme d'Hoffmann, que sa voie littéraire était tracée au moment où il se mit à écrire, et qu'il ne pouvait guère faire que ce qu'il a fait.

V

Sa première tentative pour se remettre au travail remonte à 1818. Il avait été nommé rédacteur en chef, aux appointements d'une guinée par semaine, soit 1 300 francs par an, d'une feuille locale fondée par les tories pour combattre « parmi les agriculteurs les infâmes doctrines de Brougham ». Quincey était encore en plein dans les cauchemars de l'opium, et sa direction s'en ressentit. Il nourrissait l'abonné d'histoires de crimes et de comptes rendus de cours d'assises; beaucoup de numéros ne contenaient pas autre chose. Pour intermèdes à ces horreurs, des articles où le rédacteur en chef « s'efforçait d'élever les fermiers du Westmoreland dans la région des principes philosophiques [2] ». Ses lecteurs n'y comprenaient goutte et réclamaient. Quincey s'entêtait. Il finit par leur répondre dans le journal d'être sans inquiétude; qu'il était le seul

---

1. OEuvres complètes : *Oliver Goldsmith*.
2. Japp, *De Quincey's Life*.

homme de toute la Grande-Bretagne capable de les initier à la philosophie allemande, et que la *Gazette* ne tarderait certainement pas à acquérir une sérieuse influence dans le monde des universités. — On se sépara.

Il fit une seconde tentative en 1819. Il avait réfléchi (je demande pardon aux économistes de ce qui va suivre) qu'étant décidément tombé dans « l'imbécillité », il ne lui restait plus qu'à se rabattre sur l'économie politique, cette « rinçure de l'esprit humain », et il s'était mis en devoir de dicter à sa femme une brochure sur les *Systèmes de l'avenir*. Mais il était encore trop tôt. L'opium ne lui permit pas de poursuivre, et le manuscrit des *Systèmes* alla rejoindre dans un tiroir le grand ouvrage philosophique sur la réforme de l'esprit humain.

Deux ans après, Quincey avait retrouvé des lueurs de liberté d'esprit. Talonné par la misère, il vint chercher du travail à Londres, et y écrivit pour une revue, en se reprenant à bien des fois et avec des difficultés inouïes, deux petits articles qui sont devenus dans la suite des années, à force d'additions et de développements, le volume fameux des *Confessions d'un mangeur d'opium anglais*. La première partie parut au mois d'octobre[1] 1821, la seconde le mois suivant, toutes deux sans nom d'auteur. L'une et l'autre piquèrent vivement la curiosité. Le sujet était original, presque trop pour beaucoup de lecteurs, qui se demandèrent si ce n'était pas du roman. Mais, vraies ou fausses, fiction ou réalité, ces pages anonymes étaient très belles; on a pu en admirer la langue souple et colorée à travers les traductions de Baudelaire que nous avons citées.

1. D'après M. Japp. Un autre biographe, M. David Masson, dit septembre.

Elles étaient aussi très indiscrètes, et ce n'était pas pour déplaire à un public qui n'avait pas encore été rassasié de confidences intimes par les romantiques de toute race. Nous sommes aujourd'hui saturés jusqu'à l'exaspération de confidences intimes. Nous commençons à nous rebéquer contre les écrivains qui, non contents de nous initier à leurs affaires de cœur et d'argent, nous mettent au courant, comme Thomas de Quincey, de l'état de leurs digestions. En 1821, il y avait encore de l'inattendu dans le passage des *Confessions d'un mangeur d'opium*, pour n'en citer qu'un, où passe un souffle de M. Purgon et où la question « digestion » est traitée en détail, au point de vue des gens de lettres en général et de Thomas de Quincey en particulier. Moins ingénu, ce dernier aurait pu se douter, à un dîner donné en son honneur par le *London Magazine*, de l'amusement causé au public par certains de ses épanchements. Il remarqua que tous les regards se fixaient sur lui, que tous les yeux riaient et que certains d'entre eux étaient évidemment « pleins de malice [1] »; mais il ne fit aucun rapprochement entre cette circonstance, qui le choqua beaucoup, et le contenu de ses *Confessions*.

Son succès n'en souffrit pas, au contraire, et Quincey fut dès lors recherché des directeurs de revues. Le charme était suffisamment rompu pour qu'il pût être un collaborateur fécond, bien que toujours irrégulier. Malgré des périodes de stérilité dues à ses rechutes (une année entière en 1822), la collection de ses œuvres choisies forme aujourd'hui quatorze volumes, contenant plus de cent *essais* extrêmement variés de ton et de sujet, quelques fantaisies poétiques et beaucoup de souvenirs personnels. Des livres aussi mor-

---

1. *London Reminiscences*.

celés s'analysent difficilement, en tout état de cause. Il n'y faut même pas songer avec Quincey, qui demeura en littérature l'homme aux « efforts spasmodiques et irréguliers », condamné aux digressions à perpétuité. Les idées ne lui manquent pas, et il y en a beaucoup d'ingénieuses, il y en a quelques-unes de vraiment originales; mais son intelligence est, pour ainsi parler, pleine de trous, à travers lesquels les idées coulent sans qu'il puisse les retenir. C'est une vraie passoire, d'où il sort parfois des articles sans queue ni tête, par exemple l'article sur *Sir William Hamilton*, dans lequel Quincey parle de tout excepté de son sujet : de l'influence des chemins de fer sur l'argot, de la supériorité de Milton sur Homère, de l'admiration « bestiale » des anciens Grecs pour les exercices athlétiques, du caractère destructif des doctrines de Kant, etc., etc. Il n'y a que son héros dont il ne nous parle point. Quelques lignes nous apprennent où il l'avait rencontré et connu; mais nous n'avons pas une ligne, pas un mot, sur les travaux philosophiques de William Hamilton, et cet article n'est pas unique en son genre dans la collection. Que serait-ce si Quincey ne s'était revu et refondu avec beaucoup de soin sur ses vieux jours, après avoir fait sa paix avec l'opium?

La médecine a constaté que les morphinomanes ont le « caractère versatile » et changent d'humeur, d'idée, selon qu'ils sont plus ou moins sous l'action du poison. Le même individu passe en quelques minutes de la tristesse à la gaieté, du plus sombre mutisme à une animation turbulente : une piqûre a fait le miracle. En étudiant Quincey et ses aveux perspicaces, il semble — je le dis timidement — qu'en dehors des causes intermittentes de « versatilité » dues aux alternances d'ivresse et d'état de besoin, on sente chez lui, à partir d'une certaine époque, une cause profonde et constante, agissant uniformément, de ce décousu extraordinaire de la pensée. Les solutions de continuité qui m'ont fait comparer son intelligence à une passoire n'étaient plus des accidents passagers. Il y avait désormais en lui un je ne sais quoi qui les perpétuait, et produisait un émiettement général des idées aussi bien que des impulsions.

On ne peut que présumer ce qu'aurait été Quincey écrivain, dans d'autres circonstances, et en possession de tous ses moyens. On est réduit à le conjecturer d'après les idées qu'il a semées à l'aventure, le plus souvent hors de leur place. C'est un travail de reconstitution analogue à ceux qu'essaient les architectes pour les ruines antiques, et assujetti aux mêmes chances d'erreur ; la faculté métaphysique, la plus haute qui ait été donnée à l'homme, et, jadis, la pierre d'angle des vastes ambitions de Quincey, était celle de toutes qui avait le plus souffert chez lui ; il n'en faut pas davantage pour changer la physionomie d'une intelligence au point de la rendre méconnaissable.

Les spéculations personnelles avaient cédé la place, dans son esprit débilité et rétréci, à de simples antipathies ou sympathies pour les spéculations des autres, qu'il jugeait maintenant par des raisons « morales », les arguments « intellectuels » lui paraissant offrir des dangers pour un bon chrétien. Il affichait une aversion un peu puérile pour les « démolisseurs » en philosophie, à moins qu'après avoir déblayé le terrain, ils ne se missent incontinent à reconstruire. Kant, son ancien maître tant admiré, tant respecté, était devenu de sa part l'objet de « l'une de ces haines comme on dit qu'en éprouvent les hommes à l'égard du sinistre enchanteur, de quelque nom qu'on le nomme, dont les séductions détestables les ont attirés dans un cercle d'influences malignes¹ ». Il l'accusait d'être de ces « démolisseurs » qui dévastent les âmes, et ajoutait : « J'en ai été misanthrope plus de dix ans ». — Il est impossible de préjuger ce qu'aurait valu la métaphysique de Quincey; pour restituer un monument, encore faut-il en posséder quelque reste, et nous sommes ici en face du néant.

Nous connaissons très bien, en revanche, ses idées sur la façon d'écrire l'histoire. Il aurait signé des deux mains, à condition d'en retrancher les mots de philosophie et de philosophe, ces lignes de Fustel de Coulanges : « Il faut, en histoire comme en philosophie, un doute méthodique. Le véritable érudit, comme le philosophe, commence par être un douteur. » Quincey était de ceux qui ne croient pas « que tout a été dit, et qu'à moins de trouver des documents nouveaux il n'y a plus qu'à s'en tenir aux derniers travaux des modernes ». Il inclinait toujours, comme l'illustre auteur de la *Cité antique* (malheureusement pour Quincey, là s'arrête la ressemblance), « à écarter les opinions reçues, même quand elles avaient les avantages d'une longue possession », et à préluder à l'examen de chaque question en « faisant d'abord table rase... de tout ce qu'on avait publié antérieurement ² ». Les faits de l'histoire, disait Quincey, sont les ossements desséchés du passé : « Non seulement ils peuvent revivre, mais d'une variété infinie de vies. Les mêmes faits, considérés sous des jours différents, ou dans leurs relations avec d'autres faits, offrent éternellement matière à des spéculations nouvelles, inépuisables comme les combinaisons dont ils sont susceptibles. Ces spéculations

---

1. Œuvres complètes : *German studies and Kant in particular* (1836).
2. *Revue des Deux Mondes* du 1ᵉʳ mars 1896; *Fustel de Coulanges*, par M. Paul Guiraud.

en font à leur tour des faits nouveaux, et cela est sans fin.... Je ne parle pas simplement des raisons subjectives, tirées de la différence des esprits, qui sont cause qu'il y a autant de manières d'interpréter et de juger les événements qu'il y a d'historiens. Je prétends qu'objectivement, tous les grands faits de l'histoire doivent aux progrès des sciences sociales de prendre perpétuellement des aspects nouveaux, qui rendent perpétuellement nécessaire de les rejuger au point de vue moral. » Il disait aussi : « La chimie est la science des formes et des forces qui sont contenues à l'état latent dans tout ce qui existe, épiant l'occasion d'être. Il en est des faits de l'histoire comme des éléments chimiques : il n'y a pas non plus de fin à leurs capacités de transformation[1]. »

Quincey rejugeait les grands faits de l'histoire d'après ces principes, et remettait en question les opinions les plus vénérables. Il soutenait que l'empire romain n'a pas été détruit par les barbares, qu'il s'est détruit lui-même par les vices de sa civilisation, et que les Goths, ou les Vandales, loin d'être responsables de son effondrement, ont été les sauveurs de l'Occident. Ils ont arrêté sa décomposition en lui infusant un sang jeune et sain. « Ils ont été les restaurateurs et les régénérateurs de l'intelligence romaine épuisée. Sans eux, la population indigène de l'Italie aurait probablement été éteinte, vers le VIe ou le VIIe siècle, par la scrofule, la folie et la lèpre. » Les Romains ont été les vrais barbares; l'Europe serait aujourd'hui beaucoup moins avancée s'il n'y avait pas eu des Goths et des Vandales sur la terre. — Arrivé à ce point, Quincey se met en devoir de démontrer sa thèse, mais il avait compté sans les infirmités mentales qui lui interdisaient de

---

1. *Greece under the Romans* (1836).

suivre une piste ; au lieu des preuves que nous attendions, nous lisons que les auteurs de l'*Histoire Auguste* aimaient trop les anecdotes, et trois ou quatre arguments de même force. L'auteur s'est dérobé, et une idée qui, de son temps, était neuve et originale, a pris l'aspect d'un paradoxe lancé au hasard[1].

Il en est de même pour sa théorie du paupérisme. Quincey en fait « une maladie particulière au monde chrétien ». Il affirme que le christianisme a favorisé son apparition et son développement de plusieurs manières, la principale, la plus malfaisante, ayant été d'encourager les naissances « en protégeant le principe de vie comme un mystère sacré ». N'y avait-il réellement pas d'indigents à Babylone et dans la Rome antique ? La question valait la peine d'être élucidée. Quincey passe outre sans s'y arrêter, sans l'avoir posée, et sa théorie du paupérisme[2] reste aussi une idée en l'air. Tels qu'ils sont, cependant, avec leurs énormes défauts, ses travaux d'histoire font regretter ce qu'ils auraient pu être sans l'opium.

En littérature, il procédait volontiers par généralisations. Il divisait tout ce que les hommes ont jamais composé en deux grandes classes, répondant à deux fonctions distinctes, très différentes, bien qu'en fait elles se mêlent et se confondent souvent : « — Il y a premièrement la *littérature-savoir*, et, secondement, la *littérature-force*. La fonction de la première est d'instruire, celle de la seconde de faire *mouvoir*; l'une est un gouvernail, l'autre une rame ou une voile. La première ne parle qu'à l'intelligence discursive; la seconde s'adresse en dernière analyse à l'intelligence supérieure, ou raison, mais toujours *à travers* des émotions

---

1. *Philosophy of roman history* (1829).
2. *Greece under the Romans.*

de plaisir ou de sympathie.... Le public a si peu réfléchi aux fonctions supérieures de la littérature, qu'on se ferait accuser de paradoxe en avançant que l'objet de donner des informations n'est pour les livres qu'une pauvre fin, et une fin secondaire.... Il y a une chose plus précieuse encore que la vérité : c'est la sympathie profonde pour la vérité.... La littérature-force restaure et rafraîchit continuellement l'idéal de celles de nos qualités qui sont les plus précieuses à la face du ciel. Que vous apprend le *Paradis perdu*? Rien du tout. Un livre de cuisine? Quelque chose à chaque ligne. Placerez-vous pour cela ce misérable livre de cuisine au-dessus du divin poème? Ce que vous devez à Milton n'est pas du *savoir*, que vous pourriez ensuite multiplier un million de fois sans vous élever d'un échelon au-dessus de la terre. Vous lui devez *de la force*, c'est-à-dire l'exercice et l'expansion des capacités de sympathie avec l'infini qui sont latentes en vous. Chaque influx de cette force vous soulève au-dessus de la terre. Dès le premier pas, c'est un mouvement ascensionnel[1]. »

Nous possédons en France un exemple de littérature-force que Quincey n'aurait pas admis, parce qu'il n'avait songé qu'aux poètes en formulant sa théorie, et qui n'en est pas moins typique. Les ouvrages de Jean-Jacques Rousseau ont bouleversé le monde. Ils l'agitent encore : « La révolution française ne fait que commencer », écrivait Quincey en 1845, et, aujourd'hui encore, nous pourrions presque en dire autant.

La littérature-savoir, poursuivait-il, a constamment besoin d'être renouvelée; c'est un des signes de son infériorité. La littérature-force est éternelle, tout en ayant éprouvé une espèce de brisure, aussi nette que

---

[1]. *The poetry of Pope* (1848).

profonde, lors de l'introduction dans le monde de l'idée chrétienne du péché. Les païens ne savaient pas ce que c'est que « pécher », dans le sens où nous prenons le mot depuis tantôt dix-neuf siècles. Ils connaissaient « le vice » et « la vertu », opposaient « le coupable » à « l'innocent », mais tous ces mots leur représentaient des idées différentes des nôtres, puisqu'ils n'attachaient pas aux préceptes de la morale le caractère de « sainteté » qu'un chrétien attache aux dix commandements et qui donne une saveur de sacrilège à chaque violation de la loi. A cause de cette seule différence, leur psychologie et leurs motifs d'action étaient tout autres, et cela se voit de reste dans leur théâtre. On pourrait presque ramener à une seule les différences qui séparent une tragédie grecque d'une tragédie moderne : celle-là est d'avant l'idée de péché, celle-ci d'après ; il a suffi d'une idée pour couper en deux le monde moral et littéraire [1].

Quincey était encore sur les bancs, qu'il pensait déjà ces choses. Il les avait eues présentes à l'esprit et s'était abandonné à leur influence tandis qu'il étudiait le grec et la littérature antique. Jamais il ne les avait perdues de vue, puisqu'il y revient dans trois au moins de ses articles, écrits à de longs intervalles. L'on devait croire que, se décidant un jour à exposer ses idées sur le théâtre grec [2], il ferait ample usage d'une formule aussi féconde. L'opium, apparemment, la lui fit prendre ce jour-là en « puissant dégoût », car on n'y trouve même pas une allusion dans la *Théorie de la tragédie grecque* ou dans l'*Antigone de Sophocle*.

Ses jugements sur les modernes lui étaient dictés

---

1. Œuvres complètes : *Oxford* (1835), *Glance at the works of Mackintosh* (1846), *The Theban Sphinx* (1849).
2. *Theory of greek tragedy* (1840). — *The Antigone of Sophocles* (1846).

par un « John-bullisme » éhonté, dont il est le premier à plaisanter : « Quand il s'agit de mes compatriotes, qu'ils aient tort ou raison, c'est tout un pour moi ». Son patriotisme n'était jamais si intransigeant qu'en littérature. Il y était injuste avec fureur ou délices, suivant les cas ; mais il avait ses motifs pour devenir, à l'occasion, absurde et de mauvaise foi. Quincey était grand ennemi des influences étrangères en littérature. Il adjurait les écrivains anglais de se retremper exclusivement aux sources nationales. On dirait qu'il pressentait le cosmopolitisme intellectuel de la fin du siècle et qu'il l'avait pris d'avance en horreur, tant il met d'ardeur à combattre les modèles étrangers. L'esprit latin lui était en particulière aversion. Toutes les armes lui sont bonnes contre la France, même le mensonge, pourvu qu'il dégoûte ses compatriotes de nous imiter. Il affirme, lui l'érudit impeccable, que nous n'avons pas eu de littérature au moyen âge, ni exercé la moindre influence, à aucune époque, sur les lettres britanniques ; ceux qui disent le contraire sont bons à enfermer. Comment la France pourrait-elle agir sur les esprits en dehors de ses frontières, elle qui ne possède pas un seul livre ayant modifié d'une façon durable « les modes de penser et d'agir et les méthodes d'éducation » des Français ? Quincey imprimait ces fantaisies patriotiques moins d'un demi-siècle après la mort de Voltaire et de Jean-Jacques [1]. Je dois dire à sa décharge qu'il n'avait pas le sens de la littérature française ; je n'en veux d'autre preuve que la phrase où, à propos de nos prosateurs et sans la moindre malice, il met Florian et Chateau-

---

1. Œuvres complètes : *John Paul Frederick Richter* (1821). — *Lord Carlisle on Pope* (1851). — *The poetry of Pope* (1848) ; et *passim*.

briand sur la même ligne; Florian est même nommé le premier, mais c'est peut-être sans intention.

En principe, Quincey faisait une exception pour l'influence allemande et la recommandait à ses compatriotes. Dans la pratique, il travaillait à démolir son représentant le plus éminent : « Caliban ivre, écrivait-il, ne s'est jamais donné une idole plus débile et plus creuse que l'Allemagne moderne en la personne de Gœthe ». La réputation « extravagante » de ce faux grand homme est un bel exemple de ce qu'on obtient avec le « puffisme », en ne craignant pas de frapper fort. *Wilhelm Meister* est une « abomination », l'un des romans les plus « répugnants » et les plus « ennuyeux » que l'on puisse lire. *Hermann et Dorothée* amuse les bonnes gens qui n'ont pas beaucoup de littérature. Personne n'a jamais compris goutte à *Faust*, ni à divers autres écrits que l'auteur avait faits à dessein inintelligibles, afin de susciter entre les critiques allemands des polémiques profitables à sa réputation. Il les aurait mis d'accord en deux mots, si le sens de ce qu'il avait dit avait eu la moindre valeur à ses propres yeux; mais il jugeait de bonne politique d'entretenir la querelle, car il était important que son nom continuât d'agiter le monde, et parfaitement indifférent qu'on se méprît ou non sur sa pensée. » Du reste, l'idole branlait déjà sur sa base; Quincey ne lui en donnait pas « pour deux générations » avant de s'écrouler, les défis au « bon sens » ne pouvant jamais se prolonger longtemps [1].

Il concentrait toutes ses sympathies sur la littéra-

1. *Gœthe as reflected in his novel of Wilhelm Meister* (1824). Cet article avait été écrit à l'occasion de la traduction de *Wilhelm Meister* par Carlyle. Quincey y attaquait aussi très violemment le traducteur et sa préface. Voir son article sur *Gœthe* (1835).

ture anglaise, qu'il aimait avec passion dans ses manifestations les plus diverses, et sans craindre les innovateurs, ainsi qu'on l'a vu à propos de Wordsworth et de Coleridge. Pendant toute sa jeunesse, les lakistes avaient été vilipendés en Angleterre, beaucoup plus violemment que ne l'ont jamais été chez nous les décadents ou les symbolistes. En dehors d'une très petite église, on ne daignait connaître Wordsworth et Coleridge que pour « les piétiner, leur cracher dessus. Il n'y avait jamais eu d'exemple d'hommes tenus pour aussi abjects par l'opinion publique; il n'y en a jamais eu depuis et il n'y en aura jamais.... Ils étaient les parias de la littérature [1]. » Quincey, qui professait un véritable culte pour Milton et qui proclamait la *Dunciade* « immortelle [2] », — Quincey fut néanmoins l'un des premiers fidèles, et des plus fervents, de la chapelle lakiste. Bien qu'il ne le dise nulle part, il était de ceux qui pensent que l'art doit se transformer sans cesse, sous peine de mourir, ce qui est le seul vrai malheur. Un art quelconque ne peut pas plus s'arrêter au point de la perfection qu'à tout autre; la tragédie de Racine était parfaite, et les imitateurs de Racine ont été un fléau littéraire. En tout pays, on devrait être reconnaissant aux jeunes iconoclastes qui travaillent à briser les vieux moules, sans se soucier des quolibets de la foule : ils représentent la vie, ils *sont* la vie. Peu importe qu'ils soient destinés ou non à créer le nouveau moule qui s'imposera à son tour à l'admiration de cette même foule. Si ce n'est pas eux, ce sera un autre, un homme de génie à peine né peut-être, ou encore à naître, qui

---

1. *Recollections of Charles Lamb.*
2. *Note sur Pope.* Sans date, mais postérieure, selon toute vraisemblance, à 1830.

trouvera le terrain déblayé et les bénira de lui avoir épargné une besogne ingrate.

L'amitié n'entrait pour rien dans l'admiration que les poésies de Wordsworth et de Coleridge inspirèrent toujours à Quincey. L'idylle des lacs, entre hommes de génie, avait vécu ce que vivent les idylles. On s'en aperçut à la mort de Coleridge. Six semaines après [1], sa vie intime était étalée au grand jour dans une série d'articles plus spirituels que charitables. On y voyait Coleridge dans son ménage, se disputant avec sa femme; Coleridge prenant un individu à gages pour l'empêcher de force d'entrer chez le marchand d'opium, et passant sur le corps de son homme; Coleridge annonçant une conférence, et les belles dames s'en retournant bredouille après l'avoir attendu plus d'une heure; Coleridge réussissant à se réveiller pour sa conférence, et se rendormant sur l'estrade; Coleridge se levant le soir et apparaissant en bonnet de nuit, avec plusieurs étages de mouchoirs par-dessus son bonnet; Coleridge se mettant en traitement chez un médecin et le convertissant à l'opium [2]; Coleridge ravagé, avili, comme Quincey lui-même et par la même cause; ayant comme lui le sens moral intact [3] et la volonté paralysée; devenu comme lui l'écrivain des digressions et des « passages isolés [4] », faute de pouvoir suivre une idée; comme lui débraillé, désordonné, décousu, burlesque à la fois et tragique : au demeurant, le dernier homme du monde pour lequel

---

1. Coleridge est mort le 25 juillet 1834. Les articles intitulés *Samuel Taylor Coleridge, par le Mangeur d'opium anglais*, ont commencé à paraître au mois de septembre suivant.
2. Ce dernier détail se trouve dans un article postérieur : *Coleridge and opium-eating* (1845).
3. Lettre de Coleridge à son médecin.
4. *Coleridge*, par H. D. Traill (Londres, Macmillan).

Thomas de Quincey aurait eu le droit d'être sévère, et les articles étaient signés : *le Mangeur d'opium anglais.*

Quatre ans après, ce fut le tour de Wordsworth, qui n'était pas mort et prit très mal la chose. On a beau être un vertueux père de famille, il n'est jamais agréable, surtout pour un poète, qu'un critique célèbre vienne dire au public à peu près ceci : « Le fameux Wordsworth (à cette époque, il était devenu fameux) vieillit mal; il devient rougeaud. Il a des jambes — quelles jambes! bonnes, mais pas ornementales; c'est l'avis unanime des femmes. Et son dos! Tout rond! Quand on le voit par derrière, ça lui donne un air mesquin [1]. Ce que j'en dis est pour l'amour de la vérité, car je tiens en profond mépris, depuis ma plus tendre enfance, depuis que j'ai le sentiment de la vraie dignité humaine, cette passion de savoir comment les gens sont faits qu'on remarque chez tant de personnes, — chez Coleridge et Wordsworth, sans aller plus loin. Que me font, à moi, les jambes d'un homme [2]? Il n'y a que son cœur et son esprit qui comptent, et ni l'un ni l'autre ne sont aimables chez Wordsworth. Il est insociable et égoïste. Il a mauvais caractère, et son arrogance ne permet pas d'entretenir avec lui des relations agréables. Croirait-on qu'il a la prétention de monopoliser les impressions sur les beautés de la nature? Quand on essaie de placer son mot, il a une manière de ne pas écouter qui est positivement insultante [3]. Je ne me serais pourtant pas brouillé avec lui, malgré tout,

---

1. OEuvres complètes : *The lake poets : William Wordsworth* (1839). — *William Wordsworth and Robert Southey* (1839). — *Southey, Wordsworth and Coleridge* (1839).
2. Id. : *Professor Wilson* (1829).
3. Id. : *Gradual estrangement from Wordsworth* (1840).

sans sa femme. Elle est trop bête. Ma cuisinière avait fait des commérages, avait été malhonnête, soi-disant par mon ordre. Devait-on la croire, me connaissant? On la crut, et ce fût le commencement de la brouille; mais on ne l'aurait pas crue qu'il en eût été exactement de même : on ne peut pas vivre avec Wordsworth. Sa sœur était une charmante personne, qui m'a rendu beaucoup de services. Il est dommage qu'elle soit devenue folle. — Ce que je viens de vous conter vous a peut-être étonnés? On a tant poétisé l'histoire des lakistes vivant harmonieusement en face de la nature.... La vérité vraie, c'est qu'ils étaient tous mal ensemble. » — Quelques lecteurs conclurent de ces articles que Thomas de Quincey était méchant. « Petit misérable! criait Southey. Il faut le cravacher. » Southey avait tort. Quincey n'était pas méchant. Il n'était qu'intempérant dans son langage, trop communicatif à ses heures et *volens nolens*, comme le sont les ivrognes; il disait alors tout haut ce que beaucoup de braves gens, qui ne se croient pas féroces pour cela, pensent tout bas de leurs meilleurs amis.

En tout cas, ses confidences sur le caractère ou les jambes de ses anciens dieux ne l'entraînèrent jamais à se montrer ingrat envers leur génie. Ce n'est pas ici le lieu de refaire l'histoire de l'école romantique anglaise. Il suffira de dire qu'elle a été la glorification des idées de Quincey sur la nécessité de remonter aux sources nationales, de rompre avec le vocabulaire « livresque », d'entrer en communion avec la nature, et de faire en poésie une large part aux sensations. Et Quincey ne demeura point passif dans la grande bataille romantique. Il mit au service des siens tout ce qu'il possédait d'éloquence et d'influence, et fut l'un des artisans de la victoire finale de Coleridge et de Wordsworth [1] sur les défenseurs de l'esprit classique.

La passion des vers était dans sa pensée un simple retour à la nature. Il soutenait que la poésie avait été aux origines le langage « naturel » de l'humanité dans toutes les occasions solennelles ou seulement importantes, tandis que la prose avait été « l'invention », la « découverte » de quelques hommes de génie : « Quoi? direz-vous, les hommes parlaient en vers? — Dans les temps primitifs, il leur aurait paru contre nature, et absurde qui plus est, de parler en prose. Il fallait alors des raisons passionnantes pour motiver une harangue publique... et, dans les sociétés encore simples,... les sentiments violents revêtent nécessairement la forme du mètre, qui autorise les termes emphatiques, les antithèses, et autres effets de rhétorique.... Nous sommes convaincus qu'il a fallu plus d'efforts, un siècle avant Hérodote, pour amener les esprits à renoncer au diapason poétique avec lequel ils s'étaient accordés de longue date, qu'il n'en faudrait à un journaliste moderne pour revenir brusquement au vers lyrique [2]. »

Voilà des renseignements assez complets sur les richesses intellectuelles dilapidées par Quincey. La nature généreuse avait réuni en sa faveur les dons du poète à ceux du penseur. Elle l'avait doté, dans sa munificence, d'une grande imagination pleine de fantaisie et d'un esprit aigu, fécond en idées hautes et neuves. Après qu'il eut irrémédiablement gâché ces beaux présents, il ne lui resta guère, sa magnifique langue mise à part, que le pouvoir de jeter le trouble et le désarroi dans l'esprit du lecteur en lui ôtant les

---

1. *On the genius of Thomas de Quincey*, par Shadworth H. Hodgson.
2. *Style* (1840). — *Philosophy of Herodotus* (1842).

lisières de la convention et du lieu commun. Mais il a exercé ce pouvoir avec génie, et rien n'a pu le lui ôter, car il tenait à la constitution intime de son esprit.

Quincey était de ceux qui sont plus frappés, en toute chose, des différences que des ressemblances. Il existe une autre famille d'esprits pour lesquels c'est l'opposé. Les premiers s'amusent beaucoup plus dans la vie; ils ont une vision pittoresque du monde qui leur est un perpétuel divertissement. Quincey ne pouvait pas s'expliquer la fortune du mot de l'*Ecclésiaste* : « Il n'y a rien de nouveau sous le soleil ». Rien ne lui paraissait plus contraire à la vérité. C'est, disait-il, la plainte d'un blasé, qui ne peut pas découvrir des jouissances nouvelles, puisqu'il ne peut plus jouir de rien. « La pénurie dont il gémit comme étant inséparable de la condition humaine n'est pas objective, dans son cas; elle est subjective.... Ce n'est pas le *prenable* qui est en défaut; c'est le *prenant*.... La vérité est qu'il n'y a rien de vieux sous le soleil. » De même qu'il n'existe pas deux feuilles pareilles dans toute la terre, il n'existe pas non plus deux actions humaines parfaitement semblables, deux sentiments tout à fait identiques. Objets matériels ou passions, événements ou esprits sont « individualisés » à l'infini par la nature, au moyen d'un fonds inépuisable de variantes, de détails ajoutés ou supprimés, de circonstances extérieures, de nuances dans les idées et les impressions, qui lui permettent de ne jamais se répéter. « Il n'y a rien de nouveau sous le soleil » est un de ces lieux communs faux et menteurs qui courent le monde parce que personne ne prend la peine de les considérer et de les réfuter[1]. »

A partir de 1845, Quincey entremêla ses articles de

---

1. Œuvres complètes : *Charlemagne* (1832), et *passim*.

fragments singuliers, et quelquefois admirables, qu'il avait annoncés sous ce titre général : *Suspiria de profundis : suite aux Confessions d'un mangeur d'opium anglais.* C'est là qu'il faut chercher ses chefs-d'œuvre ; mais les *Suspiria de profundis* sont liés trop intimement à sa vie intérieure pour pouvoir se séparer de sa biographie.

VI

Le succès ne lui avait pas tourné la tête. Plus timide et plus nerveux que jamais, Quincey se cachait du monde et de ses meilleurs amis dans les garnis de Londres ou d'Édimbourg; il fallait quelquefois de longues recherches et beaucoup de sagacité pour retrouver sa trace. Il donnait pour excuse de ses allures mystérieuses qu'il était perpétuellement pourchassé par des créanciers, et il y avait là dedans une part de vérité. Quincey était voué à la misère, et il n'aurait pas eu huit enfants qu'il n'en aurait été ni plus ni moins. Il était pauvre par des raisons « subjectives », comme l'auteur de l'*Ecclésiaste* était pessimiste. La paralysie de la volonté en avait fait dans la vie pratique un tout petit enfant, incapable de l'acte le plus simple. Il en était venu à ne pas savoir payer une note, même quand il avait l'argent. A sa mort, on trouva dans ses papiers une collection de factures qu'il avait cachées pour n'y plus penser. C'était sa manière de régler les affaires, mais ses créanciers ne l'entendaient pas ainsi et réclamaient. Quincey n'ouvrait pas leurs lettres; il avait un flair infaillible pour deviner celles qui « le rendraient malheureux », et il les envoyait rejoindre les factures. Les créanciers se décidaient un beau jour à venir le relancer, et c'est alors qu'il prenaît la fuite de taudis en taudis. Son imagination grossissante lui montrait toute une meute sur ses talons ; il se figura pendant des années avoir la moitié des logeuses d'Édimbourg à ses trousses.

Jamais on ne put lui apprendre à toucher une traite. Un directeur de revue, Charles Knight, avait pris chez lui, à Londres, ce collaborateur fugace. Un soir, plus de Quincey. Au bout de plusieurs jours, on le retrouva dans un bouge d'un quartier mal famé. Il avait reçu une traite de sa mère et n'avait pas réussi à la toucher à cause d'une horrible complication : elle n'était pas échue. Alors il s'était sauvé, de peur d'avoir à entrer dans des explications avec le domestique de son hôte sur un projet qu'il avait dû abandonner faute d'argent. Charles Knight le décida à revenir en lui jurant qu'il aurait son argent le lendemain matin. Quincey n'en croyait pas ses oreilles : « Quoi? Comment? s'écriait-il. Est-ce possible? Est-ce qu'on peut toucher avant l'échéance[1]? »

Une autre fois, il tombe chez un ami au milieu de la nuit, force sa porte et lui explique gravement, dans son langage un peu cérémonieux, qu'il lui faut absolument, à l'instant même, sept shellings six pence. Pendant ce discours, Quincey croit remarquer que le visage de son ami se rembrunit, et il se rappelle fort à propos qu'il a sur lui un « document » pouvant servir de « garantie ». Il fouille dans ses poches et en tire une quantité inimaginable de bouts de ficelle, de bouts de crayon, d'objets informes, innommables, parmi lesquels se trouve enfin une petite boulette de papier : « Il la déchiffonne. C'était un billet de banque de cinquante livres sterling. » Quincey avait essayé de le changer, s'était heurté, comme pour la traite, à des

---

1. *Passages of a working life*, par Charles Knight.

difficultés insurmontables, et avait pris le parti d'aller demander à un ami « une monnaie ayant cours dans le royaume [1] ».

L'ami se recoucha, mais Quincey n'était pas au bout de ses peines. Son sentiment esthétique, qui ne le tourmentait guère pour sa toilette, ne lui permettait pas de donner une pièce blanche, ou un sou, qui ne fût pas propre et reluisant. Il s'imposait de les fourbir avec une peau avant d'en faire usage, les enveloppait dans du papier en attendant, et les mettait en lieu sûr. Autant de serrés, autant de perdus. Ses héritiers ramassèrent de ces petits paquets dans tous les coins de ses nombreux domiciles; il s'en trouva pour une grosse somme.

Sa famille avait des demeures fixes : aux Lacs jusqu'en 1830, à Édimbourg les dix années suivantes, puis à Lasswade, près d'Édimbourg. Quincey n'en avait pas et ne pouvait pas en avoir, même quand un ami le débarrassait de ses créanciers, même quand il était censé habiter avec les siens. A peine était-il installé dans une pièce, qu'il y « neigeait », selon son expression. Il neigeait des livres, il neigeait des revues, des journaux, des paperasses, et cela envahissait tout, grimpait partout, le long des murailles, sur les sièges, sur les meubles, sur le lit, dans des ustensiles de ménage arrivés, sans qu'on sût comment, dans son cabinet de travail. La logeuse y retrouvait ses baquets, pleins d'épreuves d'imprimerie. Mlles de Quincey y retrouvaient leur baignoire, débordante de papiers en fouillis. Le plancher ne tardait pas à disparaître sous une épaisse couche blanche, à la réserve d'un petit sentier conduisant à la cheminée, avec embranchement vers la table, où Quincey se réservait une

---

1. *The Book-Hunter*, par John Hill Burton.

toute petite place pour écrire. Mais la neige tombait toujours. Quand elle avait recouvert toute la table, Quincey écrivait dans sa main. Quand elle avait effacé le sentier, Quincey lui ouvrait les pièces voisines. Quand l'appartement était « enseveli », qu'il n'y avait même plus moyen de se glisser dans le lit, il donnait un tour de clef et allait recommencer ailleurs, après avoir adjuré sa logeuse de ne toucher à rien. Il devenait pathétique pour défendre ses papiers. Sa carrière était perdue si on les dérangeait, puisqu'il ne s'y reconnaissait qu'à « la position » de chaque feuille. Il aimait mieux payer deux loyers, trois loyers.... On lui a connu six de ces « dépôts » à la fois, sans compter ceux qu'il avait oubliés, ni ceux qu'il continuait à payer et qui étaient depuis longtemps balayés, loués à d'autres, ni ceux où il n'avait jamais mis le pied que dans les discours de propriétaires inventifs et sans scrupules, qui le faisaient trembler pour des papiers imaginaires. L'un d'eux lui vendait des ballots de paille pour des manuscrits. Un autre, plus malin, prenait l'argent et ne donnait jamais rien en échange. Tous les moyens étaient bons pour plumer Quincey.

Le visiteur qui était parvenu à le dépister et à le prendre au gîte trouvait un petit être débile, affublé de haillons, les pieds nus dans des savates, à moins qu'il n'eût des bas et pas de souliers, ou un bas à un pied et une pantoufle à l'autre. La figure, toute en front, était intelligente et fine. La bouche n'avait plus une seule dent : l'opium et la morphine les font tomber[1]. La pâleur transparente de cette chétive créature, ses mains diaphanes, ses prunelles voilées et sans regard, ses vêtements trop larges et qui semblaient vides, lui donnaient un air immatériel, surnaturel. C'était une

---

1. Pichon, *loc. cit.*.

ombre, qui dormait les yeux ouverts tout du long du jour. « Pauvre petit! disait Carlyle, touché de son apparence faible et misérable. C'est un innocent, et rien ne serait plus facile que de l'effacer d'un coup d'éponge. Pauvre petit Quincey! »

Vers le soir, son cerveau s'éveillait peu à peu, et l'ombre se mettait à parler bas, d'une voix dolente et harmonieuse qui « semblait venir du pays des songes », tandis que ses yeux s'emplissaient de lueurs et que son regard « plongeait dans l'invisible ». Il avait l'air, rapporte un contemporain, de lire sur la muraille d'en face ce qu'il vous disait. — Peut-être le lisait-il en effet, lui aussi, comme Hoffmann, cet autre visionnaire, il avait la sensation aiguë d'un monde *à côté*, aussi réel que le monde que nous connaissons tous, et ouvert à quiconque sait user des moyens de communication mis à notre service par la nature. Il disait : « La machine à rêver qui est implantée dans le cerveau humain n'y a pas été mise pour rien ». Elle n'est pas également puissante chez tous les hommes. Les uns rêvent « magnifiquement », les autres pauvrement; cela dépend des complexions. Belle ou médiocre, la faculté du rêve est le canal par lequel nous pénétrons dans l'univers invisible. Quincey se rangeait parmi les privilégiés qui ont possédé cette faculté à un degré supérieur dès le jour de leur naissance, et se vantait de l'avoir développée « presque surnaturellement » par l'opium, ce qui n'était que trop vrai. Que n'avait-il pas rêvé, même en plein jour et en se promenant? Il en parlait volontiers. Ses récits du monde occulte, murmurés de sa voix musicale, comptaient parmi les spectacles curieux d'Édimbourg : « Il racontait, dit un témoin, de profonds mystères tirés de sa propre expérience. C'étaient des visions qui lui étaient apparues dans des montagnes absolument solitaires. C'étaient des événements qui illustraient, s'ils ne les prouvaient, les doctrines sur les rêves, les avertissements prophétiques, la seconde vue et le magnétisme[1]. »

Une tasse de café le ramenait sur terre en achevant de dissiper le sommeil. Le causeur s'animait et ravissait son auditoire. Il était incomparable, de l'avis de tous ceux qui l'ont entendu. Quincey causait en artiste, et non en bavard. Il savait écouter. Il élevait et élargissait tous les sujets, et il s'exprimait avec une courtoisie aristocratique que ses accoutrements de mendiant romantique rendaient très frappante. Les maîtres de maison d'Édimbourg ambitionnaient tous de l'avoir à dîner; mais ce n'était point chose facile. Il ouvrait rarement les invitations; elles étaient classées parmi les correspondances qui « le rendaient malheureux ». D'ailleurs, ouvertes ou non, il était incapable d'aller à heure fixe à un endroit donné; l'opium avait aboli chez lui la notion du temps. Il fallait l'envoyer chercher. Le « pauvre petit » suivait le messager sans résistance, sinon de bon cœur, et les invités avaient un double régal. Celui des yeux, premièrement. Voici dans quel appareil Quincey parut un soir à un dîner de cérémonie : « Il portait un paletot en grosse étoffe à longs poils, râpé, troué, et boutonné jusqu'au menton. Au cou, un mouchoir de couleur. Aux pieds, des chaussons de lisière pleins de neige. Son pantalon — quelqu'un suggéra que son pantalon était un caleçon noirci avec de l'encre, mais il n'aurait jamais pris la peine de déguiser son caleçon[2]. » Au bout de cinq minutes, personne ne pensait plus au costume de Quincey; on était tout oreilles.

Il y avait plus difficile encore que de l'avoir : c'était

---

1. *Memoirs of a literary veteran*, par R. P. Gillies.
2. John Hill Burton, *loc. cit.*

de ne plus l'avoir et de le faire repartir. L'inquiétude qui pousse l'homme à changer de place sans raison lui paraissait monstrueuse : elle tue le rêve. Quand Thomas de Quincey se trouvait bien quelque part, il y restait, sourd à toutes les insinuations. On n'avait d'autre ressource que de l'attirer par ruse et adresse à la porte de la rue, où ses instincts de noctambule devenaient le salut. L'obscurité le fascinait. Il s'y élançait, et ne reparaissait chez lui que le lendemain. Nul n'a jamais su où il allait dans l'intervalle. Les paysans des environs d'Édimbourg prétendaient qu'il se promenait la nuit dans les bois avec une lanterne. On savait par lui-même qu'il aimait à coucher à la belle étoile ; il s'élevait fréquemment, avec chaleur et amertume, contre la « barbarie » et la « brutalité » de la loi anglaise, qui assimile les dormeurs en plein air à des vagabonds. Après une nuit passée dans un sillon, le petit garçon d'un de ses amis demanda deux sous à son père pour ce pauvre bonhomme plein d'herbe et de terre.

Il ne manquait pas de gens qui s'estimaient trop heureux de le garder, et non pas seulement pour s'en amuser ; on l'aimait. Quincey restait chez eux plusieurs jours ou quelques mois, selon les circonstances, puis il disparaissait comme il était venu, sans l'avoir projeté ni savoir pourquoi. C'était le plus doux et le plus poli des commensaux, mais non le moins embarrassant. A peine osait-on le perdre de vue. Il dévastait à présent les bibliothèques, lui, Thomas de Quincey, jadis impitoyable pour Wordsworth parce qu'il avait coupé un livre avec le couteau du beurre. Il arrachait dans une édition *princeps* le chapitre dont il avait besoin. Il écrivait ses articles sur les marges d'un livre de luxe. Il mettait une reliure de prix dans sa cuvette. L'opium en avait fait un Vandale, un monstre, à l'égard des livres, qu'il avait tant aimés. Un bibliophile lui avait prudemment dissimulé sa bibliothèque ; « Au point du jour, un cri de triomphe : *Eureka!* m'appelle dans sa chambre. Un instinct infaillible l'avait conduit droit aux livres, dont il avait déjà formé un amoncellement autour de lui. Le mieux relié de mes in-quarto gisait à terre sur un objet de literie, devant Quincey à plat ventre et en chemise.... Il venait de découvrir un anachronisme très remarquable.... La scène que j'avais sous les yeux me rappelait la Tentation de saint Antoine dans les toiles des maîtres hollandais [1]. »

Il mettait continuellement le feu en travaillant, au beau milieu de la nuit. C'était encore la faute de l'opium, qui lui causait de brusques sommeils. Il tombait le nez sur sa chandelle et la renversait. Tant mieux s'il l'éteignait du coup, sinon elle allumait « la neige ». Cela le réveillait, et son premier soin était de fermer sa porte à double tour, de peur qu'on n'eût l'idée d'éteindre le feu avec de l'eau : tout plutôt que de laisser mouiller ses papiers ! Il étouffait l'incendie avec sa garde-robe, quitte à avouer le lendemain qu'il ne pouvait pas quitter sa chambre faute de culottes.

Il commandait à la cuisine, sous prétexte que son estomac exigeait une nourriture spéciale, et il n'y avait pas de fin aux complications domestiques qui en résultaient. Une maîtresse de maison nous a conservé l'un des discours qu'il avait prononcés avec solennité devant ses casseroles : « Vu la dyspepsie qui afflige mon système et la possibilité de quelque trouble additionnel dans mon estomac, il se produirait des conséquences désastreuses incalculables, de nature à augmenter mon irritation nerveuse et à m'empêcher de vaquer à des affaires d'une importance capitale, si vous oubliiez de couper le mouton diagonalement,

---

1. John Hill Burton, *loc. cit.*

plutôt que longitudinalement [1] ». Ce noble langage terrorisait les servantes écossaises, déjà impressionnées par sa tournure de sorcier et par les légendes qui couraient sur son compte. L'une d'elles s'attendait à le voir s'envoler par la cheminée. Une autre quitta précipitamment la maison et refusa d'y rentrer : « M. Quincey lui faisait trop peur — il avait des mots épouvantables! » Il arrivait quelquefois qu'il les subjuguait : « Ah! monsieur, s'écriait l'une de ces gothons, vous êtes un grand homme, un très grand homme; personne ne vous comprend! » Les hôtes étaient perdus quand la cuisinière le prenait en affection. Quelqu'un avait prié un gourmet à dîner. On servit des tripes et du flan; c'était Quincey qui avait changé le menu à cause « de l'état de son estomac, source perpétuelle d'affliction pour lui ». On eut de la peine à apaiser l'invité [2].

Malgré toutes ces choses, et beaucoup d'autres qu'il serait trop long de raconter, il n'aurait tenu qu'à lui de passer sa vie entière chez l'un ou chez l'autre. Il était de ceux qui gagnent les cœurs par un charme indéfinissable : « Jamais homme plus aimable, jamais homme doué d'autant de séduction n'a foulé cette terre. Le voir et le connaître, c'était l'aimer et le vénérer. Humble au point où cela devient un défaut, simple comme un enfant, chacun de ses actes, chacune de ses paroles respirait néanmoins la noblesse et accusait une nature raffinée [3]. »

Les siens l'adoraient tout les premiers. Dieu sait pourtant s'il avait été un bon père de famille! Sa femme était morte jeune, de misère et de souci. Ses enfants s'étaient élevés tout seuls. Ce n'était pas faute de ten-

---

1. Mrs Gordon, *Memoir of Wilson*.
2. J. G. Bertram, *Some Memoirs of Books, Authors and Events*.
3. *Recollections of the Glasgow Period*, par Colin Rae-Brown.

dresse de sa part ; c'était l'opium et son cortège d'infirmités mentales. La perte de trois de ses fils l'affecta profondément sans rien changer à son train de vie. Il eut sa dernière grande rechute après la mort de l'un d'eux, en 1842. Il était remonté à cinq mille gouttes [1] de laudanum par jour, avec quelles conséquences, ses lettres et son *Journal* manuscrit nous l'apprennent : « (1844)... Dès qu'il s'agit de composer, de suivre et de développer une idée, je ne me rends que trop bien compte à quel point l'intelligence est atteinte par ma condition morbide. Cette ruine m'aide à voir clair dans l'état où était Coleridge sur la fin de sa vie. J'ai compris son chaos par les ténèbres du mien, et tous deux étaient l'œuvre du laudanum.... On peut encore créer des fragments isolés, mais il manque le lien, la vie, le principe qui relie les diverses parties à un point central. Une incohérence sans bornes, une impossibilité lugubre de se rattacher à une idée dominante : tel est l'incube hideux qui pèse continuellement sur mon esprit. »

Avec la difficulté du travail était revenue la répulsion nerveuse pour la page commencée : « Ce que j'écris m'inspire tout à coup une sombre et frénétique horreur. Il n'y a pas de termes pour rendre l'ouragan subit de révélations effroyables qui s'abat sur moi, du fond d'une éternité qui n'est plus à venir, mais passée et irrévocable. Il me semble que ce que j'écrivais est enveloppé subitement dans une nappe de feu, — mon papier m'a l'air empoisonné ; — je ne peux plus en supporter la vue, et je l'ensevelis parmi d'énormes tas de lettres inachevées, d'articles commencés et abandonnés dans des circonstances analogues. Personne n'est

---

[1]. Je rappelle que le laudanum peut être plus ou moins fort. Quincey le préparait lui-même.

témoin de ces crises ; je vis complètement seul dans mon cabinet de travail. »

Ailleurs : « Je connais quelqu'un qui s'est bien souvent jeté à bas de son lit, au milieu de la nuit, — tombant à genoux, tandis que la sueur inondait son visage ravagé, et criant d'une voix à réveiller toute la maison : « O Christ, aie pitié de moi, pécheur ! » tant était atroce le monde d'horreurs que le sommeil ouvrait devant mes yeux[1]. »

Il n'en était plus à se sentir guetté par la folie, comme lors de ses précédents excès, mais agrippé par elle, déjà dément et marchant rapidement au suicide. La peur lui fut une fois de plus secourable. Elle lui donna la force de diminuer considérablement la dose d'opium, malgré les tortures de l'état de besoin. « J'éprouvais, raconte Quincey, des effets tellement atroces et dont les médecins ne se doutent pas, que j'étais heureux de retomber. Cependant, je persistai. J'ai redescendu l'échelle, silencieusement, sûrement.... » Il trouva sa récompense au pied de l'échelle, et fut sauvé alors qu'il n'espérait plus : « Pendant six mois, pas de résultat, — un état d'une morne uniformité, — une désolation complète, — une détresse si profonde, que je ne pouvais plus me cacher l'impossibilité de continuer à vivre en portant une croix pareille. Je tenais mon *Journal*, comme le naufragé dans une île déserte qui n'a plus qu'un jour de vivres. Le vendredi 23 février, je pus dire pour la première fois, dans le langage de l'Écriture : « Et l'homme était assis, vêtu, et dans sa raison ». L'expression n'est pas trop forte, j'avais su tout le temps que je n'étais plus tout à fait dans mon bon sens[2]. »

Son traité avec le « noir tyran » date de cette affreuse

---

1. Japp, *loc. cit.*
2. Japp, *loc. cit.*

crise. Quincey ne se berça plus de l'espoir de s'en affranchir tout à fait, mais il modéra définitivement son tribut et vécut en paix sa vieillesse. Des héritages lui avaient ramené l'aisance. Il profita de ce qu'il était au port pour résumer les expériences d'une existence féconde en peines et en erreurs. Personne ne connaît la vie intérieure de personne. Nos proches l'ignorent. Les gens avec qui nous habitons sous le même toit l'ignorent : « Elle coule à part, parallèlement à notre vie extérieure, et secrète pour tous. C'est un monde dans lequel le dernier des hommes a besoin de demeurer solitaire, et ne peut pas admettre l'être même qu'il aime le plus au monde[1]. » Mais ce courant invisible nous porte vers des conclusions qui sont le fruit, doux ou amer, de chaque destinée humaine, et dont il ne nous est pas interdit de faire profiter les autres. Quincey écrivit dans cette pensée une collection de petits morceaux en prose poétique. Le plus grand nombre ont été perdus dans « la neige », ou brûlés dans un des commencements d'incendie allumés par son imprudence. Les autres forment les *Suspiria de profundis*, soupirs d'une âme fatiguée qui cherche le repos dans une vision mystique de l'univers. Ils sont d'un poète chez qui la pensée flotte toujours dans les brumes du rêve, et auquel les réalités se présentent naturellement revêtues de symboles.

Les *Suspiria* qui nous restent sont des hymnes à la Douleur, déesse auguste et bienfaisante, ferment de l'univers. C'est blasphémer que de la maudire. Sans elle, les grands bonheurs de la vie n'existeraient pas : « Il n'est pas de joie parfaite où il n'entre *du terrible* ». Il y a de la douleur dans la joie de vivre. Il y en a dans l'âme de tout homme qui voit plus avant que la

---

[1]. *Fragment inédit*, Japp.

surface des choses. Elle est le « talisman » auquel nous devons les « révélations intellectuelles [1] »; nous ne sommes rien tant que nous n'avons pas souffert. Elle est le tremblement de terre avec lequel Dieu « laboure » l'avenir. Il faut des « calamités » pour les desseins d'en haut. « Comprenez bien ceci [2].... Le temps présent et même le point mathématique périt mille fois avant que nous ayons pu affirmer sa naissance. Dans le présent, tout est fini, et aussi bien ce fini est infini dans la vélocité de sa fuite vers la mort. Mais en Dieu il n'y a rien de fini; en Dieu il n'y a rien de transitoire; en Dieu il n'y a rien qui tende vers la mort. Il s'ensuit que pour Dieu le présent n'existe pas. Pour Dieu, le présent, c'est le futur, et c'est pour le futur qu'il sacrifie le présent de l'homme. C'est pourquoi il opère par le tremblement de terre. C'est pourquoi il travaille par la douleur. Oh! profond est le labourage du tremblement de terre! Oh! profond, profond est le labour de la douleur! mais il ne faut pas moins que cela pour l'agriculture de Dieu. Sur une nuit de tremblement de terre, il bâtit à l'homme d'agréables habitations pour mille ans. De la douleur d'un enfant il tire de glorieuses vendanges spirituelles qui, autrement, n'auraient pu être récoltées. Avec des charrues moins cruelles le sol réfractaire n'aurait pas été remué. A la terre, notre planète, à l'habitacle de l'homme, il faut la secousse; et la douleur est plus souvent encore nécessaire comme étant le plus puissant outil de Dieu; oui, elle est indispensable aux enfants mystérieux de la terre [3]. »

Les Romains avaient une déesse nommée Levana, « qui conférait au nouveau-né la dignité humaine » et

1. *Suspiria : Vision of life*.
2. *Suspiria : Savannah-la-Mar*.
3. Traduction Baudelaire.

veillait ensuite sur son éducation [1]. « Mais ne croyez pas qu'il s'agisse ici de cette pédagogie qui ne règne que par les alphabets et les grammaires. L'éducation de Levana représente ce puissant système de forces centrales qui est caché dans le sein profond de la vie humaine et qui travaille incessamment les enfants, n'arrêtant ni jour ni nuit, leur enseignant tour à tour la passion, la lutte, la tentation, l'énergie de la résistance.... »

Une pareille éducatrice ne peut que « révérer profondément les agents de la douleur ». Les chagrins des enfants, quoi qu'on en dise, sont aussi cuisants que ceux des hommes. Beaucoup de pauvres petits en meurent; seulement, on donne un autre nom à leur maladie. « C'est pourquoi Levana s'entretient souvent avec les puissances qui font trembler le cœur de l'homme; c'est pourquoi elle raffole de la douleur. » Quincey l'avait vue souvent en rêve, avec les trois ministres de ses desseins mystérieux, trois sœurs, « trois puissantes abstractions qui s'incarnent dans toutes les souffrances individuelles du cœur humain.... Appelons-les donc *Nos dames de douleur*. Je les connais à fond et j'ai parcouru leurs royaumes en tous sens. Elles sont de même famille; et leurs routes sont très distantes l'une de l'autre; mais leur empire est sans bornes [2]. Je les ai vues souvent conversant avec Levana, et quelquefois même s'entretenant de moi. Elles parlent donc? Oh! non. Ces puissants fantômes dédaignent les insuffisances du langage. Elles peuvent proférer des paroles par les organes de l'homme, quand elles habitent dans un cœur humain; mais, entre elles, elles ne

1. *Suspiria : Levana and our Ladies of Sorrow.*
2. Une grande partie de ce qui suit a été traduit par Baudelaire.

se servent pas de la voix ; elles n'émettent pas de sons ; un éternel silence règne dans leurs royaumes....... »

« La plus âgée des trois sœurs s'appelle *Mater Lachrymarum*, ou Notre-Dame des Larmes. C'est elle qui, nuit et jour, divague et gémit, invoquant des visages évanouis. C'est elle qui était dans Rama, alors qu'on entendit une voix se lamenter, celle de Rachel pleurant ses enfants et ne voulant pas être consolée. Elle était aussi dans Bethléem, la nuit où l'épée d'Hérode balaya tous les innocents hors de leurs asiles.... Ses yeux sont tour à tour doux et perçants, effarés et endormis, se levant souvent vers les nuages, souvent accusant les cieux. Elle porte un diadème sur sa tête. Et je sais par des souvenirs d'enfance qu'elle peut voyager sur les vents quand elle entend le sanglot des litanies ou le tonnerre de l'orgue, ou quand elle contemple les éboulements des nuages d'été. Cette sœur aînée porte à sa ceinture des clefs plus puissantes que les clefs papales, avec lesquelles elle ouvre toutes les chaumières et tous les palais.... C'est à l'aide de ces clefs que Notre-Dame des Larmes se glisse, fantôme ténébreux, dans les chambres des hommes qui ne dorment pas, des femmes qui ne dorment pas, des enfants qui ne dorment pas, depuis le Gange jusqu'au Nil, depuis le Nil jusqu'au Mississipi. Et comme elle est née la première et qu'elle possède l'empire le plus vaste, nous l'honorerons du titre de Madone. »

On aura reconnu dans ce qui précède une réminiscence du grand chagrin de son enfance et des visions douloureuses qui l'obsédèrent à la mort de sa sœur préférée. Le paragraphe suivant est une allusion non moins transparente aux deux pauvres idiotes dont le sort cruel lui révéla l'existence des « parias » de toute espèce pour lesquels les sociétés humaines se montrent si dures.

« La seconde sœur s'appelle *Mater Suspiriorum*, Notre-Dame des Soupirs. Elle n'escalade jamais les nuages et elle ne se promène pas sur les vents. Sur son front, pas de diadème. Ses yeux, si on pouvait les voir, ne paraîtraient ni doux, ni perçants; on n'y pourrait déchiffrer aucune histoire; on n'y trouverait qu'une masse confuse de rêves à moitié morts et les débris d'un délire oublié. Elle ne lève jamais les yeux; sa tête, coiffée d'un turban en loques, tombe toujours, et toujours regarde la terre. Elle ne pleure pas, elle ne gémit pas. De temps à autre elle soupire inintelligiblement. Sa sœur, la Madone, est quelquefois tempétueuse et frénétique, délirant contre le ciel et réclamant ses bien-aimés. Mais Notre-Dame des Soupirs ne crie jamais, n'accuse jamais, ne rêve jamais de révolte. Elle est humble jusqu'à l'abjection. Sa douceur est celle des êtres sans espoir.... Si elle murmure quelquefois, ce n'est que dans des lieux solitaires, désolés comme elle, dans des cités ruinées, et quand le soleil est descendu dans son repos. Cette sœur est la visiteuse du paria, du juif, de l'esclave qui rame sur les galères ;... de la femme assise dans les ténèbres, sans amour pour abriter sa tête, sans espérance pour illuminer sa solitude ;... de tout captif dans sa prison; de tous ceux qui sont trahis et de tous ceux qui sont rejetés; de tous ceux qui sont proscrits par la loi de la tradition, et des enfants de la disgrâce héréditaire. Tous sont accompagnés par Notre-Dame des Soupirs. Elle aussi, elle porte une clef, mais elle n'en a guère besoin. Car son royaume est surtout parmi les tentes de Sem et les vagabonds de tous les climats. Cependant dans les plus hauts rangs de l'humanité elle trouve quelques autels.... »

La dernière sœur n'a qu'un petit nombre de sujets. Son royaume se dépeuple au fur et à mesure qu'il se peuple, car sa verge est meurtrière; Quincey en savait quelque chose : « Mais la troisième sœur, la plus jeune ! — Chut ! quand nous parlons d'*elle*, que votre voix soit comme un murmure ! Son domaine n'est pas grand, autrement aucune chair ne pourrait vivre ; mais sur ce domaine elle est la toute-puissance. Son front couronné de tours comme celui de Cybèle s'élève presque hors de portée de nos regards.... Malgré le triple voile de crêpe dont elle enveloppe sa tête, si haute qu'elle la porte, on peut voir d'en bas la lumière sauvage qui s'échappe de ses yeux, lumière de désespoir toujours flamboyante, les matins et les soirs, à midi comme à minuit, à l'heure du flux comme à l'heure du reflux. Celle-là défie Dieu. Elle est la mère des démences et la conseillère des suicides. Profondes sont les racines de son pouvoir, mais petite est la nation sur qui elle règne. Car elle ne peut appesantir sa main que sur ceux-là chez qui une nature douée de profondeurs a été bouleversée de fond en comble par des convulsions intérieures, chez qui le cœur tremble et le cerveau vacille sous les souffles combinés des tempêtes du dehors et de celles du dedans. La Madone marche à pas incertains, tantôt rapides, tantôt lents, toujours avec une grâce tragique. Notre-Dame des Soupirs s'avance avec timidité et comme furtivement. Mais leur jeune sœur n'a que des bonds imprévus, des élans de tigre. Elle ne porte pas de clefs ; car, ne venant que rarement parmi les hommes, elle arrache toutes les portes là où il lui est permis d'entrer. Et son nom est *Mater Tenebrarum*, Notre-Dame des Ténèbres. »

Les trois sœurs prirent Quincey dans son berceau et le bercèrent sur leurs genoux redoutables. Notre-Dame des Larmes touchait sa tête, appelait du doigt Notre-Dame des Soupirs, et ses signes, qu'aucun homme ne peut lire autrement qu'en rêve, pouvaient se traduire ainsi : « Vois! le voici, celui que j'ai consacré à mes autels. C'est lui que j'ai fait mon favori. Je l'ai égaré, je l'ai séduit, et du haut du ciel j'ai attiré son cœur vers le mien. Par moi il est devenu idolâtre; par moi rempli de désirs et de langueurs, il a adoré le ver de terre et il a adressé ses prières au tombeau vermiculeux. Sacré pour lui était le tombeau; aimables étaient ses ténèbres; sainte sa corruption. Ce jeune idolâtre, je l'ai préparé pour toi, chère et douce sœur des Soupirs! Prends-le maintenant sur ton cœur, et prépare-le pour notre terrible Sœur. Et toi — se tournant vers la *Mater Tenebrarum*, — reçois-le d'elle à ton tour. Fais que ton sceptre soit pesant sur sa tête. Ne souffre pas qu'une femme, avec sa tendresse, vienne s'asseoir auprès de lui dans sa nuit. Chasse toutes les faiblesses de l'espérance, sèche les baumes de l'amour, brûle la fontaine des larmes; maudis-le comme toi seule sais maudire. Ainsi sera-t-il parfait dans la fournaise; ainsi verra-t-il les choses qui ne devraient pas être vues, les spectacles qui sont abominables et les secrets qui sont indicibles. Ainsi lira-t-il les antiques vérités, les tristes vérités, les grandes, les terribles vérités. Ainsi ressuscitera-t-il avant d'être mort. Et notre mission sera accomplie, que nous tenons de Dieu, qui est de tourmenter son cœur jusqu'à ce que nous ayons développé les facultés de son esprit. »

Quincey ne pouvait oublier son humble amie d'Oxford-street dans cette récapitulation des souffrances humaines. Il pensait à la pauvre Anne et à sa cruelle mais banale histoire en écrivant la *Fille du Liban*[1], où

---

[1]. *The Daughter of Lebanon*. Quincey a réuni ce fragment aux *Confessions*.

une malheureuse comme elle est relevée, sauvée et glorifiée par un homme de Dieu qui la rencontre de nuit dans un carrefour de Damas, et qui n'est rien moins que l'un des quatre Évangélistes. Je suis contraint d'abréger.

Au coin d'une place, à la lueur d'un feu de bourgeons de cèdre, l'Évangéliste aperçoit une figure d'une grâce tellement éthérée qu'elle semble surnaturelle. Ce n'est pourtant qu'une femme, et là, dans ce coin solitaire, on devine ce qu'elle attend. « Pauvre fleur flétrie, gémit l'Évangéliste, est-ce donc pour offenser ainsi le Saint-Esprit que tu as été si divinement douée de beauté? — La femme, toute tremblante, dit : Rabbi, que faire? tout le monde m'a abandonnée. — Écoute, dit le prophète, je suis l'envoyé de Celui que tu ne connais pas, de Celui qui a fait le Liban et les cèdres du Liban, et la lumière et les ténèbres et la mer et les cieux, et l'armée des étoiles. Demande ce que tu voudras, et par moi tu l'obtiendras de Dieu. — Et la fille du Liban, tombant à genoux et joignant les mains, s'écria : — Seigneur, ramène-moi dans la maison de mon père. — Ma fille, ta prière a été entendue dans le ciel. Le soleil ne se couchera pas pour la trentième fois derrière le Liban avant que je t'aie ramenée dans la maison de ton père. »

Elle resta dès lors sous la garde de l'Évangéliste, qui l'instruisit dans sa foi, et, le matin du trentième jour, elle reçut le baptême. Quand le soleil s'abaissa sur l'horizon, l'Évangéliste se leva et dit : « Fille du Liban, l'heure est arrivée de remplir ma promesse. Veux-tu que Dieu l'accomplisse dans un sens meilleur et dans un monde plus heureux? » Mais la fille du Liban s'assombrit à ces paroles; elle voulait revoir ses collines natales et sa compagne d'enfance, une douce sœur jumelle. Les vapeurs du délire vinrent obscurcir son cerveau et d'épais nuages lui cachèrent le Liban. L'apôtre se leva une seconde fois, et, approchant de sa tempe son bâton pastoral, il dissipa les vapeurs du délire, puis, tournant le bâton vers le Liban, il refoula les nuages qui le voilaient. Elle aperçut alors la maison de son père, mais n'y distingua aucune trace de sa sœur. L'Évangéliste, prenant en pitié son chagrin, dirigea ses regards vers le ciel, qui s'ouvrit, laissant voir ces mystères qui ne se révèlent qu'aux yeux des mourants. Et d'en haut se penchait vers sa couche celle qu'elle regrettait, sa sœur, qui, après l'avoir attendue vainement dans le Liban, était morte de chagrin et l'attendait dans le Paradis. — Veux-tu maintenant? lui demanda encore l'apôtre. — Oui! oui! répondit-elle, et l'instant d'après la fille du Liban n'était plus qu'un blanc cadavre dans une blanche robe baptismale. Le soleil s'enfonçait sous l'horizon, et l'Évangéliste, les yeux baignés de saintes larmes, rendait grâces à Dieu d'avoir, avant que le trentième jour fût achevé, rendu la Madeleine du Liban à la maison de son père. — Une justice plus haute, plus clairvoyante, avait pardonné celle que la justice des hommes vouait à l'infamie, et la pauvre Anne, si triste et si pâle, se reposait enfin dans le Paradis.

Ces merveilleux *Alleluias* à la douleur sont les chefs-d'œuvre de leur auteur. On connaît maintenant Quincey tout entier, et, quand nous aurons dit que cet échappé d'un autre monde — ce « mort en vie », écrivait James Payn — cessa définitivement de se réveiller le 8 décembre 1859, nous n'aurons plus rien à ajouter. Il ne nous restera qu'à nous étonner que plusieurs en Angleterre, parmi ses dévots, aient cru rendre service à sa mémoire en le défendant d'avoir été « abondant en promesses, impuissant à l'exécution ». Si jamais homme gâcha les dons reçus en naissant, ce fut celui-là. Quincey n'avait pas vingt ans, qu'il avait déjà mangé son blé en herbe ; à l'université, il ne pouvait plus travailler qu'en s'excitant avec de l'opium. Certainement, il a une excuse. Qui n'en a pas dans ce monde ? Son excuse était d'avoir eu un père malsain, d'être venu au monde malsain : s'il n'eût versé d'un côté, il eût sans doute versé de l'autre, dans l'alcool, dans la débauche, que sais-je ? mais ce qui atténue sa faute n'en avait pas atténué les conséquences, et il faut les regarder en face une dernière fois.

Carlyle l'avait bien nommé. C'était vraiment « le pauvre petit Quincey », dont il fallait se hâter de rire sous peine d'en pleurer, avec ses haillons répugnants, sa flétrissure physique et morale. Il s'est vanté quelque part d'être « un intellectuel » ; il n'avait pas tort, en ce sens que ce qui avait survécu du Quincey originel était purement intellectuel. La fibre morale était morte, bien morte. Quincey n'était plus à aucun degré une force morale, grande ou petite, mais l'atrophie des éléments actifs et énergiques de son âme ne l'avait pas empêché, ainsi qu'on l'a vu, de garder de très belles parties d'intelligence et de sensibilité. Il avait des préférences esthétiques pour le bien. Il ressemblait sous ce rapport à certains intellectuels de notre génération, qui sont amoraux, mais sauvés par le goût des élégances d'esprit, et il fut en cela un précurseur, car son temps ne connaissait pas encore ce mal, la grande plaie de l'époque actuelle : « De nos jours, disait Coleridge, les hommes sont en général supérieurs à leurs idées. Presque tous agissent et sentent plus noblement qu'ils ne pensent [1]. » C'était le contraire pour « le pauvre petit » ; il pensa toujours noblement, mais sa conduite était misérable.

1. *Anima poetæ.*

Que l'on contemple maintenant cette pure intelligence. Les admirateurs de Quincey réclament pour lui plus que du talent : du génie, et ils ont raison. La plupart des critiques anglais se sont néanmoins refusés à attacher de l'importance à son œuvre, malgré ses luttes en faveur des lakistes, malgré tout ce qu'il a fait pour initier l'Angleterre à la pensée allemande, et les critiques ont eu raison. Qu'est-ce qu'un génie qui ne donne plus que des miettes de pensée, des miettes d'idées et de raisonnements, où rien ne se tient et rien ne se suit? Qu'est-ce que le monument littéraire d'un génie en poussière? Quincey écrivait un jour à un ami, en parlant de ses propres ouvrages : « C'est comme si l'on trouvait de fins ivoires sculptés et des émaux magnifiques mêlés aux vers et aux cendres, dans les cercueils et parmi les débris de quelque monde oublié ou de quelque race disparue ». Des bijoux de grand prix parmi les ossements et dans la poussière d'un tombeau, voilà en effet ce que Thomas de Quincey nous a laissé; voilà quelle a été l'œuvre de l'opium.

EDGAR POE

L'ALCOOL

EDGAR POE [1]

L'ALCOOL

Il y a des noms qui éveillent des rumeurs de bataille, des réputations qui sentent la poudre. Edgar Poe a été longtemps, aux États-Unis, l'un de ces hommes dont on n'a pas le droit de parler avec calme. Il semblait que ce fût faire acte de faiblesse, et presque de relâchement moral, que de garder son sang-froid, de rester impartial, en face d'un si grand pécheur. On s'admirait si, d'aventure, on osait se taire par charité chrétienne. Quelques semaines après la mort de Poe, l'un de ses anciens collaborateurs écrivait avec des larmes dans la plume : « Un scrupule généreux porte tous ceux qui l'ont intimement connu à ensevelir dans l'ombre de l'oubli ses faiblesses, ou plutôt tous les traits distinctifs de sa personnalité [2] ». Quant à ceux que ne gênait aucun scrupule, loin

---

1. Œuvres complètes et lettres. — *Edgar Allan Poe*, par John Ingram (2 vol. Londres, 1880). — *Edgar Allan Poe*, par George Woodberry (1 vol. Boston, 1894).
2. *Écrivains étrangers*, par Teodor de Wyzewa (1896, Perrin).

d'ensevelir ses fautes, ils travaillaient à en déterrer, et les défouisseurs trouvent toujours quelque chose; ils profitent de ce que les morts ne peuvent pas réclamer. Les inimitiés que Poe avait soulevées de son vivant se cristallisèrent en une biographie malveillante et dure[1], qui faillit fausser à jamais sa physionomie, même pour ses dévots, et l'on sait s'il en a manqué en France. Le monde crut qu'il avait été une façon de démoniaque, et les raffinés l'en trouvèrent plus grand, tandis que les simples s'en affligeaient.

Les amis personnels d'Edgar Poe n'abandonnèrent point sa mémoire, mais ils s'y prirent mal; ils ont aidé à la légende, sans le vouloir, par un système de réticences qui multipliait les erreurs, ou aggravait les soupçons, alors qu'il n'y aurait eu de recours que dans une absolue franchise. Il fallait crier sur les toits, au lieu d'essayer de le cacher, que la nature l'avait marqué pour le *delirium tremens* et que les hasards de l'existence avaient encore diminué les chances qui lui restaient d'y échapper. Il fallait le montrer ivre, se maudissant lui-même à travers son délire, et appelant le poison ou la balle qui le délivrerait de sa honte. On ne lui reprochera pas, à celui-là, de ne pas avoir lutté. Ce n'est pas Edgar Poe qui aurait plaisanté, comme Hoffmann, de sa déchéance physique et morale, ou protesté cyniquement, comme Thomas de Quincey, qu'il ne regrettait que de ne pas avoir commencé plus tôt. Il a été touchant de bonne volonté dans ses efforts contre l'envahissement du vice, de sincérité dans ses

---

1. *Memoir of Poe*, par Rufus Wilmot Griswold. Le révérend Rufus Griswold avait accepté de Poe la mission d'éditer ses œuvres après lui. Il inspirait toute confiance à la famille, qui lui livra les papiers du mort. L'usage qu'il crut devoir en faire — par conscience, à ce qu'on assure — prouve à quel point les esprits étaient montés contre Poe en Amérique.

remords après chaque défaite. Le premier venu pouvait le morigéner : il courbait la tête et remerciait. On le dénonçait publiquement : alors il mentait, mentait, avec la maladresse éperdue du criminel qui perd la tête en se voyant découvert. Il jura jusqu'au dernier jour qu'il guérirait, et se crut plusieurs fois sauvé ; l'alcoolisme le ressaisissait en pleine allégresse de délivrance, et lui faisait faire un pas de plus vers l'hôpital. Sa vie a été tragique, sa fin abominable, mais c'est ainsi qu'il est vrai, et émouvant, et attachant malgré tout ; et c'est ainsi que nous allons tâcher de le montrer [1].

I

Il descendait d'une bonne famille anglaise, établie en Irlande au temps de Cromwell. Vers le milieu du XVIIIe siècle, un Poe émigra en Amérique, où il ne trouva point la fortune. Son fils, qui fut le grand-père du poète, était simple charron à Baltimore, quand la guerre de l'indépendance lui fournit l'occasion de se distinguer et de gagner le surnom de *général Poe*, « en récompense de ses services révolutionnaires [2] », rapporte l'histoire. On raconte aussi que Lafayette, à son dernier voyage aux États-Unis, baisa la terre de son

[1]. Parmi les nouvelles publications qui ont aidé à rendre à Poe sa physionomie véritable, une mention spéciale est due à la biographie de M. Georges Woodberry : *Edgar Allan Poe*. — M. Woodberry est le premier qui ait pu nous dire ce qu'Edgar Poe avait fait de son temps, entre dix-huit et vingt et un ans, et qui ait enfin éclairci le mystère de sa mort. Son livre est riche en documents inédits et écrit avec modération, sinon avec sympathie.

[2]. Woodberry, *Edgar Allan Poe*.

tombeau en disant : « — Ici repose un noble cœur ». C'était un rude homme, plein de vertu, énergique, le contraire d'un sentimental et d'un névrosé. Peut-être convient-il néanmoins de faire remonter jusqu'à lui, si ce n'est plus haut encore, les germes de l'alcoolisme qui a ravagé une partie de sa descendance. Je remarque les lignes que voici dans une lettre adressée à Edgar Poe par l'un de ses cousins : « — (15 juin 1843)... Il y a une chose contre laquelle je tiens à vous mettre en garde, et qui a été le grand ennemi de notre famille : l'usage immodéré de la bouteille [1]. »

On ne sait rien de la femme du « général », sinon qu'elle lui donna plusieurs enfants. L'aîné était un fils, David, qui apporta tout à coup dans cet intérieur puritain les surprises et les scandales d'un tempérament morbide et d'une âme mal affermie. C'était un impulsif, de vie décousue et inutile, que la phtisie dévorait et qui aiguillonnait la phtisie par son ardeur au plaisir, l'un de ces adolescents mal nés que leur instinct pousse parmi les mauvaises compagnies, et qui apparaissent dans les familles graves et pieuses comme une punition d'en haut pour quelque péché lointain et ignoré. Le Dieu du vieux Poe était Celui qui a dit : « — Je suis le Dieu fort et jaloux, qui punis l'iniquité des pères sur les enfants en la troisième et quatrième génération... » David fut la verge divine sous laquelle cet homme de fer courba la tête : son fils, son propre fils, était fou de théâtre et jouait lui-même en amateur.

Le général Poe l'avait destiné au barreau. L'âge venu, il l'envoya au loin, chez un homme de loi, mais l'attrait des coulisses était devenu irrésistible. David s'enfuit pour rejoindre une troupe ambulante et y

---

[1]. *The Century illustrated* (New York, septembre 1894).

devenir ce qu'il y a peut-être de plus lamentable au monde, un cabotin sans talent, gouaillé par le public et traînant sa pitrerie où il peut. Son père ne voulut plus le connaître et l'abandonna à son sort.

Parmi les camarades de ce pauvre garçon se trouvait une jolie fille appelée Élisabeth, phtisique comme lui. C'était une enfant de la balle, née d'une comédienne de Londres et d'un père quelconque. Sa mère l'avait amenée toute petite en Amérique, où elle avait grandi sur les planches en jouant « les rôles d'enfants, les nymphes et les amours », puis, un beau jour, elle s'était trouvée seule au monde : sa mère était partie avec un pianiste qui avait consenti à l'épouser, et ni l'un ni l'autre n'avaient plus reparu. Élisabeth se tira d'affaire en fille de ressources. Le public l'aimait. Elle avait un jeu fripon et une petite voix aigrelette qui la servaient à merveille dans l'opérette, ou ce qui en tenait lieu il y a un siècle. Le répertoire de Shakespeare était aussi de son emploi, et elle s'en acquittait honorablement; cependant, d'après la critique américaine du temps, Ophélie et Cordélia convenaient moins à ses dons naturels que les rôles un peu canailles. La même critique rendait hommage à ses vertus domestiques. Un premier mariage avec un acteur avait été très vite dénoué par la mort. Trois mois après, David Poe empruntait de l'argent pour se mettre en ménage et épousait la jolie veuve.

Il lui apportait un corps usé par la phtisie et la boisson. Ce n'était pas un ivrogne; aucun témoignage n'autorise à l'en accuser; c'était un alcoolique, chose très différente, puisque la médecine donne ce nom à des gens qui n'ont été coupables que d'excès légers, mais répétés. David Poe avait été connu dès sa première jeunesse pour aimer les sociétés joyeuses où les bouteilles circulent largement, et ce n'est pas sa vie de bohème parmi d'autres bohèmes qui avait pu le corriger. Sa femme étant aussi une dégénérée et une phtisique, leurs enfants à naître n'avaient qu'une chance d'être sains : c'était de ressembler par-dessus leurs têtes aux grands-parents Poe, et c'est, malheureusement, ce qui n'arriva pas.

L'existence des jeunes mariés ressemblait à celle que mènent les comédiens de nos troupes de sous-préfecture. Ils roulaient de ville en ville, très peu payés et comptant sur les représentations à bénéfice pour avoir du pain. On a conservé de leurs boniments au public. Ils y avouaient sans fausse honte qu'une salle vide serait « la misère », et la salle ne se remplissait pas toujours. Leurs enfants vinrent au monde entre des pots de fard et des notes impayées, au sortir d'une représentation et presque à la veille d'une autre, car la mère n'avait guère le loisir d'être malade.

Ils en eurent trois. William, l'aîné, fut un demi-fou, qui buvait, et qui mourut jeune après une existence de casse-cou. Une tradition de famille en fait un adolescent de génie, ayant écrit de très beaux vers qui se sont perdus. Edgar était le second; il naquit le 19 janvier 1809. Leur sœur Rosalie était presque idiote et a fini dans un hospice.

Ainsi, l'hérédité s'était acharnée sur cette race. Sur trois, elle n'en avait pas pardonné un seul, et les désordres qu'on relève chez les enfants de David Poe sont précisément ceux qui menacent les enfants des alcooliques. — « L'observation clinique, dit le docteur Le Gendre, a révélé qu'il peut exister chez les enfants des alcooliques, soit un besoin inné de boire, soit des troubles purement fonctionnels du système nerveux, soit des altérations organiques des centres nerveux. Le goût des boissons alcooliques sommeille, comme tant d'aptitudes héréditaires, jusqu'au jour où une occasion le rend manifeste. C'est quelquefois de très bonne heure, pendant l'enfance, si l'individu grandit dans un milieu où règne l'abus de l'alcool; c'est habituellement plus tard, entre quinze et vingt-cinq ans pour les garçons [1]. » Ces lignes s'appliquent admirablement à la famille d'Edgar Poe.

On croit que David Poe n'existait plus au moment de la naissance de sa fille. Quelques mois après, Élisabeth agonisait à son tour. Elle expira vers la fin de 1811, dans un dénûment profond.

S'il fallait une preuve que la vie morale des Puritains s'inspirait des duretés de l'Ancien Testament et des vengeances de Javeh, bien plus que des miséricordes de l'Évangile, on la trouverait dans la conduite du général Poe à la mort de sa belle-fille. Il y avait là trois orphelins, dont l'aîné avait cinq ans. Le général Poe ne s'occupa pas de ces innocents, et il ne paraît pas que sa femme se soit mise plus en peine que lui de ce que devenait la chair de leur chair et le sang de leur sang. Des étrangers charitables se partagèrent les petits abandonnés. Edgar échut à un riche négociant en tabac, nommé John Allan, qui n'avait pas d'enfant, et dont la femme avait été séduite par les yeux brillants et l'étrange précocité d'une figure parlante qu'elle ne comprenait point. Les jugements légers du monde vantèrent la bonne étoile de ce petit meurt-de-faim, destiné désormais à des lambris dorés, et il ne le crut lui-même que trop en grandissant. Son éducation fut faussée par ce malentendu énorme. M. Allan n'avait cédé qu'avec répugnance au caprice de sa femme pour le rejeton d'une souche méprisée, et, dans son for intérieur, il lui faisait la charité, alors qu'Edgar Poe, trompé par les apparences, s'accou-

---

[1]. *L'Hérédité et la pathologie générale.*

tumait à penser et agir en fils adoptif, qui peut compter sur les privilèges attachés à ce titre. Il est impossible d'absoudre les faiseurs d'aumônes dont les imprudences préparent des amertumes aussi légitimes.

En attendant l'heure des déceptions et des rancunes, les Allan s'amusaient de ce joli petit garçon inquiétant qui ornait leur maison à la façon d'un animal exotique. On l'habituait à se donner en spectacle. Il était pomponné, adulé, bourré de cadeaux et d'argent; il lui manquait d'être élevé, parce que les Allan, avec toutes leurs bonnes intentions, n'y pensaient pas, ne savaient pas s'y prendre. C'était le plus grand malheur qui pût lui arriver. On a constaté qu'à certains legs morbides correspond chez l'enfant un affaiblissement de l'être moral, une « insuffisance héréditaire du moi [1] », pour parler comme les médecins. L'éducation est alors le seul remède. Son efficacité, son heureuse puissance, ont été proclamées par la science, Dieu merci! Que deviendrions-nous sans cela, nous les pères et les mères, à l'apparition dans le monde de cet inconnu, un nouveau-né! L'éducation s'empare de ce *moi* « insuffisant », inconsistant, désagrégé pour ainsi dire, et elle lui reconstitue un « noyau solide », une charpente, au moyen de « complexus d'idées fortement enchaînées », qui lui deviennent des habitudes morales. A force d'emboîter et de cheviller l'enfant dans les attitudes d'esprit qui font l'honnête homme, l'éducation lui rend difficile de s'en écarter. Mais, sans elle, tout est perdu pour un Edgar Poe. Il le savait bien, et il en a voulu aux Allan de ne pas lui avoir imposé une discipline dans son enfance. Il s'en est plaint dans un de ses plus beaux contes, *William*

---

1. Le Gendre, *loc. cit.*

Wilson [1], qui est aussi l'un de ceux où il a mis le plus de souvenirs personnels, arrangés et satanisés pour les besoins de l'intérêt dramatique : — « Je suis, raconte son héros, le descendant d'une race qui s'est distinguée en tout temps par un tempérament imaginatif et facilement excitable ; et ma première enfance prouva que j'avais pleinement hérité du caractère de famille. Quand j'avançai en âge, ce caractère se dessina plus fortement ; il devint, pour mille raisons, une cause d'inquiétude sérieuse pour mes amis, et de préjudice positif pour moi-même. Je devins volontaire, adonné aux plus sauvages caprices ; je fus la proie des plus indomptables passions. » Les parents de William Wilson furent misérablement impuissants à enrayer ses tendances mauvaises : — « Il y eut de leur côté quelques tentatives, faibles, mal dirigées, qui échouèrent totalement, et qui tournèrent pour moi en triomphe complet. A partir de ce moment, ma voix fut une loi domestique ; et, à un âge où peu d'enfants ont quitté leurs lisières, je fus abandonné à mon libre arbitre, et devins le maître de toutes mes actions... »

Les panégyristes d'Edgar Poe ont aussi reproché aux Allan, et très durement, de ne pas l'avoir compris. Cela est facile à dire, lorsqu'eux-mêmes n'ont cessé de se contredire devant cet être mystérieux qui restait impénétrable, tout en ne pouvant jamais se dominer. Nous avons tous une part de ce que Thomas de Quincey appelait l'Incommunicable, mais elle est plus ou moins grande. L'Incommunicable était presque tout l'homme chez Poe, âme solitaire s'il en fut. Il a été dès l'enfance, même pour ses camarades de jeu, « celui qui ne se laisse

---

1. *William Wilson*; traduction de Baudelaire. J'avertis, une fois pour toutes, que j'aurai recours à cette admirable traduction le plus souvent possible, c'est-à-dire pour presque tous les *Contes* et plusieurs pièces de vers.

pas lire », le « maître des secrets qui ne veulent pas être dits [1] ». Peut-être ne dépendait-il pas de lui de se livrer ; certaines natures se restent incompréhensibles à elles-mêmes ; leurs instincts sont trop obscurs. Plaignons ceux qui ont la responsabilité de ces sphinx.

En 1815, les Allan allèrent passer plusieurs années en Angleterre. Ils emmenèrent leur protégé, qu'ils mirent dans une pension des environs de Londres, longuement décrite, et délicieusement, dans le conte déjà cité : « Mes premières impressions de la vie d'écolier sont liées à une vaste et extravagante maison du style d'Élisabeth, dans un sombre village d'Angleterre, décoré de nombreux arbres gigantesques et noueux, et dont toutes les maisons étaient excessivement anciennes. En vérité, c'était un lieu semblable à un rêve et bien fait pour charmer l'esprit que cette vénérable vieille ville. En ce moment même je sens en imagination le frisson rafraîchissant de ses avenues profondément ombreuses, je respire l'émanation de ses mille taillis et je tressaille encore, avec une indéfinissable volupté, à la note profonde et sourde de la cloche, déchirant à chaque heure, de son rugissement soudain et morose, la quiétude de l'atmosphère brune dans laquelle s'enfonçait et s'endormait le clocher gothique tout dentelé. »

Ce poétique village abritait la plus poétique des pensions : — « La maison ! — quelle curieuse vieille bâtisse cela faisait ! — Pour moi, quel véritable palais d'enchantement ! Il n'y avait réellement pas de fin à ses détours, — à ses incompréhensibles subdivisions. Il était difficile, à n'importe quel moment donné, de dire avec certitude si l'on se trouvait au premier ou au second étage. D'une pièce à l'autre on était toujours

---

1. *L'Homme des foules.*

sûr de trouver trois ou quatre marches à monter ou à descendre. Puis les subdivisions latérales étaient innombrables, inconcevables, tournaient et retournaient si bien sur elles-mêmes, que nos idées les plus exactes relativement à l'ensemble du bâtiment n'étaient pas très différentes de celles à travers lesquelles nous envisageons l'infini. Durant les cinq ans de ma résidence, je n'ai jamais été capable de déterminer avec précision dans quelle localité lointaine était situé le petit dortoir qui m'était assigné en commun avec dix-huit ou vingt autres écoliers.

« La salle d'études était la plus vaste de toute la maison et même du monde entier; du moins je ne pouvais m'empêcher de la voir ainsi. Elle était très longue, très étroite et lugubrement basse, avec des fenêtres en ogive et un plafond en chêne.... Éparpillés à travers la salle, d'innombrables bancs et des pupitres, effroyablement chargés de livres maculés par les doigts, se croisaient dans une irrégularité sans fin, — noirs, anciens, ravagés par le temps, et si bien cicatrisés de lettres initiales, de noms entiers, de figures grotesques et d'autres nombreux chefs-d'œuvre du couteau, qu'ils avaient entièrement perdu le peu de forme originelle qui leur avait été réparti dans les jours très anciens. »

Dans un angle de la salle « d'où émanait la terreur », une enceinte solide contenait le révérend docteur Bransby, principal de la pension et pasteur du village; deux fonctions que le jeune Poe avait peine à concilier, avec sa logique embarrassante d'enfant qui ignore les mascarades dont vit la société. Il n'arrivait pas à comprendre que le même homme qui avait grondé et fouetté toute la semaine se métamorphosât le dimanche, à heure fixe, en consolateur onctueux, porte-parole de la bonté divine et infinie : — « Avec quel profond sentiment d'admiration et de perplexité, dit-il, avais-je coutume de le contempler, de notre banc relégué dans la tribune, quand il montait en chaire d'un pas solennel et lent! Ce personnage vénérable, avec ce visage si modeste et si bénin, avec une robe si bien lustrée et si cléricalement ondoyante, avec une perruque si minutieusement poudrée, si raide et si vaste, pouvait-il être le même homme qui, tout à l'heure, avec un visage si aigre et dans des vêtements souillés de tabac, faisait exécuter, férule en main, les lois draconiennes de l'école? Oh! gigantesque paradoxe, dont la monstruosité exclut toute solution! »

La suite de *William Wilson* offre un curieux mélange du réel avec le chimérique. Les événements sont de pure fantaisie; Poe n'a jamais assassiné personne, même symboliquement, et son héros se vante en se donnant pour une fleur de perversité. Les souvenirs qu'il avait laissés à la pension étaient plus doux : « C'était un enfant de beaucoup de vivacité et de moyens, disait le docteur Bransby quand on l'interrogeait sur son ancien élève. Il aurait été un très bon petit garçon si ses « parents » ne l'avaient pas gâté, mais ils le gâtaient et lui donnaient un argent de poche extravagant, ce qui lui permettait toutes sortes de sottises. Je l'aimais bien tout de même [1]. » D'autre part, la grande tragédie de la vie de Poe éclate d'une façon si saisissante dans *William Wilson*, que ce récit fantastique se trouve être ce qu'on a jamais écrit sur lui de plus profondément vrai.

Il s'agit, dans le conte, d'un enfant de génie qui est de naissance un impulsif, et dont les impulsions deviennent plus violentes et plus perverses avec les années. Sa nature impérieuse lui a donné un grand

---

[1]. *Athenæum*, 19 octobre 1878.

ascendant sur ses camarades, un seul excepté, qui s'est présenté à l'école le même jour que lui, et qui a même nom, même taille, même visage. Quand l'un paraît, on voit l'autre, et on ne les distinguerait point, sans une infirmité qui empêche l'étranger « de jamais élever la voix *au-dessus d'un chuchotement très bas* ». C'est la seule différence qui existe entre William Wilson et son double, car « *sa voix, pourvu qu'il parlât bas, devenait le parfait écho de la mienne* [1] ».

Autant le reste de la classe était soumis au despotisme de « l'enfant de génie », autant son double mettait de persistance à le contrarier. Il ne se contentait pas, comme celui de Musset dans la *Nuit de décembre*, de soupirer en montrant du doigt la colline ou les cieux. Il était la Conscience d'une âme violente, résolue à ne pas céder sans combat à des impulsions inexplicables non moins que honteuses. A toute heure, en tout lieu, il se plaçait entre la faute et le héros du conte, qu'il s'efforçait de retenir, tantôt lui insinuant un bon conseil dans un de ses « chuchotements significatifs », tantôt lui donnant d'un ton impératif un avertissement solennel. Repoussé avec impatience, et bientôt avec haine, il revenait à la charge et redoublait ses importunités, plus odieuses chaque jour à celui qui ne lui obéissait qu'en frémissant. Ce qu'il serait advenu de William Wilson dans d'autres conditions, avec la direction morale qui lui fit défaut par la faiblesse ou l'incurie des siens, chacun est libre d'en penser ce qu'il lui plaira, selon ses idées et selon sa foi. Abandonné à lui-même, il devint ce qu'est devenu Edgar Poe. Les germes morbides que l'enfant avait reçus en héritage grandirent chez l'adolescent,

---

[1]. Les italiques ne sont pas de nous. Poe en faisait un grand usage.

qui se mit à boire. A mesure qu'il s'enfonçait dans le vice, les reproches de « l'autre » lui étaient plus insupportables. Il essayait de fuir ce double abhorré, qui semblait trouver une volupté féroce à lui murmurer à l'oreille sa dégradation. Deux ou trois fois, il crut s'en être délivré; mais sa conscience refusait de mourir et se réveillait au milieu d'une orgie, ou au moment de commettre une mauvaise action. Cette lutte monstrueuse est racontée par Poe avec une passion émouvante. Son William Wilson fuit de contrée en contrée dans une « agonie d'horreur », comme jadis Caïn sous la malédiction de l'Éternel, et ne trouve nulle part de sûreté contre la voix qui « pénètre la moelle de ses os. — *Je fuyais en vain*. Ma destinée maudite m'a poursuivi, triomphante, et me prouvant que son mystérieux pouvoir n'avait fait jusqu'alors que de commencer. A peine eus-je mis le pied dans Paris, que j'eus une preuve nouvelle du détestable intérêt que le Wilson prenait à mes affaires. Les années s'écoulèrent, et je n'eus point de répit. Misérable! — A Rome, avec quelle importune obséquiosité, avec quelle tendresse de spectre il s'interposa entre moi et mon ambition! — Et à Vienne! — et à Berlin! — et à Moscou! Où donc ne trouvai-je pas quelque amère raison de le maudire du fond de mon cœur? Frappé d'une panique, je pris enfin la fuite devant son impénétrable tyrannie comme devant une peste, et jusqu'au bout du monde j'ai fui, *j'ai fui en vain*. »

L'adolescent s'était fait homme, l'homme s'était entièrement adonné à la boisson, et l'alcool accomplissait son œuvre : — « Son influence exaspérante sur mon tempérament héréditaire me rendait de plus en plus impatient de tout contrôle ». En cet état, William Wilson résolut de s'affranchir coûte que coûte de souffrances dont l'inutilité était manifeste. Dans une nuit de plaisir, il assassina son double au fond d'une chambre écartée : « Quelle langue humaine peut rendre suffisamment cet étonnement, cette horreur qui s'emparèrent de moi au spectacle que virent alors mes yeux.... Une vaste glace se dressait là où je n'en avais pas vu trace auparavant ; et, comme je marchais frappé de terreur vers ce miroir, ma propre image, mais avec une face pâle et barbouillée de sang, s'avança à ma rencontre d'un pas faible et vacillant. »

Avant d'expirer, le mourant lui adressa ces paroles : — « Tu as vaincu, et je succombe. Mais dorénavant tu es mort aussi, — mort au Monde, au Ciel et à l'Espérance ! En moi tu existais, — et vois dans ma mort, vois par cette image qui est la tienne, comme tu t'es radicalement assassiné toi-même ! »

Edgar Poe n'a pas eu le malheur, quelque bas qu'il ait pu tomber, de survivre à sa conscience ; en cela encore, j'oserai même dire en cela surtout, son conte est bien un conte ; mais un conte dont l'idée générale s'adapte si parfaitement à ce que l'on sait de lui à présent, qu'il fallait lui faire sa place dans une histoire de l'homme. C'est l'énigme douloureuse de sa propre destinée d'alcoolique que Poe a transportée ici dans le monde surnaturel ; c'est sa cause qu'il plaide quand il implore notre indulgence en termes hésitants et timides : « Je soupire... après la sympathie — j'allais dire la pitié — de mes semblables. Je voudrais leur persuader que j'ai été en quelque sorte l'esclave de circonstances qui défiaient tout contrôle humain. Je désirerais qu'ils découvrissent pour moi, dans les détails que je vais leur donner, quelque petite oasis de *fatalité* dans un Sahara d'erreur. » Combien cette prière humble et discrète est éloignée du droit au vice que tant de gens réclament de nos jours avec une sorte d'arrogance, au nom des mêmes fatalités héréditaires. On était moins coulant avec soi-même au temps de

Poe. S'il arrivait — et cela est toujours arrivé — qu'on désertât la lutte contre les instincts mauvais, c'était sans se considérer comme justifié d'avance. On croyait alors qu'il restait le secours divin quand le secours humain manquait. Cette pensée avait heureusement supprimé l'inéluctable pour l'imagination, et c'est être déjà à moitié vainqueur que de croire à la victoire. La foi, qui fait marcher les paralytiques, donne aussi des forces contre la tentation. Les plus incroyants ne peuvent refuser à la religion d'avoir donné à l'homme un puissant tremplin pour les grands élans et les efforts désespérés, ne fût-ce que par la confiance qu'elle lui mettait au cœur, et qu'aujourd'hui il a perdue.

Edgar Poe était dans sa douzième année quand les Allan le ramenèrent en Amérique. L'ombre expiatoire qui ne devait pas tarder à l'envelopper devenait visible; il faudrait avoir renoncé à tout sentiment d'humanité pour lui refuser la pitié qu'il sollicite.

II

A son retour d'Europe, il poursuivit ses études dans une école de Richmond, admiré des autres écoliers, plutôt qu'il n'en était aimé, pour ses brillantes facultés et son adresse aux exercices du corps : « Malgré toutes ses supériorités, raconte l'un d'entre eux [1], il n'était pas l'âme de l'école, ni même son favori.... Poe était volontaire, capricieux, souvent impérieux et pas toujours bon, ni même aimable, quoiqu'il eût le pre-

---

[1]. Le colonel John Preston.

mier mouvement généreux. » On lui reprochait aussi de rester un livre fermé, d'être toujours, comme il l'était déjà à six ans, « celui qui ne se laisse pas lire »; la jeunesse a de l'éloignement pour ces âmes scellées qui semblent avoir quelque chose à cacher. Enfin, l'on n'était pas indifférent, dans cette démocratie, à la modestie de ses origines. Ses visées à la domination parurent déplacées chez un fils de cabotin, élevé par charité; on le lui fit sentir; il n'y fut pas insensible.

A dix-sept ans, il entra à l'université de Virginie [1]. Le jeu et les boissons fortes y causaient de grands désordres. Poe fit sa compagnie habituelle des plus ardents au plaisir, et les déconcerta par l'étrangeté de ses façons de s'amuser. L'usage était de se réunir entre étudiants pour jouer aux cartes en buvant du punch. Le nouveau venu apportait au jeu « une extravagance », selon l'expression d'un témoin, qui fut mal vue des coteries aristocratiques, et sa manière de s'enivrer leur parut populacière. Les autres étudiants buvaient parce qu'ils y trouvaient leur agrément. Poe, ainsi que l'a expliqué Baudelaire, « ne buvait pas en gourmand, mais en barbare,... comme accomplissant une fonction homicide ». On lit dans une lettre d'un de ses camarades d'université : « La passion de Poe pour les boissons fortes était aussi marquée et aussi particulière que sa passion pour les cartes. Ce n'était pas le *goût* du breuvage qui l'attirait; il saisissait un plein verre, sans eau ni sucre, et l'avalait d'un trait, sans le goûter. Il en avait le plus souvent son compte; mais quand il avait résisté, il était rare qu'il revînt à la charge. »

Il a bu « en barbare » sa vie durant. L'ivrognerie n'a jamais été pour lui une source de voluptés sensuelles,

---

[1]. A Charlottesville, dans la Virginie.

ni même intellectuelles; elle ne lui apportait que la suppression d'un besoin douloureux. Il avalait l'alcool par grandes lampées, sous l'impulsion d'une espèce de volonté désordonnée qui sommeillait quelquefois des mois entiers, pour se réveiller en sursaut au moment le plus inattendu. Ses excès gardèrent jusque près de la fin ce caractère d'intermittence. Il redevenait sobre tandis qu'autour de lui tout n'était qu'occasions et tentations; il cessait brusquement de l'être lorsqu'il paraissait le plus en sûreté. Ces bizarreries portent un nom en médecine, la dipsomanie. Si l'absence d'observations précises ne permet pas d'affirmer qu'Edgar Poe ait été en effet un dipsomane, ce qu'on sait de lui autorise assurément à le supposer. — « Tous les auteurs, écrit le docteur Magnan [1], distinguent aujourd'hui la dipsomanie de l'alcoolisme, celle-ci est une forme particulière de monomanie instinctive, puisant le plus souvent son origine dans l'hérédité; l'alcoolisme, au contraire, est un simple empoisonnement qui se traduit chez tous de la même manière.... »

« Les ivrognes, dit de son côté le docteur Trélat, sont des gens qui s'enivrent quand ils trouvent l'occasion de boire. Les dipsomanes sont des malades qui s'enivrent toutes les fois que leur accès les prend. »

Selon les mêmes savants, l'accès en fait des manières d'aliénés. Le docteur Trélat a accueilli dans un ouvrage sur *la Folie lucide* le cas d'une femme à qui la dipsomanie avait coûté fortune et situation : « On ne pouvait, dit-il, sans être pris d'une vive compassion, entendre le récit des efforts qu'elle a faits pour se guérir d'un penchant qui lui a toujours été si funeste. Quand elle sentait venir son accès, elle mettait dans le

---

[1] Magnan, *De l'Alcoolisme.*

vin qu'elle buvait les substances les plus propres à lui en inspirer le dégoût. C'était en vain. Elle y a mêlé jusqu'à des excréments. En même temps, elle se disait des injures.... La passion, la maladie était toujours plus forte... que les reproches et que le dégoût. »

Si l'on veut bien rapprocher les efforts de cette malheureuse des luttes dont *William Wilson* nous a donné le spectacle, on ne poura songer sans horreur à ces infortunés qui sont écartelés entre leur maladie et leur conscience, et à la légèreté avec laquelle tant d'hommes préparent ce supplice à leurs descendants. On a vu plus haut que la médecine est parvenue à constater, chez les enfants des alcooliques, des altérations anatomiques des centres nerveux. C'est la réponse à Baudelaire, lorsqu'il demandait, dans une de ses notices sur Poe : « Y a-t-il donc une Providence diabolique qui prépare le malheur dès le berceau?... Y a-t-il donc des âmes *sacrées*, vouées à l'autel, condamnées à marcher à la mort et à la gloire à travers leurs propres ruines?... Leur destinée est écrite dans toute leur constitution, elle brille d'un éclat sinistre dans leurs regards et dans leurs gestes, elle circule dans leurs artères avec chacun de leurs globules sanguins [1]. » Baudelaire ne s'est trompé que sur un point. Celle qui prépare le malheur des Edgar Poe dès le berceau, c'est notre misérable imprévoyance, qui empêche les pères, au milieu des excès, de songer à leurs descendants. La « Providence diabolique » ne réside pas là-haut dans le ciel. Elle est beaucoup plus près. Elle est assise à notre foyer, elle nous berce sur ses genoux et rit à l'idée qu'elle pourrait nous vouloir du mal. Pauvre Providence humaine, ignorante et aveugle!

1. Écrit en 1856.

Poe ne resta qu'un an à l'université. En voyant le train des choses, le chiffre de ses dettes, M. Allan s'alarma et le prit dans ses bureaux. Il s'enfuit, comme avait fait son père vingt-trois ans plus tôt. « Il m'a quitté, écrivait M. Allan, à cause d'une affaire de jeu à l'université, à Charlottesville, parce que (je suppose du moins que c'est pour cela) j'ai refusé de sanctionner une règle adoptée là-bas par les fournisseurs et autres individus, qui baptisent dettes d'honneur toutes les inconséquences.» Le jeune révolté avait gagné Boston, la tête bourdonnante de rêves de gloire. C'était à la poésie qu'il comptait demander l'immortalité. Il publia une plaquette de mauvais vers auxquels personne ne fit attention, et se trouva bientôt à bout de ressources. Jusqu'à ces derniers temps, on n'avait su que par lui-même ce qu'il était alors devenu. Il en avait dicté un récit sur la fin de sa vie, un jour qu'il n'était pas dans son bon sens. L'histoire est longue; j'abrège.

La Grèce était soulevée contre le Turc, et l'âme de l'adolescent tressaillait d'enthousiasme aux grandes actions d'une poignée de héros. Il partit pour offrir son bras aux insurgés. Passant par la France — est-ce à l'aller, est-ce au retour? Poe laissait dans l'ombre sa campagne de Grèce, — il fut gravement blessé en duel, et soigné par une étrangère de haut rang, qui devint son ange tutélaire. Après des aventures « terribles », qu'il avait retracées en les adoucissant dans un roman intitulé *la Vie d'un artiste* [1], il s'était rembarqué pour l'Amérique sur les instances de sa bienfaitrice, qui lui montrait la gloire au bout de la carrière des lettres. Quand on lui demandait pourquoi il n'avait

---

1. Voici le titre complet : *The life of an artist, at home and abroad.*

jamais publié son roman, il répondait que c'était impossible en anglais à cause de souvenirs trop personnels, qui auraient blessé sa famille, mais qu'il en avait été imprimé une traduction française, et que l'ouvrage avait été attribué chez nous à Eugène Sue.

Il n'y a pas un seul mot de vrai dans cette histoire, et elle n'en a que plus d'intérêt à titre de symptôme moral. Poe s'était fabriqué sans plus de façons les débuts dans la vie qui seyaient à un nourrisson du romantisme. On vient de découvrir qu'il s'était engagé tout prosaïquement dans l'armée américaine (le 26 mai 1827) quand il n'avait plus su que faire à Boston ; son dossier existe encore au ministère de la guerre de Washington. On le mit dans les bureaux de l'artillerie, et il fut un bon petit soldat, très sobre dans un milieu où ce n'était guère l'usage, et très occupé d'une seconde plaquette de vers [1] qui est beaucoup meilleure que la première. Il se trouvait dans un de ces heureux intervalles où sa manie le laissait en repos. L'apaisement se faisait en lui et autour de lui, les ténèbres se dissipaient de dessus sa route. M. Allan, informé de sa situation, l'aida à entrer à l'École militaire de West-Point, et son mauvais destin parut conjuré.

A peine à l'école, il fut repris de ses « accès », qu'accompagnèrent des redoublements de bizarrerie. — Il avait un air harassé et ennuyé qu'on n'oubliait plus, dit un de ses compagnons de chambrée. Un rien l'irritait. Mal noté, sans cesse puni, il fut finalement chassé pour indiscipline et se trouva devant la porte, un beau matin du mois de mars 1831, avec douze sous dans sa poche et pas d'asile. Mme Allan était morte, M. Allan remarié, sur le point d'être père de famille, et désireux d'avoir le moins possible à démêler avec

---

1. Publiée en 1829.

le vivant souvenir d'une fantaisie malheureuse. Il est hors de doute qu'il n'avait pas le droit d'abandonner Poe après lui avoir donné des habitudes de luxe et l'avoir laissé se leurrer de l'espoir d'un grand héritage. Il n'est pas douteux non plus que le code de morale de M. Allan l'autorisait à ce crime. Sa conscience ne lui reprochait rien. Il avait beaucoup dépensé pour Edgar Poe, qui l'avait très mal récompensé de ses soins. Ce n'était pas sa faute si ce garçon « sans principes » et de cœur « ingrat » s'obstinait à se croire le fils de la maison alors qu'il n'était que l'un de ses pauvres et qu'il avait remis de ses propres mains au secrétaire de la guerre une lettre de recommandation où son bienfaiteur précisait la nature de leurs relations : « Je vous avoue franchement, monsieur, disait la lettre, que (ce jeune homme) ne m'est parent à aucun degré, et que je m'intéresse activement à beaucoup d'autres, guidé uniquement par le sentiment que ma sollicitude est acquise à tout homme dans le malheur ». Le Ciel préserve les malheureux de certains philanthropes! Pour en finir avec un sujet pénible, Edgar Poe voulut revoir M. Allan pendant sa dernière maladie (1834). Le moribond, levant son bâton, lui commanda de sortir, et il obéit sans un mot, trop convaincu que les choses étaient dans l'ordre pour essayer de lutter. Il a dit dans un de ses premiers contes, composé un peu après vingt ans : « Le mal est la conséquence du bien,... c'est de la joie qu'est né le chagrin; soit que le souvenir du bonheur passé fasse l'angoisse d'aujourd'hui, soit que les agonies qui *sont* tirent leur origine des extases qui *peuvent avoir été*[1]. » Sa sortie honteuse du logis où son caprice avait longtemps fait loi donnait raison à ce

1. *Bérénice.*

précoce désenchantement. Il crut désormais que nos joies ne sont que des visions, d'où sortent des réalités, qui sont nos maux. C'est une des idées qui ont le plus contribué à la morne tristesse de son œuvre.

Le voilà avec ses douze sous dans une rue de West-Point. Il trouva le moyen d'arriver à New York, et même d'y publier des vers [1], où perçait enfin son génie et qui ne furent cependant pas plus remarqués que les précédents. De New York, il vint à Baltimore, où il colporta chez les éditeurs de singuliers récits qui « n'apprenaient rien » et « n'avaient pas de morale »; tout le monde les lui refusa. Sans pain, sans vêtements, il périssait de misère, si un journal local ne s'était avisé pour se faire une réclame de proposer un prix de cent dollars au meilleur conte en prose. Poe en envoya un paquet et eut le prix d'emblée pour le *Manuscrit trouvé dans une bouteille* — qui n'est pourtant ni instructif ni édifiant, — tant était immense, irrécusable, sa supériorité sur ses concurrents. Ce ne fut qu'une trêve avec la faim. Il n'en fut pas plus avancé pour ses affaires littéraires, bien que le journal eût publié l'œuvre primée; sa marchandise n'était pas de défaite aux États-Unis, il y a trois quarts de siècle. Au mois de mars 1835 — il y avait juste quatre ans qu'il agonisait, — un homme de lettres de Baltimore le trouva mourant d'inanition, « à deux doigts du désespoir [2] », et le secourut, le recommanda, tant et si bien qu'une revue de Richmond le prit dans ses bureaux et lui fit même la grâce de publier ses contes. C'était plus que n'aurait osé demander son protecteur, qui écrivait au directeur de la revue :

« — (13 avril 1835). Il a un volume de contes très bizarres entre les mains de ***, à Philadelphie, qui lui

---

1. *Poems*, New York, 1831.
2. *Journal* de Kennedy.

promet depuis plus d'un an de les publier. C'est un garçon de beaucoup d'imagination et un peu porté vers l'*effrayant*. Il travaille en ce moment à une tragédie, mais je le dirige vers les gros ouvrages quelconques qui rapportent de l'argent.... » Il y a des situations où il faut en passer par les gros ouvrages. Poe le comprenait et s'y mit de bon courage, mais il devait entendre trop souvent, trop longtemps, le même conseil. Il lui en sourdit au cœur une grande amertume contre son pays, qui s'obstinait à le croire fourvoyé dans la poésie.

Sa physionomie parlait pourtant pour lui. De l'avis unanime, elle était criante de génie, et, qui plus est, du génie à la mode depuis *Manfred* et *Lara*. Edgar Poe y aidait par des collets et des cravates « à la Byron », des attitudes d'homme fatal et de longs regards perçants qui magnétisaient les femmes. Il n'aurait pas eu besoin de ces singeries : la nature s'était chargée de le grimer pour son rôle de poète romantique en lui mettant une bouche douloureuse et des yeux de fou, sombres et étincelants, dans une face spiritualisée par la pâleur du teint et l'énormité du front. On ne le vit jamais rire, très rarement sourire. Toujours replié sur lui-même, sans relations cordiales avec le reste de l'humanité, il ne lui déplaisait pas d'avoir l'attrait d'une énigme et de dérouter également la curiosité, soit qu'il parût accablé d'une tristesse tragique, soit que son visage décelât les orages de passions tumultueuses. Il ne passait nulle part inaperçu. Plusieurs femmes demeurèrent saisies en l'apercevant pour la première fois. — « Je n'oublierai jamais, raconte l'une d'elles, le matin où je fus appelée au salon pour le recevoir. Avec sa belle tête fière et droite, ses yeux noirs où passaient les éclairs électriques du sentiment et de la passion, un mélange particulier et inimitable de douceur et de hauteur dans son expression et dans ses manières, il m'adressa la parole avec calme et gravité, presque froidement et, pourtant, avec quelque chose de si sérieux, que je ne pus m'empêcher d'en être profondément impressionnée. »

Le *Manuscrit trouvé dans une bouteille* avait paru le 12 octobre 1833. Edgar Poe avait dès lors en portefeuille *Bérénice*, qui ne fut publié qu'en mars 1835, *l'Ombre, Morella, Hans Pfaall, Metzengerstein*, et je ne parle que des meilleurs. Il allait écrire trois de ses chefs-d'œuvre : *Ligeia, William Wilson, la Chute de la maison Usher*. Son dernier recueil de vers contenait quelques-unes de ses pièces les plus intéressantes. Il entrait dans l'arène sachant ce qu'il voulait faire et comment il le ferait, muni de principes arrêtés, dont il ne dévia jamais, sur l'essence de la poésie, son but, ses limites, le but et les limites de la fiction en prose. Il avait déjà commencé le patient travail sur lui-même qu'il poursuivit sans relâche jusqu'à sa mort, et qui finissait quelquefois par effacer de ses œuvres jusqu'aux dernières traces de spontanéité. Edgar Poe a beaucoup écrit, et peu créé. Il se refaisait indéfiniment, avec un goût très sûr, disent les critiques américains qui ont pu comparer entre elles les versions successives du même conte, réimprimées çà et là et quelquefois avec d'autres titres ou sous une autre signature. En Europe, il est impossible de se procurer les variantes [1], et c'est une difficulté de plus pour pénétrer sa laborieuse méthode.

---

1. La grande édition, qui vient d'être publiée à Chicago (chez Stone et Kimball), et qui est destinée à être définitive, donne toujours le dernier texte. Elle contient toutefois les variantes des poésies.

III

Le petit volume de vers de 1831 contient une préface où Poe expose ses idées sur la poésie : « Dans mon opinion, dit-il, un poème diffère d'un ouvrage de science en ce qu'il a pour objet *immédiat* le plaisir, non la vérité; et du roman en ce qu'il a pour objet un plaisir *imprécis*. Il n'est un poème que dans la mesure où ce dernier objet a été rempli. En effet, tandis que les images présentées par le roman éveillent des sensations précises, celles de la poésie doivent donner des sensations *imprécises*, et, pour atteindre cette fin, la musique est un élément *essentiel*, car rien n'est moins précis que notre interprétation d'un son harmonieux. Combinée avec une idée qui donne du plaisir, la musique est de la poésie. Sans cette idée, la musique est simplement de la musique; et l'idée sans la musique est de la prose, par cela même qu'elle est précise. »

Il n'admit jamais qu'il pût exister de vraie poésie sans « l'indéfini de la sensation », pas plus que de vraie musique : « Si vous exprimez avec des sons des idées trop définies, écrivait-il beaucoup plus tard, dans sa maturité, vous enlevez tout aussitôt à la musique son caractère spirituel, idéal, intrinsèque et essentiel. Vous faites évanouir son caractère voluptueux de rêve. Vous dissolvez l'atmosphère de mysticité dans lequel elle flotte. Vous tarissez l'haleine de la fée. La musique devient une idée tangible et facile à saisir, — elle est une chose de la terre : elle est grossière. » Il en va de même pour les vers, et le plus grand éloge que l'on puisse faire d'un poète, c'est de dire qu'il « *a l'air de voir avec son oreille* [1] ».

Pour rester conséquent avec lui-même, il avait dû exclure du domaine de la poésie les passions en même temps que les idées. Ni les convoitises ni les haines des hommes ne sont dignes de la forme d'art qui procure à l'intellect ses voluptés les plus hautes; elles exigent une clarté brutale dont ne sauraient s'accommoder les limites rigoureuses de l'expression poétique. — Et, continuait Poe, « si nous bannissons la *passion* de la vraie poésie, de la poésie pure,... si nous en écartons même l'émotion quasi divine de l'*amour*, — combien plus en rejetterons-nous tout le reste? » « Tout le reste » comprenait bien des choses, mais tout particulièrement l'élément moral et didactique qui était pour les compatriotes de Poe la seule fin de la littérature, son unique raison d'être. Ce fut leur grande querelle. Nous la retrouverons, avec plus d'âpreté des deux côtés, à propos des œuvres en prose.

Ainsi qu'il arrive toujours, Edgar Poe avait déduit son système de son propre tempérament poétique. Il vivait dans un état de rêve où il n'avait que des sensations imprécises, quoique d'une extrême violence. Tous ceux qui l'ont approché ont été frappés des absences d'esprit de cet homme qui regardait sans voir, absorbé dans une vision à laquelle il ne s'arrachait qu'avec souffrance, et qu'il rappelait avec ardeur, convaincu qu'elle lui ouvrait le monde surnaturel. Il raconte qu'il avait trouvé des procédés pour se remettre à volonté dans l'état où les « extases » descendaient sur lui, et ces procédés n'étaient pas du tout ce que l'on pourrait croire d'après son vice. Loin de

---

[1]. *Marginalia*. Voir aussi les articles de critique d'Edgar Poe, en particulier celui qui a pour titre : *The poetic principle*.

sortir de son verre, ses chères visions n'avaient pas de plus grand ennemi que l'alcool; leur fuite était le résultat certain et la grande punition de ses excès. Chaque ivresse le rendait malade pour plusieurs jours, et c'en était fait des beaux songes, en attendant leur remplacement par les cauchemars du délire alcoolique. Quand sa « santé physique et mentale » lui permettait la contemplation avec « son œil de visionnaire », nous savons ce qu'il voyait; il ne s'est pas lassé de le décrire, et n'a guère décrit que cela. Ses paysages mêmes sont bien rarement pris dans la nature. Ce sont presque tous des paysages de rêve, construits par son imagination avec les formes indécises et mouvantes que lui suggérait dans ses longues promenades son cerveau de névrosé.

Dans la pièce de vers intitulée *Pays de songe*, le poète traverse une région située hors de l'espace et hors du temps. Par une route obscure et solitaire, que fréquentent seuls les mauvais anges, il arrive dans le pays des songes, et voici ce qu'il voit : « — Vallées sans fond et fleuves sans fin, gouffres, cavernes et forêts titaniques, dont nul œil ne peut discerner les contours à travers la brume qui pleure; montagnes s'abîmant éternellement dans des mers sans rivages; mers se soulevant sans trêve et se gonflant vers des cieux enflammés; lacs étalant à l'infini leurs eaux solitaires — leurs eaux solitaires et mortes, leurs calmes eaux — calmes et glacées sous la neige des lis penchés.

« Près des lacs qui étalent ainsi leurs eaux solitaires, leurs eaux mortes et solitaires — leurs tristes eaux, tristes et glacées sous la neige des lis penchés — sur les montagnes — le long des rivières qui murmurent tout bas, qui murmurent sans cesse — sous les bois gris, — dans les marécages où gîtent le crapaud et le lézard — près des mares sinistres et des étangs où les goules font leur demeure, — dans tous les lieux maudits, — dans les recoins les plus lugubres, — le voyageur rencontre avec terreur les Ombres voilées du Passé — fantômes drapés de blanc qui tressaillent et soupirent en passant — fantômes vêtus de linceuls, fantômes d'amis que l'agonie a depuis longtemps rendus à la Terre — et au Ciel.... »

Il n'apercevait le monde réel qu'à travers des sortes de vertiges et à l'état de fantasmagorie. Des bouquets d'arbres sur un gazon sont pour lui « comme des explosions de rêves ». Il voit les ombres d'un bois arrosé par un ruisseau se détacher des troncs et tomber dans l'eau, qui les « boit » et « devient plus noire de la proie qu'elle avale », tandis que « d'autres ombres renaissent des arbres, prenant la place de leurs aînées défuntes ». Il y avait des jours — les bons, d'après lui, — où Poe pouvait dire comme le héros de *Bérénice*, son très proche parent : « — Les réalités du monde m'affectaient comme des visions, et seulement comme des visions, pendant que les idées folles du pays des songes devenaient en revanche, non la pâture de mon existence de tous les jours, mais positivement mon unique et entière existence elle-même ».

Il n'était peut-être rien dont il fût aussi fier que de ses relations, qui ne faisaient point doute pour lui, avec le monde occulte. — « Ceux qui rêvent éveillés, disait-il, ont connaissance de mille choses qui échappent à ceux qui ne rêvent qu'endormis. Dans leurs brumeuses visions, ils attrapent des échappées de l'éternité, et frissonnent, en se réveillant, de voir qu'ils ont été un instant sur le bord du grand secret. » La foule imbécile les traite de fous; que leur importe? La science les appelle des malades; béni soit leur mal, bénies les souffrances dont l'excès leur fait perdre la conscience d'eux-mêmes : — « Celui-là qui ne s'est jamais évanoui n'est pas celui qui découvre d'étranges palais et des visages bizarrement familiers dans les braises ardentes; ce n'est pas lui qui contemple, flottantes au milieu de l'air, les mélancoliques visions que le vulgaire ne peut apercevoir; ce n'est pas lui qui médite sur le parfum de quelque fleur inconnue, — ce n'est pas lui dont le cerveau s'égare dans le mystère de quelque mélodie qui jusqu'alors n'avait jamais arrêté son attention. » Dans le royaume des sensations, le superhomme, c'est le névrosé; Poe le savait par expérience et s'en vantait volontiers.

Il ne prétendait pas garder de ses extases des idées nettes sur le monde occulte. Il avait été « au bord de la compréhension », et il était revenu sans avoir pu passer plus avant; mais c'était déjà beaucoup, c'était plus que le reste des hommes, sauf quelques privilégiés de sa sorte, et encore, ajoutait-il, ils étaient presque tous dans les maisons de fous. Les idées confuses qu'il rapportait de ses incursions dans l'au-delà s'harmonisaient avec les paysages dont on a vu plus haut des échantillons. Elles produisent dans ses vers, qu'elles peuplent de fantômes aussi imprécis que le milieu dans lequel ils se meuvent, des effets inimitables, d'une poésie subtile et comme impalpable. C'est l'école du brouillard transportée dans la poésie, par quelqu'un qui vivait ce brouillard, si l'on me passe l'expression, pour lequel c'était une nécessité de nature et non un artifice.

L'une de ces idées confuses, à clarté pâle de nébuleuse, domine toute son œuvre, et ce n'est pas encore dire assez. Edgar Poe a été hanté, obsédé dès son enfance, par la pensée inéclaircie de la mort. Que savons-nous d'elle? Rien; pas même où elle commence.

Est-on sûr de ne pas se tromper lorsqu'on descend au tombeau ceux qui vous furent chers? Est-on sûr qu'il ne survive pas dans ce que nous appelons un cadavre de sourdes volontés et une obscure sensibilité qui suffisent pour de tragiques souffrances? Est-on sûr que « la paix du sépulcre » ne soit pas une effroyable ironie? Poe avait vécu depuis le collège sous l'oppression de ces doutes. A quinze ans, il avait vu mourir une jeune femme qui lui avait été bonne et maternelle. Il alla pendant des mois, lui superstitieux, lui qui eut toujours peur dans le noir, méditer la nuit, au cimetière, sur le mystère que renfermait cette tombe. Une pièce de sa jeunesse, *la Dormeuse*, indique que la mort lui parut tout d'abord un refuge, dont il souhaita la douceur à ceux qu'il aimait : « Vers minuit, au mois de juin, à la clarté mystique de la lune, une vapeur assoupissante, humide et trouble, s'exhalait du disque d'or, et, coulant doucement, goutte à goutte, sur le sommet tranquille de la montagne, se glissait, lente et harmonieuse, dans les profondeurs sans fin de la vallée. Le romarin se penche sur la tombe; le lis s'incline indolemment vers l'onde; s'enveloppant de brouillard, les ruines s'effritent et entrent dans le repos du néant; le lac semble un Léthé; il a l'air de vouloir s'endormir et ne jamais se réveiller. Toute Beauté sommeille! »

Une jeune femme s'est couchée la fenêtre ouverte parmi ces vapeurs malsaines, qui se glissent dans sa chambre et l'enveloppent de leur suaire. Faut-il l'éveiller, l'avertir? Non. Souhaitons-lui plutôt, nous tous qui l'aimons, de ne jamais rouvrir ses belles paupières aux longs cils : « — Elle dort! Oh! puisse son sommeil être plus profond encore! Puisse le Ciel la prendre en sa garde sacrée! Que cette chambre se change en une plus sainte, ce lit en une couche plus lugubre. Je supplie Dieu qu'il la fasse dormir pour toujours, tandis que les esprits aux formes incertaines flotteront au-dessus de ses yeux clos!

« Elle dort, mon amour! Puisse son sommeil être profond aussi bien qu'éternel! Que les vers du tombeau rampent doucement autour d'elle! Qu'au loin, dans la forêt vague et vénérable, un sépulcre lui ouvre ses portes.... »

Poe n'envisagea pas longtemps la mort avec cette confiance. Elle lui apparut de bonne heure accompagnée d'un cortège de spectres et d'épouvantements. A force de vivre par la pensée dans les tombeaux, en compagnie des vers et des cercueils, il entendit causer les putréfactions et sut les sensations des déliquescences. Les charniers lui enseignèrent leur métaphysique. Il reçut les confidences des mortes aux belles paupières, chastement drapées dans leur linceul de toile fine, et succomba à la hantise des secrets que lui murmuraient leurs bouches en décomposition. La préoccupation de la mort le tyrannisa au point de ne plus distinguer que cet unique chaînon dans le prodigieux miracle de la vie universelle, éternellement renaissante. De cette obsession est né (en 1843) un poème saisissant, *le Ver conquérant*, qu'Edgar Poe inséra plus tard dans une réédition de *Ligeia*, l'un des contes en prose de sa jeunesse. C'est là que Baudelaire le trouva et le traduisit, non sans profit pour lui même. Quand Victor Hugo écrivait au poète des *Fleurs du mal* : « Vous avez doté le ciel de l'art d'on ne sait quel rayon macabre; vous avez créé un frisson nouveau », Victor Hugo n'avait pas eu entre les mains une édition complète d'Edgar Poe : il y aurait vu que Baudelaire a été son disciple, le plus grand de tous.

Nous citerons *le Ver conquérant* en entier. C'est un des pôles de la pensée de Poe dans les dix dernières années de sa vie, la vision dans laquelle se résumaient la plupart des autres : « Voyez! c'est nuit de gala depuis ces dernières années désolées! Une multitude d'anges, ailés, ornés de voiles et noyés dans les larmes, est assise dans un théâtre pour voir un drame d'espérances et de craintes, pendant que l'orchestre soupire par intervalles la musique des sphères.

« Des mimes, faits à l'image du Dieu très haut, marmottent et marmonnent tout bas et voltigent de côté et d'autre; pauvres poupées qui vont et viennent au commandement de vastes êtres sans forme qui transportent la scène çà et là, secouant de leurs ailes de condor l'invisible Malheur!

« Ce drame bigarré! — oh! à coup sûr, il ne sera pas oublié, avec son Fantôme éternellement pourchassé par une foule qui ne peut pas le saisir, à travers un cercle qui toujours retourne sur lui-même, exactement au même point! Et beaucoup de Folie, et encore plus de Péché et d'Horreur font l'âme de l'intrigue!

« Mais voyez, à travers la cohue des mimes, une forme rampante fait son entrée! Une chose rouge de sang qui vient en se tordant de la partie solitaire de la scène! Elle se tord! Elle se tord! — Avec des angoisses mortelles les mimes deviennent sa pâture, et les séraphins sanglotent en voyant les dents du ver mâcher des caillots de sang humain.

« Toutes les lumières s'éteignent, — toutes, — toutes! Et sur chaque forme frissonnante, le rideau, vaste drap mortuaire, descend avec la violence d'une tempête. — Et les anges, tout pâles et blêmes, se levant et se dévoilant, affirment que ce drame est une tragédie qui s'appelle l'Homme, et dont le héros est le Ver conquérant. »

Le rideau tombé, reste l'épilogue, qui se joue dans les dessous du théâtre. Les poupées humaines dont les ficelles sont tirées par les obscures puissances qui président à nos destinées retrouvent sous la terre d'autres volontés sans forme qui les tourmentent de plus belle. Poe rapporte dans un de ses contes qu'il entrevit une fois la scène complémentaire du drame, et l'on n'a rien écrit de plus propre à donner le cauchemar.

Une nuit, une voix inarticulée lui dit : Lève-toi, et regarde. — En même temps, une main le tirait. Il obéit : — « Je regardai. La figure voilée qui me retenait encore par le poignet avait entr'ouvert les tombes de l'humanité tout entière. De chacune d'elles s'échappait une faible lueur, la phosphorescence de la pourriture, en sorte que mon regard pouvait discerner les corps ensevelis, en proie aux vers, et dormant leur sommeil, lugubre et solennel. Mais, hélas! ceux qui dormaient vraiment étaient de beaucoup les moins nombreux; bien des millions ne dormaient pas du tout; et ils semblaient se débattre faiblement; et il y avait comme une inquiétude générale et douloureuse, et l'on entendait bruire sinistrement les linceuls dans les profondeurs de ces fosses sans nombre; et parmi ceux qui avaient l'air de reposer tranquillement, j'en vis beaucoup qui avaient plus ou moins changé la position raide et incommode qui leur avait été donnée au moment où ils avaient été enterrés.

« Et, pendant que je regardais, la voix reprit : — N'est-ce pas là, — oh! n'est-ce pas là un spectacle lamentable [1] ? »

Les poésies d'Edgar Poe où l'on ne sent point passer la mort sont en minorité, et ce sont rarement les plus belles.

---

1. *The premature burial.* Ce conte ne figure point parmi ceux que Baudelaire a traduits.

Il avait débuté par des vers abominablement boiteux, dit un critique américain[1] qui a eu les éditions originales entre les mains. Sa forme s'épura sous l'influence d'un travail acharné, sans que ses progrès lui donnassent la tentation d'écrire des vers de plein soleil. La vraie poésie restait pour lui celle qui suggère, plutôt qu'elle ne peint ou n'explique. Il voulait que « chaque note de la lyre » allât réveiller l'un de ces « échos... indistincts mais augustes » qui sont les appels à l'âme, lancés de la région lointaine et supraterrestre où habite la poésie pure. Les poètes qui se contentent « d'imiter ce qui *existe* dans la Nature » n'éveillent jamais ces échos, quelque exacte que soit leur imitation; aussi n'ont-ils pas droit au nom sacré d'artiste. Amiel a dit : « Un paysage est un état d'âme ». Poe avait complété d'avance sa pensée en écrivant : — « L'art est la reproduction de ce que les sens perçoivent dans la Nature à travers le voile de l'âme[2] ». Il résumait en ces termes le rôle de la poésie dans le monde : « Le sentiment poétique est le sens du beau, du sublime et du mystique. De là dérivent directement, — d'une part, l'admiration pour les choses de la Terre, les belles fleurs, les forêts plus belles encore, les vallées brillantes, les rivières et les montagnes éclatantes, — d'autre part, l'amour pour les étoiles scintillantes et les autres gloires enflammées du Ciel, — et enfin, inséparablement uni à cet amour et à cette admiration pour le Ciel et la Terre, l'invincible désir de *savoir*. La poésie est le sentiment de la félicité intellectuelle ici-bas et l'espérance d'une félicité intellectuelle supérieure au delà de ce monde. Elle a pour âme l'imagination. Bien qu'elle puisse exalter,

---

1. Woodberry.
2. *Marginalia*.

enflammer, purifier ou dominer les *passions* humaines, il ne serait pas difficile de prouver qu'elle n'a avec elles aucune connexion nécessaire et inévitable.... » De l'absence de connexion, Poe en arrivait très vite, ainsi qu'on l'a déjà vu, à conclure à l'incompatibilité.

Sa filiation poétique est extrêmement simple. Adolescent, il imitait Byron, prodiguait les apostrophes et les points d'exclamation et affectait des sentiments titaniques entièrement opposés à son naturel : — « Les sentiments ne me sont *jamais* venus du cœur et mes passions sont *toujours* venues de l'esprit », dit l'Egœus de *Bérénice*, l'un des personnages qui ne sont qu'un reflet de l'auteur. Les passions romantiques ne sont en général que des passions de tête. Edgar Poe aurait donc pu continuer à byroniser sans hypocrisie, et tout aussi bien que les autres, mais il y renonça de très bonne heure pour s'abandonner à l'influence de Coleridge. Il lui a fait de larges emprunts pour ses théories littéraires, et il avait étudié ses vers avec fruit, la *Ballade du vieux marin* en première ligne. De son intimité intellectuelle avec cet illustre mangeur d'opium, auprès duquel les désordres de Quincey n'étaient que jeux innocents, est résultée une œuvre poétique qui n'a pas cent pages, sur lesquelles on peut en négliger la moitié. L'autre moitié, dont la forme prête souvent à discussion, est néanmoins d'un grand poète, si l'on entend par là celui qui a reçu ce qui ne s'acquiert ni se s'imite, une étincelle de l'essence divine. Il est facile d'avoir beaucoup plus de talent qu'Edgar Poe, sauf dans deux ou trois pièces de la fin de sa vie, où il n'y a malheureusement plus que du talent ; il ne dépend de personne d'avoir des sensations neuves, des perceptions qui révèlent au lecteur un aspect encore inaperçu de la beauté du monde, ou de ses joies, ou de ses douleurs, ou des « volontés sans forme » dont l'humanité est le jouet. Poe avait reçu le rayon d'en haut, devant lequel chacun de nous doit s'incliner avec respect, que l'on aime ou non les œuvres qu'il a fait éclore.

IV

Quand on veut être clair, on n'écrit pas en vers. On se sert de la prose. Elle est faite pour cela, et « il n'y a pas d'idée qui ne puisse s'énoncer clairement, poursuivait Poe en paraphrasant le vers de Boileau, du moment qu'on la conçoit bien ». Non seulement la prose peut toujours être claire, mais elle doit toujours l'être, quelque indistincts que soient les objets à dépeindre, quelque fugaces que soient les sensations à analyser. C'est une question d'application et de discernement. Poe ne croyait pas aux inspirés qui écrivent comme la Pythie rendait des oracles, sous la dictée du dieu : « Créer, disait-il, c'est combiner, soigneusement, patiemment, et avec intelligence ». En ce qui le concernait, il combinait les impressions « psychiques plutôt qu'intellectuelles » qu'il rapportait du pays des songes ou du monde occulte. Ses contes ne différaient pas sur ce point de ses poésies. Il y employait de même toutes les ressources d'un esprit lucide à saisir l'insaisissable, et à le saisir plus fortement, à l'étreindre, n'étant plus content ici de le suggérer, et exigeant qu'en prose ces choses obscures devinssent lumineuses, que ces sensations vagues devinssent aiguës et pénétrantes. La difficulté, qu'il ne se dissimulait pas, était de fixer en langage humain, sans leur enlever leur fluidité, des idées qui ne sont plus ou ne sont pas encore des idées; des phénomènes pour lesquels le mot *impression* est déjà trop désignatif. Il appelait ces brumes intellectuelles les fantaisies de l'âme. Leur demeure est sur les confins de l'inconnaissable ; aussi avait-il désespéré d'abord de les exprimer avec les moyens grossiers dont disposent les hommes ; il lui avait fallu « sa foi dans le pouvoir des mots » pour oser l'entreprendre. La confiance lui était venue en travaillant. Il avait trouvé tout de suite le procédé, qu'il nous livre complaisamment ; il aimait à donner ses recettes au public, sans doute parce qu'il en était fier.

Son art de conteur est extraordinairement méthodique et laborieux. Poe laissait le moins possible au hasard. Il voulait qu'avant de prendre la plume, on eût sa fin dans la tête : « Ce n'est, disait-il, qu'en ayant sans cesse son dénouement devant les yeux, en faisant concourir tous les incidents et le ton général du récit au développement de l'*intention* que nous pouvons donner à l'action l'air de logique et d'enchaînement qui lui est indispensable. » — L'intention de *William Wilson*, c'est la scène finale où un homme réussit à tuer sa conscience, ainsi qu'Edgar Poe tremblait de le faire lui-même dans un accès d'alcoolisme. L'intention du *Cœur révélateur*, c'est encore la scène finale, où la conscience est au contraire la plus forte et oblige un criminel à se livrer à la justice. L'homme a tué. Il a enterré le cadavre dans sa chambre et fait disparaître jusqu'aux dernières traces de son crime. Il assiste à la descente de la police avec un sourire de sécurité, lorsqu'il entend tout à coup le cœur de sa victime battre sous le plancher : « — C'était un bruit sourd, étouffé, fréquent, ressemblant beaucoup à celui que ferait une montre enveloppée dans du coton ». Chose étrange, les policiers ont l'air de ne rien entendre, et pourtant « le bruit monte, monte toujours ». L'homme s'efforce de le couvrir en parlant

haut et en remuant les chaises; mais le bruit devient
« plus fort, — plus fort! — toujours plus fort! » Il perd
la tête, crie et se démène. Le bruit redouble, impérieux, dominant tous les autres bruits, jusqu'à ce que
l'assassin vaincu s'écrie : « — J'avoue la chose! —
arrachez ces planches! c'est là, c'est là! — c'est le battement de son affreux cœur! »

L'intention de l'*Ombre* — un chef-d'œuvre de trois
pages, datant de sa première jeunesse, — c'est une
« impression psychique » très vague, à peine exprimable, de la vie dans la mort. Des jeunes gens se sont
enfermés pour noyer dans le vin la pensée de la peste
qui dépeuple leur ville. Ils se forcent à rire et à
chanter, mais leurs rires sonnent faux et il y a de l'hystérie dans leurs chansons, car l'un des convives vient
d'être frappé devant son verre et gît aux pieds de ses
amis, que ses yeux éteints ont l'air de fixer avec amertume. Un phénomène inexplicable réduit graduellement
ces jeunes fous au silence. La chambre est tendue de
draperies noires. « — Et voilà que du fond de ces
draperies... s'éleva une ombre, sombre, indéfinie, —
une ombre semblable à celle que la lune, quand elle
est basse dans le ciel, peut dessiner d'après le corps
d'un homme; mais ce n'était l'ombre ni d'un homme,
ni d'un dieu, ni d'aucun être connu. Et frissonnant un
instant parmi les draperies, elle resta enfin, visible et
droite, sur la surface de la porte d'airain. » Les convives baissaient les yeux, n'osant la regarder. A la
longue, l'un d'eux se hasarda à lui demander sa
demeure et son nom. Elle répondit : « — Je suis *Ombre*,
et ma demeure est... tout près de ces sombres plaines
infernales qui enserrent l'impur canal de Charon! — Et
alors, nous nous dressâmes d'horreur sur nos sièges,
et nous nous tenions tremblants, frissonnants, effarés;
car le timbre de la voix de l'ombre n'était pas le timbre

d'un seul individu, mais d'une multitude d'êtres; et cette voix, variant ses inflexions de syllabe en syllabe, tombait confusément dans nos oreilles en imitant les accents connus et familiers de mille et mille amis disparus. »

L'intention de *Morella* et de *Ligeia*, c'est la sensation singulière de déjà vu, de déjà ouï, que nous éprouvons quelquefois sans pouvoir la rattacher à aucun incident de notre existence. Edgar Poe inclinait à y reconnaître comme un écho d'une existence antérieure. Il croyait sans y croire à une métempsycose individuelle, dépendant de la force de volonté de chacun de nous. Pour qu'on ne s'y trompât point, il avait donné à *Ligeia*, son œuvre préférée, une longue épigraphe dont voici le passage essentiel : « — L'homme ne cède aux anges et ne se rend entièrement à la mort que par l'infirmité de sa pauvre volonté ».

L'intention du *Silence* — un autre petit chef-d'œuvre — est la même qu'avait eue Pascal en écrivant son chapitre de la *Misère de l'homme*. Tel est le malheur naturel de notre condition, que nous ne la supporterions pas sans l'agitation perpétuelle de la vie, qui nous distrait et nous tire hors de nous-mêmes : « Rien ne peut nous consoler, lorsque rien ne nous empêche d'y penser ». Le héros de Poe est assis dans un désert lugubre et désolé, sans autre compagnie que de gigantesques nénuphars qui « soupirent l'un vers l'autre dans cette solitude, et tendent vers le ciel leurs longs cous de spectres, et hochent de côté et d'autre leurs têtes sempiternelles ». L'homme est pâle et tremblant, mais il supporte son sort, car les manifestations de la vie emplissent le désert, et c'est autour de lui une agitation et un fracas perpétuels. Alors le démon, irrité, « maudit de la malédiction du *silence* la rivière et les nénuphars, et le vent, et la forêt, et le ciel, et le tonnerre, et les soupirs des nénuphars. Et ils furent frappés de la malédiction, et ils devinrent muets,... et il ne s'éleva plus... le moindre murmure, ni l'ombre d'un son dans tout le vaste désert sans limites.... Et l'homme frissonna, et il fit volte-face et il s'enfuit loin, loin, précipitamment.... »

L'intention du *Démon de la perversité*, c'est de fournir une explication de la nature humaine moins insuffisante que celles des métaphysiciens et des phrénologues (Poe a l'air de croire que les deux n'en font qu'un). L'intention d'un groupe nombreux de récits, dont *la Chute de la maison Usher* est la perle, c'est de rendre sensible l'obsession de la Mort et des problèmes insolubles qu'elle soulève. D'autres contes ne sont que des rébus d'une ingéniosité supérieure, auxquels Poe n'attribuait avec raison qu'une valeur d'art très secondaire; il aurait donné dix fois *le Scarabée d'or* ou *l'Assassinat de la rue Mourgue* pour *William Wilson*. D'autres encore (*le Canard au ballon*, *Aventure sans pareille d'un certain Hans Pfaal*, etc.) annoncent sans l'égaler le roman scientifique de Jules Verne; et d'autres ont été composés pour tenir de la place dans une revue à court de copie ou pour mettre quelques dollars dans la poche de l'auteur[1]. Mais quelle qu'eût été l'intention, c'est-à-dire, en bon français, le sujet, l'idée générale de l'œuvre, Poe ne s'y était arrêté qu'après avoir décidé en lui-même « l'effet à produire », qui peut

---

[1]. Ses œuvres d'imagination en prose comprennent une soixantaine de contes, quelques fantaisies qui échappent à tout classement, un roman : *Aventures d'Arthur Gordon Pym* qui offre peu d'intérêt malgré deux ou trois scènes très dramatiques, et un fragment d'un autre roman d'aventures, *le Journal de Julius Rodman*, qu'il ne termina jamais, sentant lui-même que c'était manqué. Edgar Poe n'était pas fait pour les œuvres de longue haleine, et il s'en rendait compte.

varier beaucoup avec un même sujet, selon la façon de l'envisager. L'un ne se choisit pas sans l'autre; la règle est absolue; mais le reste va ensuite tout seul : « — Ayant fait choix d'un effet qui soit premièrement neuf, et secondement vigoureux, je cherche s'il vaut mieux le mettre en lumière par les incidents ou par le ton, — ou par des incidents vulgaires et un ton particulier, — ou par des incidents singuliers et un ton ordinaire, — ou par une égale singularité de ton et d'incidents ; — et puis je cherche autour de moi, ou plutôt en moi-même, les combinaisons d'événements ou de tons qui peuvent être les plus propres à créer l'effet en question [1]. »

Tous ceux qui ont lu *le Cœur révélateur* savent que l'effet à produire est ici la terreur, et que Poe a su la porter jusqu'au degré d'intensité où elle devient pénible. On n'oublie plus les angoisses du vieil homme qu'un mouvement de l'assassin a réveillé et qui s'est dressé sur son lit en criant : « — Qui est là ? » — L'assassin s'arrête. Il reste complètement immobile pendant une heure entière, et le vieillard est toujours sur son séant, aux écoutes, paralysé par la terreur et exhalant dans les ténèbres le gémissement « sourd et étouffé qui s'élève du fond d'une âme surchargée d'effroi.... La Mort qui s'approchait avait passé devant lui avec sa grande ombre noire.... Et c'était l'influence funèbre de l'ombre inaperçue qui lui faisait sentir — quoiqu'il ne vît et n'entendît rien, — qui lui faisait *sentir* la présence de ma tête dans la chambre. »

Edgar Poe se complaisait aux effets de terreur, sachant bien qu'il y excellait. Il en a qui semblent

---

1. *The Philosophy of Composition*. Baudelaire a traduit ce morceau sous ce titre : *la Genèse d'un poème*, et l'a placé à la fin du volume de contes intitulé : *Histoires grotesques et sérieuses*.

empruntés à de monstrueux cauchemars. Rappelez-vous l'épouvante de l'assassin, dans *le Chat noir*, lorsqu'il entend sortir du mur le miaulement du chat, muré par mégarde avec le cadavre : « — Une voix me répondit du fond de la tombe ! — une plainte, d'abord voilée et entrecoupée, comme le sanglotement d'un enfant, puis, bientôt, s'enflant en un cri prolongé, sonore et continu, tout à fait anormal et anti-humain, — un hurlement, — un glapissement, moitié horreur et moitié triomphe, — comme il peut en monter seulement de l'Enfer, — affreuse harmonie jaillissant à la fois de la gorge des damnés dans leurs tortures, et des démons exultant dans la damnation. » — Il en a d'un raffinement barbare. Rappelez-vous, dans *la Chute de la maison Usher*, ce frère qui a enterré sa sœur vivante, qui entend ses efforts pour briser sa bière, et qui reste cloué sur son siège par une peur au-dessus de la raison humaine. — Il en a aussi de grossiers, qui s'en prennent à nos nerfs, dans *le Puits et le Pendule* par exemple, où un condamné contemple d'un œil hébété l'acier tranchant qui s'abaisse sur sa poitrine avec la lenteur d'un poids d'horloge. Il en a d'oppressants et d'aigus, de fous, de surnaturels, et tous, dans tous les genres, sont insurpassables : — « Depuis Pascal peut-être, écrivait Barbey d'Aurevilly, il n'y eut jamais de génie plus épouvanté, plus livré aux affres de l'effroi et à ses mortelles agonies, que le génie panique qu'Edgar Poe ! »

La critique américaine lui reprochait d'avoir emprunté aux romantiques allemands le goût des histoires lugubres. Poe se défendait de s'être inspiré de n'importe qui et expliquait la tristesse de son œuvre par celle de son âme : « La vérité, disait-il, c'est qu'il n'y a pas un de ces récits — à une seule exception près — dans lequel un lettré puisse reconnaître les caractères qui distinguent la pseudo-horreur dite germanique.... S'il est vrai que la terreur soit le thème d'un grand nombre de mes productions, je soutiens que cette terreur ne vient pas d'Allemagne, mais de mon âme [1]. » Il disait vrai. Sa science extraordinaire de la peur, à tous les degrés et dans toutes ses variétés, n'avait été empruntée à personne. Poe n'en avait pas eu besoin. Il n'avait eu, comme il le dit, qu'à regarder dans son âme, son âme misérable, vouée par l'alcool à toutes les épouvantes, car c'est ici que son vice rejoint son génie et influe puissamment sur son œuvre. Si l'ivrognerie nuisait au rêveur, dont elle faisait envoler les visions, il y avait d'autre part certaines impressions, semi-physiques et semi-morales, toujours brutales, que Poe devait aux boissons meurtrières avec lesquelles il *s'assommait*, au sens propre du mot, et la Peur venait en tête, conformément aux observations des médecins sur les alcooliques. Les phénomènes intellectuels qui accompagnent le délire alcoolique, a dit l'un d'eux [2], « consistent surtout en troubles hallucinatoires... presque toujours de nature pénible, éveillant des craintes de toute espèce, et pouvant déterminer des impressions morales dont la plus légère serait l'étonnement et la plus forte une terreur profonde ». Edgar Poe laissa de bonne heure derrière lui la phase de l'étonnement pour entrer dans celle de la terreur profonde et marcher de peur en peur vers le suicide et la folie. Ses contes en reçurent une coloration morbide, à force d'être lugubre, qui a été pour une bonne part dans leur succès en France.

L'alcool avait pareillement familiarisé Poe avec un autre de ses effets ordinaires, le vertige moral, si

---

[1]. *Préface* (1840).
[2]. Magnan, *loc. cit.*

admirablement dépeint dans le plus philosophique de ses contes, *le Démon de la perversité*. Tout le monde connaît le trouble des sens qui fait qu'on se jette dans le vide de peur d'y tomber. Il a son pendant, infiniment plus redoutable, dans la sphère des maladies morales, où il prend le nom d'impulsion criminelle. D'après Edgar Poe, aucun de nous ne vient au monde complètement indemne de ce stigmate psychologique, qu'il faut se résoudre à compter parmi les mobiles primordiaux de l'âme humaine. Il nous arrive à *tous* de faire une chose « simplement à cause que nous sentons que *nous ne le devrions pas* ». Le vertige moral coexiste fort bien avec une lucidité parfaite de l'intelligence et de la conscience. Il semble alors qu'il y ait dans le même individu un acteur et un spectateur, une volonté aveugle et sourde qui va droit à un but qu'elle ne connaît pas, et une conscience muette qui la regarde faire avec horreur. Le héros du *Démon de la perversité* n'en est pas là ; il n'y a pas lieu de s'attendrir sur son sort, puisqu'il avait mérité depuis longtemps d'être pendu et que ses impulsions l'ont seulement contraint à prononcer tout haut, malgré lui et avec désespoir, le mot qui le dénonce et le perd. Autre est le cas du meurtrier du *Chat noir*, conte atroce, dans lequel l'effet de vertige moral se combine avec l'effet de terreur. Ici, un homme commet des abominations sous la brusque poussée d'une idée-force, et Poe a mis une insistance dramatique, qui fait de ces pages la plus poignante des confessions, à nous expliquer que ces mouvements irrésistibles, par lesquels un être doux et pur est changé en brute quand ce n'est pas en criminel, sont nés, ont crû, multiplié, éclaté, ont tué une âme et perdu toute une famille, sous la fatale influence, l'influence exécrée de l'alcool. On n'ose penser à ce qu'a été l'existence de ce malheureux qui y voyait si clair dans son mal et en était à se demander s'il finirait par le crime!

Les effets de fantastique, au rebours, sont purement artificiels dans les contes de Poe; il est bien entendu que nous n'y faisons pas rentrer les phénomènes du monde occulte, qui ne lui présentaient rien de surnaturel; il y reconnaissait comme Hoffmann les manifestations de forces qui ne demeuraient mytérieuses que faute d'avoir été étudiées scientifiquement comme on essaie de le faire de nos jours. Nous voulons parler du fantastique proprement dit. Poe y arrivait au degré d'illusion que l'on sait par des trucs habiles et prudents, dont il n'a pas plus fait mystère que des autres. Il a même pris un plaisir malicieux à démonter sous nos yeux l'un de ses « effets » les plus célèbres, celui du petit poème appelé *le Corbeau*, et à dévoiler comment il en était arrivé de fil en aiguille, sans l'avoir prémédité, à créer l'impression de surnaturel dont frissonnent les personnes nerveuses. Poe n'a rien écrit qui nous en dise aussi long sur les côtés artificiels de son œuvre que *la Genèse d'un poème*, rien aussi de plus imprudent; il casse notre joujou pour nous montrer ce qu'il y a dedans. Bien que *le Corbeau* soit dans toutes les mémoires, j'en citerai quelques strophes afin de faciliter les rapprochements :

« Une fois, sur le minuit lugubre, pendant que je méditais, faible et fatigué, sur maint précieux et curieux volume d'une doctrine oubliée, pendant que je dodelinais de la tête, presque assoupi, soudain il se fit un tapotement, comme de quelqu'un frappant doucement, frappant à la porte de ma chambre. C'est quelque visiteur — murmurai-je — qui frappe à la porte de ma chambre; ce n'est que cela et rien de plus.

« Ah! distinctement je me souviens que c'était dans le glacial décembre, et chaque tison brodait à son tour le plancher du reflet de son agonie. Ardemment je désirais le matin; en vain, m'étais-je efforcé de tirer de mes livres un sursis à ma tristesse, ma tristesse pour ma Lénore perdue, pour la précieuse et rayonnante fille que les anges nomment Lénore, — et qu'ici on ne nommera jamais plus.

« Et le soyeux, triste et vague bruissement des rideaux pourprés me pénétrait, me remplissait de terreurs fantastiques, inconnues pour moi jusqu'à ce jour; si bien qu'enfin, pour apaiser le battement de mon cœur, je me dressai, répétant : C'est quelque visiteur qui sollicite l'entrée à la porte de ma chambre, quelque visiteur attardé sollicitant l'entrée à la porte de ma chambre; — c'est cela même et rien de plus.

. . . .

« Je poussai alors le volet, et, avec un tumultueux battement d'ailes, entra un majestueux corbeau digne des anciens jours. Il ne fit pas la moindre révérence, il ne s'arrêta pas, il n'hésita pas une minute; mais, avec la mine d'un lord ou d'une lady, il se percha au-dessus de la porte de ma chambre : — il se percha, s'installa, et rien de plus.

« Alors cet oiseau d'ébène, par la gravité de son maintien et la sévérité de sa physionomie, induisant ma triste imagination à sourire : Bien que ta tête — lui dis-je — soit sans huppe et sans cimier, tu n'es certes pas un poltron, lugubre et ancien corbeau, voyageur parti des rivages de la nuit. Dis-moi quel est ton nom seigneurial aux rivages de la Nuit plutonienne! Le corbeau dit : Jamais plus!

. . . .

« Prophète! — dis-je, — être de malheur! oiseau ou démon! toujours prophète! par ce Ciel tendu sur nos têtes, par ce Dieu que tous deux nous adorons, dis à cette âme chargée de douleur si, dans le Paradis lointain, elle pourra embrasser une fille sainte que les anges nomment Lénore, embrasser une précieuse et rayonnante fille que les anges nomment Lénore. — Le corbeau dit : Jamais plus!

« Que cette parole soit le signal de notre séparation, oiseau ou démon! — hurlai-je en me redressant. — Rentre dans ta tempête, retourne au rivage de la Nuit plutonienne; ne laisse pas ici une seule plume noire comme souvenir du mensonge que ton âme a proféré; laisse ma solitude inviolée; quitte ce buste au-dessus de ma porte; arrache ton bec de mon cœur et précipite ton spectre loin de ma porte! — Le corbeau dit : Jamais plus.

« Et le corbeau, immuable, est toujours installé, toujours installé sur le buste pâle de Pallas, juste au-dessus de la porte de ma chambre; et ses yeux ont toute la semblance des yeux d'un démon qui rêve; et la lumière de la lampe, en ruisselant sur lui, projette son ombre sur le plancher; et mon âme, hors du cercle de cette ombre qui gît flottante sur le plancher, ne pourra plus s'élever — jamais plus. »

Poe raconte qu'il a composé *le Corbeau* selon toutes les règles. Avant de se mettre en peine d'un sujet, il avait commencé par décider qu'il allait écrire en vers, que sa pièce serait courte, à la portée du premier venu et sans autre prétention que d'être une jolie chose, quoi qu'en pussent dire les puritains, adversaires scandalisés de l'Art pour l'Art. Ces préliminaires réglés, il avait adopté le ton de la tristesse comme le plus favorable à son objet, et cherché quelque curiosité artistique et littéraire qui donnât du ragoût à son morceau. Il trouva le refrain *never more, jamais plus*, qui est bref et sonore. Mais sous quel prétexte faire répéter indéfiniment *never more* à un être doué de raison? L'idée d'un animal savant surgit dans son esprit, et il pensa « tout naturellement » à un perroquet, qui se métamorphosa immédiatement en corbeau à cause du « ton voulu », sans arriver encore à donner une impression de tristesse; l'image d'un corbeau savant échappé de sa cage, déplumé comme ils le sont en captivité, n'a rien qui dispose l'esprit aux émotions mystiques; elle le prépare plutôt à une scène comique. Le poète eut beau prendre pour sujet la mort d'une belle femme et donner pour interlocuteur à son oiseau l'amant pleurant sa maîtresse défunte, le danger du grotesque diminuait : il n'était pas aboli.

Il ne pouvait l'être que par un emploi discret du fantastique. L'amant fut chargé de créer par son trouble, par son excitation superstitieuse, l'atmosphère irréelle dont l'auteur avait besoin. Il est fait de main d'ouvrier, cet homme énervé par la fatigue et le chagrin, qui ne sait s'il veille ou s'il rêve, et s'excite à croire au caractère prophétique ou démoniaque de l'oiseau, tout en sachant parfaitement que celui-ci ne fait que répéter sa leçon. A mesure qu'il se persuade, il nous persuade. On n'aperçoit plus le corbeau qu'à travers une lumière extra-terrestre, évocatrice d'idées confuses, et le poète a si bien réussi, que des gens en furent hallucinés : « Quelle vie! — Quelle puissance! écrivait Élisabeth Browning, l'auteur d'*Aurora Leigh* [1]. *Le Corbeau* a fait sensation en Angleterre — une sensation d'horreur, ainsi qu'il convenait.... J'entends parler de personnes qui sont hantées par le *jamais plus*, et l'une de mes connaissances, qui a le malheur de posséder un buste de Pallas, n'ose plus le regarder dès qu'il fait un peu nuit. »

---

1. Lettre à Poe. *Le Corbeau* a paru le 29 janvier 1845. J'ai à peine besoin de rappeler que Mrs Browning n'était encore, à cette date, que miss Barrett.

Il n'est pas impossible qu'Edgar Poe ait inventé après coup les trois quarts de la *Genèse d'un poème* ; il était coutumier de ces sortes de mystifications. Le dernier quart suffit pour montrer les dangers que l'abus du procédé a fait courir à son originalité. A force de calculer, de se gratter et regratter, d'être méticuleux, son œuvre aurait senti l'huile, sans le grain de folie qui déconcertait sans cesse les plans les mieux ourdis et qu'il communique à tous ses personnages, puisqu'ils sont tous lui, toujours lui. Quand l'intérêt de l'histoire, ainsi qu'il arrive continuellement dans ses contes, « repose sur une imperceptible déviation de l'intellect, sur une hypothèse audacieuse, sur un dosage imprudent de la Nature dans l'amalgame des facultés [1] », alors ce n'est plus calcul de sa part, c'est la force même des choses, c'est la déviation de son propre intellect qui se réfléchit dans son récit et le protège contre l'excès de méthode et de clarté. Quand il décrit avec persistance « l'hallucination, laissant d'abord place au doute, bientôt convaincue et raisonneuse comme un livre ; — l'absurde s'installant dans l'intelligence et la gouvernant avec une épouvantable logique ; — l'hystérie usurpant la place de la volonté, la contradiction établie entre les nerfs et l'esprit, et l'homme désaccordé au point d'exprimer la douleur par le rire », — il ne choisit pas son sujet, son ton, son effet à produire : il les subit, et le reste n'est que vantardise. Quand il oppose [2] aux génies sereins qui n'ont pour habitacles que des cerveaux sains, harmonieusement équilibrés, ces autres génies qui sont « une maladie mentale, ou plutôt une malformation organique de l'intelligence », c'est à lui-même qu'il pense : « Les

---

1. Baudelaire, préface des *Histoires extraordinaires*.
2. *Fifty suggestions*.

hommes m'ont appelé fou; mais la science ne nous a pas encore appris si la folie est ou n'est pas le sublime de l'intelligence, — si presque tout ce qui est la gloire, si tout ce qui est la profondeur, ne vient pas d'une maladie de la pensée, d'un mode de l'esprit exalté aux dépens de l'intellect général…. Nous dirons donc que je suis fou [1]. » C'est parce qu'il nous traîne perpétuellement au spectacle des « chancellements et des abattements de la raison malade [2] », étudiés directement sur lui-même, que nous oublions ses procédés artificiels sous l'empire d'un malaise analogue à celui qu'on éprouve en visitant un asile d'aliénés. On peut dire d'Edgar Poe, en se servant de ses propres expressions, que la malformation organique de son intelligence a été son génie même. C'est marquer du même coup ses limites, et son rang secondaire dans l'échelle des esprits créateurs.

Edgar Poe conteur procède à la fois de Coleridge et des romantiques allemands, de Coleridge pour les idées générales, des romantiques allemands pour la technique. Il possédait son Hoffmann sur le bout du doigt [3]. Non content de lui emprunter son genre, il avait appris à son école à donner de la réalité, par la précision et la vérité du détail, aux fantaisies les plus extravagantes. Son instinct l'avait bien servi dans le choix d'un modèle. Poe s'était engagé dans la voie où toutes ses qualités devaient trouver leur emploi, les

1. *Éléonore.*
2. *Écrivains francisés*, par Émile Hennequin.
3. On se rappelle peut-être certaine consultation d'Hoffmann, dédiée aux artistes, sur les rapports qui existent entre les différents crus de vin et l'inspiration. Il recommandait le bourgogne pour l'opéra sérieux, le vin du Rhin pour la musique d'église, et ainsi de suite. Poe s'est approprié ce passage peu connu, en le démarquant, dans un conte appelé *Bonbon*, qui n'a pas été traduit en français.

mauvaises comme les bonnes, les tares de l'intelligence aussi bien que les dons des fées. S'il n'avait eu devant lui d'autre pierre d'achoppement que son ivrognerie, l'alcool lui aurait certainement permis de donner tout ce qu'il avait à donner; car l'œuvre d'un conteur fantastique ne saurait jamais être bien considérable.

Mais le malheur voulut qu'il n'eût pas de succès dans son pays, je parle du franc succès qui impose un écrivain aux masses. Pour beaucoup de raisons, qui n'étaient pas toutes mauvaises, les Américains de 1840 étaient incapables de goûter des histoires comme *Morella* ou *Bérénice*. Ils sentaient que l'auteur avait du talent, et ne s'en efforçaient que davantage de le pousser dans une autre route, par bonne intention, inattentifs aux blessures qu'ils infligeaient à une âme endolorie. Edgar Poe a cruellement souffert de cette lutte contre la critique et le public. Malgré son orgueil, qui était immense, il a dû plus d'une fois mendier son pain, et il lui a fallu trop souvent accommoder son œuvre au goût de l'acheteur et de l'abonné. A chacun ses responsabilités; les compatriotes de Poe ne lui ayant fait grâce d'aucune des siennes, il est juste de leur rendre la pareille. Nous allons raconter un drame où les torts les plus graves ne sont pas du côté de l'accusé.

V

Edgar Poe n'a jamais eu, dans toute son existence, qu'un seul coin de ciel bleu. Les nuées orageuses qui ont enveloppé sa vie depuis le berceau jusqu'à la tombe se sont entr'ouvertes pour laisser percer jusqu'à lui un rayon lumineux, où flottaient tant de parfums légers et de tiédeurs caressantes qu'on ne peut dire complètement malheureux celui qui a eu ce sourire de la Fortune. Ce qu'il peut y avoir de douceur dans le monde s'était révélé à lui sous sa forme la plus adorable : la bonté infinie et inlassable d'une de ces femmes élues par la Providence pour fermer la bouche aux calomniateurs de la nature humaine. Le blasphème expire sur leurs lèvres devant certains miracles de tendresse et de dévouement. Leur haine impie de la vie n'ose plus s'affirmer; elle prend honte d'elle-même en face de vaillances si humbles et si hautes. Si Poe a pu ne pas mourir avant quarante ans et donner ce qu'il a donné, s'il a eu, malgré tout, ses heures de paix et de bonheur, il l'a dû à sa rencontre avec une de ces admirables créatures qui ne se connaissent d'autre raison d'être que d'aider et de consoler les malheureux.

C'était une grande femme un peu hommasse, décemment et pauvrement vêtue de noir, une de ces personnes qui ont l'air de ne jamais avoir que de vieilles robes. Elle se nommait Mme Clemm, et était tante d'Edgar Poe du côté paternel. Son mari l'avait laissée veuve sans un sol et avec une fille à élever. Au temps où son neveu n'était aussi qu'un meurt-de-faim, frappant inutilement aux portes des éditeurs, ils s'étaient rencontrés et avaient associé leur misère. Ils ne se séparèrent plus. Poe finit par épouser sa cousine, la frêle Virginie, qui pouvait encore moins que lui se passer de Mme Clemm. Tous deux avaient besoin d'elle pour manger, pour penser, pour être contents, et surtout pour souffrir et pleurer. La tante Clemm était bonne à tout faire, commissionnaire, garde-malade, confidente littéraire, et ministre des finances, ce qui n'était pas le plus facile ou le plus gai de son métier de terre-neuve. Infatigable sous ses cheveux blancs, elle entretenait dans le petit ménage une propreté reluisante et trouvait le moyen de faire un salon de poète avec quatre chaises, une étagère et quelques nattes. Son industrie prolongeait les jours d'un gilet ou d'une culotte au delà de toute vraisemblance et leur donnait un certain air qui les faisait remarquer dans le monde; on ne se serait jamais douté, à les voir, qu'ils avaient tant battu les murailles, et quelles murailles! Elle restait assise à côté de Poe pendant qu'il travaillait, lui chauffant du café et écoutant ses systèmes de philosophie, passant les nuits, quitte à dodeliner de la tête, à le défendre contre la peur des ténèbres, qu'il croyait peuplées de mauvais esprits. Elle le soignait comme un petit enfant lorsqu'il rentrait ivre, le grondait après, mais n'admettait jamais, vis-à-vis de personne, dût-elle nier la lumière du soleil, que son « Eddie », cet être « généreux, affectueux et *noble* » (les italiques sont d'elle), pût avoir un tort quelconque en quoi que ce fût : il n'avait que des malheurs.

Et tout cela n'est rien encore auprès de l'inspiration qui lui avait fait écarter des lèvres de Poe le calice de l'écrivain pauvre qui ne réussit pas. Elle lui évita, autant que faire se put, les courses humiliantes chez les éditeurs et dans les bureaux de revues ou de journaux, sous prétexte qu'il n'entendait rien aux affaires d'argent. — « Comment, disait-elle, en aurait-il été autrement, ayant été élevé dans le luxe et l'extravagance? » C'était elle qui allait « chercher de l'ouvrage » pour son pauvre homme de génie, offrir la copie et reprendre les manuscrits refusés, marchander avec les directeurs et leur demander des avances. La robuste tante Clemm, carrée, musclée, qui semblait ne porter jupon que par une erreur de la nature, était presque aussi connue que son neveu dans le monde de la presse et de la librairie; et personne n'était tenté de rire d'elle. Un journaliste contait en ces termes leur première entrevue : « Nous apprîmes le retour de M. Poe (à New York) par la visite d'une dame qui s'annonça comme la mère de sa femme. Elle cherchait du travail pour lui, et elle s'excusa de sa démarche en nous apprenant qu'il était malade, sa femme complètement invalide et leur situation telle, que force lui était de prendre les choses sur elle. La physionomie de cette dame, imprégnée d'une véritable beauté par une expression de sainte vouée aux privations et aux tendresses douloureuses; l'accent à la fois noble et désolé avec lequel elle plaidait sa cause; ses manières, dont la distinction témoignait de jours plus heureux; sa façon suppliante, mais digne, d'invoquer les droits et le talent de son fils : tout révélait au premier coup d'œil l'un de ces anges terrestres que les femmes savent être dans l'adversité. »

On donnerait une idée imparfaite des relations d'Edgar Poe avec la tante Clemm en se bornant à dire qu'il éprouvait pour elle de l'affection et de la reconnaissance. Il vénérait en sa personne une sorte de Providence universelle, à laquelle il fallait bien avoir recours dans toutes les circonstances de la vie, grandes ou petites, puisqu'elle avait le don, presque surnaturel aux yeux de son neveu, de se tirer des affreuses complications d'un monde évidemment mal fait, au moins pour les poètes romantiques. Absent, il lui soumettait par correspondance ses actes les plus insignifiants, comme à la sagesse souveraine, et on le sent un peu étonné, dans ses lettres, d'avoir osé prendre tout seul des responsabilités : « Il pleuvait très fort,... j'ai rencontré un homme qui vendait des parapluies, et j'en ai acheté un pour vingt-cinq sols ». Il a fait cette folie à cause de sa femme, qui l'accompagnait, et il est sûr que tante Clemm approuvera : « Virginie est occupée en ce moment à raccommoder mon pantalon, que j'ai déchiré à un clou. Je suis sorti hier soir à la nuit, et j'ai acheté un écheveau de soie, un de fil, deux boutons.... » Ampère, le grand Ampère, pour qui un accident de toilette était aussi une catastrophe, confessait de même à sa charmante Julie qu'il avait taché sa culotte neuve en faisant une expérience; mais leur pauvreté ne fut jamais la misère avilissante, et l'on ne saurait en dire autant de Poe et des siens : « Il nous reste quatre dollars et demi. J'irai demain essayer d'en emprunter trois autres, pour avoir devant nous une quinzaine d'assurée. Je me sens très en train et je n'ai pas bu une goutte, de sorte que j'espère être bientôt sorti de peine. Dès que j'aurai ramassé assez d'argent, je vous en enverrai. Vous ne pouvez pas vous imaginer combien vous nous manquez à tous les deux. Sissy [1] a pleuré hier soir de tout son cœur de ne pas vous avoir.... Aussitôt que l'article *Lowell* sera écrit, je vous l'enverrai, et vous tâcherez de vous le faire payer par Graham [2]. »

L'histoire pathétique des souliers crevés est de la même période. Poe habitait alors la banlieue de New York. Une femme de lettres était venue avec deux amis, dont un *reviewer*, lui rendre visite dans sa maisonnette « si pauvre, si nue, et pourtant si ravissante ». Le poète mena ses hôtes dans les bois et se prêta à un jeu où il fallait sauter. Ses deux souliers, « tout usés, et si soigneusement entretenus », crevèrent du coup, et ses visiteurs se sentirent coupables, n'ignorant pas que c'était un vrai malheur pour la famille : « J'étais sûre, écrivait la dame, Mrs Nichols,

---

1. *Sissy* : le petit nom de sa femme.
2. Lettre du 7 avril 1844.

qu'il n'avait pas d'autres souliers, ni de bottes, ni de chaussures quelconques. Qui, parmi nous, pouvait lui offrir de quoi en acheter une autre paire? En supposant que l'un de nous eût de l'argent, qui aurait l'effronterie de l'offrir au poëte? Je crois qu'en arrivant à la maison, nous avions tous le sentiment que nous ne devions pas entrer, pour ne pas voir ce malheureux nu-pieds au milieu de nous. » Contrainte d'entrer, malgré qu'elle en eût, Mrs Nichols assista à la rencontre de Poe avec la tante Clemm : « La pauvre vieille mère regarda ses pieds avec une consternation que je n'oublierai jamais : « O Eddie! comment avez-« vous fait cela? » Poe était resté anéanti à l'aspect de sa belle-mère. J'expliquai comment le malheur était arrivé, et elle m'entraîna dans la cuisine : « Voudriez-« vous, me dit-elle, parler du dernier poëme d'Eddie à « M***? S'il le prenait, Eddie pourrait avoir une paire « de souliers. M*** l'a — je le lui ai porté la semaine « dernière, et Eddie dit que c'est son meilleur. Vous « lui en parlerez, *n'est-ce pas?* » Nous avions déjà lu le poëme en question, en conclave, et il nous avait été impossible, que le ciel nous pardonne! de lui trouver ni queue ni tête. *Il aurait été dans une langue perdue, que nous en aurions compris tout autant.* Je me rappelle avoir émis l'opinion que c'était une charge, et que Poe avait voulu voir s'il réussirait, grâce à son nom, à la faire prendre au sérieux par le public. Mais la situation était dramatique. Le *reviewer* avait été la cause directe de l'accident des souliers. Je répondis : « Ils le publieront — cela va de soi, — « et je prierai C*** de le faire passer « tout de suite. » Le poëme fut payé immédiatement et publié peu de temps après. Je présume qu'aujourd'hui, dans l'édition complète, on le prend pour de la poésie; mais, en ce temps-là, il rapporta à l'auteur une paire de souliers, plus 12 shillings [1]. » Il est très regrettable qu'on nous laisse ignorer le titre de cette pièce sans queue ni tête; il y a des chances pour qu'elle soit l'une des plus belles d'Edgar Poe.

Virginie, la fille de tante Clemm, était une merveille de beauté, mais trop frêle et trop blanche, avec de grands yeux noirs trop brillants. Elle excitait l'admiration et la surprise des étrangers, qui ne se lassaient point de s'étonner que cette créature aérienne, à peine de la terre, fût l'enfant du grand gendarme femelle qui se faisait câlin pour la servir. La mère et la fille ne se ressemblaient que par un dévouement également absolu, sinon également actif, pour leur mélancolique ami. Poe nous a confié dans le plus délicat de ses contes, *Éléonora*, en transportant la scène au pays du bleu, comment, d'une amitié de petite fille à grand cousin, était né un soir, entre Virginie et lui, un amour qui ne fut vaincu que par la mort. Il se suppose élevé avec sa cousine dans une campagne heureuse et solitaire, la vallée du Gazon-Diapré, où coule sans bruit la rivière du Silence : « Pendant quinze ans [2], Éléonora et moi, la main dans la main, nous errâmes à travers cette vallée avant que l'amour entrât dans nos cœurs. Ce fut un soir, à la fin du troisième lustre de sa vie et du quatrième de la mienne, comme nous étions assis, enchaînés dans un mutuel embrassement, sous les arbres serpentins, et que nous contemplions notre image dans les eaux de la rivière du Silence. Nous ne prononçâmes aucune parole durant la fin de cette délicieuse journée; et, même encore le matin, nos paroles étaient tremblantes et rares. Nous avions tiré le dieu Eros de cette onde, et nous sen-

1. Ingram, vol. II.
2. En réalité, deux ans.

tions maintenant qu'il avait rallumé en nous les âmes ardentes de nos ancêtres. Les passions qui pendant des siècles avaient distingué notre race se précipitèrent en foule avec les fantaisies qui l'avaient également rendue célèbre, et toutes ensemble elles soufflèrent une béatitude délirante sur la vallée du Gazon-Diapré. »

Le printemps décrit en cet endroit par Edgar Poe est aussi éclatant que celui de *Jocelyn*, mais d'un autre genre; c'est un printemps fantastique : « — Un changement s'empara de toutes choses. Des fleurs étranges, brillantes, étoilées, s'élancèrent des arbres où aucune fleur ne s'était encore fait voir. Les nuances du vert tapis se firent plus intenses; une à une se retirèrent les blanches pâquerettes, et à la place de chacune jaillirent dix asphodèles d'un rouge de rubis. Et la vie éclata partout dans nos sentiers; car le grand flamant, que nous ne connaissions pas encore, avec tous les gais oiseaux aux couleurs brillantes, étala son plumage écarlate devant nous; des poissons d'argent et d'or peuplèrent la rivière, du sein de laquelle sortit peu à peu un murmure qui s'enfla à la longue en une mélodie berçante, plus divine que celle de la harpe d'Éole, plus douce que tout ce qui n'était pas la voix d'Éléonora. Et alors aussi un volumineux nuage, que nous avions longtemps guetté dans les régions d'Hespérus, en émergea, tout ruisselant de rouge et d'or, et, s'installant paisiblement au-dessus de nous, il descendit, jour à jour, de plus en plus bas, jusqu'à ce que ses bords reposassent sur les pointes des montagnes, transformant leur obscurité en magnificence, et nous enfermant, comme pour l'éternité, dans une magique prison de splendeur et de gloire. »

Virginie n'avait que treize ans lorsque ces choses arrivèrent, mais elle avait la précocité des filles du midi : « — La beauté d'Éléonora, poursuit Poe, était celle des Séraphins; c'était d'ailleurs une fille sans artifice, et innocente comme la courte vie qu'elle avait menée parmi les fleurs. Aucune ruse ne déguisait la ferveur de l'amour qui animait son cœur, et elle en scrutait avec moi les plus intimes replis, pendant que nous errions ensemble dans la vallée du Gazon-Diapré, et que nous discourions des puissants changements qui s'y étaient récemment manifestés. »

Ils se marièrent en 1836. Pour donner satisfaction, paraît-il, aux lois du pays, Poe produisit un témoin qui attesta sur la foi du serment que la fiancée avait vingt et un ans accomplis. Le pasteur qui les unissait trouva qu'elle avait l'air bien jeune pour son âge, et il n'en fut rien de plus.

Poe adorait sa femme-enfant. Le seul objet de luxe des jours moins durs était une harpe, ou un piano, pour accompagner la belle voix de Virginie. La beauté de Virginie remplissait son mari d'orgueil. Il mettait toute sa volonté à ignorer que cette mignonne créature ne lui était que prêtée par la Mort, et pour bien peu de temps; la phtisie, qui lui avait déjà pris son père et sa mère, allait lui ôter encore ses amours, et Virginie le savait, s'il faut en croire jusque-là le conte où elle est célébrée : « — A la longue, m'ayant un jour parlé, tout en larmes, de la cruelle transformation finale qui attend la pauvre Humanité, elle ne rêva plus dès lors qu'à ce sujet douloureux, le mêlant à tous nos entretiens... Elle avait vu que le doigt de la Mort était sur son sein, et que, comme l'éphémère, elle n'avait été parfaitement mûrie en beauté que pour mourir. » Mais lui, disent les contemporains, il devenait fou à la moindre allusion au malheur suspendu sur sa tête. Nous reviendrons plus tard à *Éléonora*; nous n'en aurons que trop l'occasion. Laissons quelque peu ces blêmes amoureux dans les poétiques greniers où se transportait de ville en ville leur foyer nomade, à Baltimore, à Richmond, à Philadelphie, à New York, selon que « l'ouvrage » donnait ici ou là. Oublions-les sur l'un de ces instants, toujours rapides pour eux, où nous pouvons nous les représenter dans une paix relative. Poe travaille, rêve et jardine, la tante Clemm récure énergiquement; Virginie chante, et l'on dirait un oiseau-mouche malade.

Il y avait plusieurs raisons pour que le bonheur ne fût jamais chez eux qu'un hôte de passage, et chacune de ces raisons était si forte, qu'elle aurait dispensé de toutes les autres.

VI

Tout condamnait Edgar Poe à la misère. Quelques rares lettrés mis à part, l'Amérique entière aurait signé des deux mains l'aveu de la dame de tout à l'heure disant d'un de ses poèmes : « — Il aurait été dans une langue perdue, que nous en aurions compris tout autant ». On désoblige aujourd'hui ses compatriotes en rappelant des souvenirs qui n'ont pourtant rien d'humiliant : il n'est arrivé que ce qui devait arriver. Ce peuple était trop nouvellement né à la vie intellectuelle pour goûter un art décadent. Les émigrants puritains et quakers du xviie siècle n'avaient pas importé en vain dans le nouveau monde leur haine des élégances de l'esprit, dissolvant de la foi, d'après eux, et de la fibre morale. Leurs descendants demeurèrent longtemps incapables de discerner un bon vers d'un mauvais. Ils ne l'essayaient même pas : ils ignoraient qu'il y en eût de bons et de mauvais, de justes et de faux. Ils ne distinguaient que deux espèces de poésies : les pieuses, celles qui se bêlent, et les autres, qu'on ne saurait trop décourager dans une nation vertueuse. Les premières régnèrent sans partage pendant tout le xviiie siècle et le début du nôtre ; un historien de la littérature américaine [1] place en 1819 le premier poème, réellement en vers, qui ne soit pas un prêche déguisé.

Il n'y aurait eu que demi-mal si les Américains n'avaient pas fait de vers, ni de prose. Les chefs-d'œuvre d'outre-mer leur auraient formé le goût petit à petit, en attendant l'heure où les peuples au berceau ont amassé assez d'idées et de sensations leur appartenant en propre pour être tourmentés du besoin de leur donner une expression, ce qui est l'origine des littératures. Telle était autrefois la marche invariable des choses, aux résultats heureux et féconds, avant que l'imprimerie et l'instruction primaire se fussent liguées pour noyer les germes d'originalité intellectuelle sous un flot de pensées et de sentiments tout faits. Un peuple naissant qui sait lire et qu'on abreuve de journaux et de *magazines* a fort à faire pour ne pas s'acoquiner dans la banalité et la vulgarité. Les États-Unis n'avaient pas traversé impunément cette épreuve dangereuse, et ils en étaient au dernier degré de la platitude, en matière de goût, à l'époque des débuts de Poe. Une nuée d'écrivains insipides, brouillés avec la prosodie et la syntaxe, entretenaient dans le pays, par l'entremise de la presse soi-disant littéraire, une fausse culture cent fois pire que la barbarie, car celle-ci réserve l'avenir. L'apparition dans ce fade milieu d'un artiste subtil et compliqué, en avance de plusieurs générations, devait dérouter les Américains, les mécontenter, et ce fut en effet ce qui arriva.

---

1. *American literature*, par Richardson (New York, 1895).

Edgar Poe leur parut un esprit dévoyé, et ils joignirent leurs efforts, auteurs et éditeurs, critiques et amis, pour le remettre sur la route du sens commun et de la simplicité. On ne leur ôtait pas de la tête que cet homme-là était né pour écrire des farces, malgré ses airs de porter le diable en terre, et que c'était lui rendre service que de l'y contraindre bon gré mal gré. Comment, pourquoi, ils avaient eu cette idée saugrenue, je ne me charge point de l'expliquer, mais c'est un fait. Le romancier John Kennedy — le même qui avait habillé et nourri Poe au plus fort de sa détresse — lui écrivait à titre d'ami, le 19 septembre 1835 : « — Est-ce que vous ne pourriez pas écrire quelques farces dans la manière des vaudevilles français? Je suis sûr que vous le pourriez, et vous en tireriez très bon parti en les vendant aux directeurs de théâtres de New York. Je souhaite que vous méditiez mon idée. » Du même, le 9 février 1836 : « — Votre défaut, c'est votre goût pour l'extravagant. Je vous supplie de vous en défier. On trouve cent écrivains où l'effort est sensible, pour un qui est *naturel*. Quelques-unes de vos *bizarreries* ont été prises pour de l'ironie — et admirées en qualité de satires,... à tort, puisque vous ne songiez à rien moins. J'aime votre grotesque ; il est d'excellent aloi, et je suis sûr que vous feriez merveille dans le comique.... Soyez absolument sobre de corps et d'esprit — et je vous garantis... le succès et le bien-être [1]. »

Presque à la même date, une grande librairie à laquelle il avait offert ses contes lui fit répondre : « — (3 mars 1836.) C'est obscur ; on ne distingue pas à quoi cela s'applique. Les lecteurs ordinaires ne comprendraient pas où l'auteur veut en venir, et ne pourraient point, par conséquent, jouir de la fine satire qui

---

[1]. *Poe in the South* (*The Century*, août 1894, New York).

y est contenue. Il faut être familier avec beaucoup de choses qu'ils ignorent pour être en état de goûter cette plaisanterie-là; c'est un plat trop raffiné pour leur palais. Cependant... si M. Poe consentait à s'abaisser au niveau de l'intelligence de la généralité des lecteurs... » on pourrait s'entendre, et la maison lui ferait de bonnes conditions. — La « plaisanterie » des contes de Poe! Et l'éditeur l'avait comprise, le malheureux! La lettre se terminait par des indications sur ce qui plaisait au public. On conseillait amicalement à Poe d'écrire de petites satires toutes simplettes, faciles à saisir, sur les défauts de ses concitoyens, ou, mieux encore, sur « les affectations ridicules et les extravagances de la littérature anglaise du jour ». M. Poe, ajoutait le correspondant, n'aurait qu'à vouloir; il est plein d'humour, ainsi qu'en témoigne son *Blackwood*, un morceau « capital », et que « tout le monde a compris [1] ».

Blackwood [2], ce chef-d'œuvre d'un Poe humoriste resté inconnu en France, était une grosse bouffonnerie, dans le genre satirique préconisé par les amis de l'auteur. Celui-ci y avait soulagé son cœur de l'amertume dont l'emplissaient les opinions esthétiques et littéraires de ses concitoyens. Son héroïne, miss Zénobie, bas-bleu de son métier, va demander à M. Blackwood, directeur du *magazine* du même nom, le secret du succès prodigieux de sa publication. M. Blackwood lui livre généreusement sa recette. « — La grande affaire pour nos collaborateurs, lui dit-il, c'est d'avoir des sensations à raconter. Les sensations, voyez-vous, il n'y a que ça. Si jamais vous êtes

---

1. *The Century, loc. cit.*
2. Voici le titre complet : *How to write a Blackwood article. — A predicament. Miss Zenobia's Blackwood article.*

noyée ou pendue, et que vous puissiez prendre des notes, ça vaudra dix guinées la feuille. Tenez; nous avons eu *l'Expérimentateur malgré lui*, — c'est l'histoire d'un monsieur cuit au four, — sorti vivant; il se porte très bien, — ça vous a eu un succès! Et *le Mort vivant!* Ce sont les sensations d'un monsieur enterré vif. Vous auriez juré que l'auteur avait passé sa vie dans un cercueil. Je vous citerai encore, parmi les bons modèles, les *Confessions d'un mangeur d'opium*. On a fait courir le bruit que c'était de Coleridge. Allons donc! C'est de mon singe Juniper — je lui avais fait avaler un bon grog, chaud et sans sucre. — Voulez-vous que je lâche mes chiens? Ce serait le plus simple. Ils vous auront avalée en cinq minutes, montre en main. Pensez donc! quelles sensations! — Tom! ici, Tom! lâchez-les, Dick! » Miss Zénobie, à son grand regret, n'avait pas le temps d'être mangée, même en cinq minutes. M. Blackwood se dispensa de lâcher Tom, mais il donna à la bonne demoiselle une excellente leçon de style : « — Il y a beaucoup de manières d'écrire, lui disait-il judicieusement. Nous avons le ton didactique, le ton enthousiaste, le ton naturel, — fini, tout ça, usé jusqu'à la corde. Dans ces derniers temps, nous avons eu le style abrégé, qui a très bien pris. Jamais de virgules — Trois mots — Un point — Toujours un point — Et à la ligne; jamais de paragraphe. Quelques-uns de nos meilleurs romanciers ont pris sous leur patronage le style élevé, un peu amphigourique et avec beaucoup d'interjections. Il faut que ça fasse *rrrrrrrrr*, comme une toupie d'Allemagne; le ronflement tient lieu de sens. Pas mauvais non plus, le ton métaphysique; vous parlez objectivité et subjectivité; vous ne manquez pas d'éreinter en passant un nommé Locke, vous saupoudrez de noms savants : le *Gorgias*, l'école éléate, Archytas de Tarente, Xénophane de

Colophon; et quand vous craignez d'avoir dit une bêtise par trop forte, vous mettez en note : *Critique de la raison pure*. — A propos, n'oubliez pas d'avoir un cahier de citations en toutes langues; vous les placez adroitement — ça donne l'air savant. » M. Blackwood n'avait pas jeté ses perles devant des pourceaux. Miss Zénobie monta dans un clocher où se trouvait une horloge, et passa sa tête par un trou du cadran. Son premier article décrivit ses sensations tandis que la grande aiguille « lui sciait lentement le cou ». Réduit à une page, *Blackwood* peut faire rire; en vingt grandes pages, la plaisanterie paraît longue.

Poe avait appris sans étonnement qu'il possédait le don du comique. Il avait la prétention d'être un génie universel, aussi apte à bâtir une tragédie ou un système du monde qu'à bâcler une parodie ou un article de journal. Il ne se fit pas prier pour exploiter la veine bouffonne illustrée par *Blackwood*, et de cette erreur sont sortis des contes que Baudelaire, en homme de goût, s'est gardé d'admettre dans sa traduction. Imitons sa discrétion et passons sur les *Lunettes*, la *Mille et deuxième Nuit*, le *Duc de l'Omelette*, et quelques autres du même genre.

Passons aussi sur de nombreux travaux, sans valeur aucune, où il s'était abaissé en conscience « au niveau de l'intelligence de la généralité des lecteurs » La nécessité en a seule été responsable. On lui demandait une compilation, un manuel d'écolier, des articles « d'actualité » : il compilait, professait, parlait sport, histoire naturelle, inventions nouvelles, pavage des rues, cuisine, au gré du « patron ». S'il n'a pas fait de sermons c'est qu'on ne lui en a pas commandé; que lui importait un sujet ou un autre, pourvu que Virginie eût chaud et tante Clemm de quoi aller au marché? Au surplus, ces besognes passaient inaperçues. Poe eut beau se prodiguer en écrits médiocres et incolores, il resta toujours, pour la foule, l'auteur apocalyptique de deux ou trois douzaines de contes qu'elle ne comprenait pas; la foule avait deviné, avec l'un de ces instincts inexplicables qui sont en elle, qu'il n'y avait que cela qui comptât. Le directeur de journal dont nous avons cité plus haut un joli fragment sur la tante Clemm [1] disait dans le même article, pour excuser les États-Unis d'avoir laissé leur plus grand poète dans le besoin : « M. Poe écrivait... dans un style beaucoup trop au-dessus du niveau populaire pour pouvoir être bien payé ».

Ses articles de critique méritent qu'on s'y arrête un instant. On lui a reproché leur terre à terre, et avec raison; mais on ne voit pas comment il aurait pu l'éviter, alors que sa mauvaise étoile l'obligeait à parler de productions qui n'étaient encore que les balbutiements d'une littérature au maillot. Des devoirs d'écoliers appellent le maître d'école et sa férule. Celle d'Edgar Poe était lourde. Dès qu'il la saisissait, ce n'étaient que pleurs et grincements de dents parmi la gent écrivassière, à laquelle il ne passait ni une faute de prosodie, ni une faute d'orthographe : « Comptez donc sur vos doigts, disait-il à l'un; vous verrez qu'il manque un pied au second vers. Le suivant est trop long. Essayez de scander la dernière strophe; je vous en défie. Vous avez confondu les anapestes avec les spondées; un anapeste se compose de deux brèves et une longue. Voilà un mot qui n'existe pas en anglais; l'adjectif *infini* n'a pas de comparatif. Et vos prépositions! Toutes à contresens! Prenez modèle sur la populace; vous ne confondrez plus *de* et *avec*. » — A

---

1. Voir p. 213. L'article avait paru dans le *Home Journal* du 13 octobre 1849. Edgar Poe était mort depuis huit jours.

d'autres : « Vous aussi, miss Margaret Fuller, vous feriez bien de repasser votre grammaire; vous en prenez trop à votre aise avec la syntaxe, sous prétexte de *carlyliser*. C'est dommage, car votre style est un des meilleurs que je connaisse. — M. Flaccus [1] — rien d'Horace, ni même de son ombre — a mis le mal de mer en vers. C'est une entreprise hardie, sans précédent si je ne m'abuse. Son volume est un des plus sots qu'on puisse rêver. Il a des métaphores extraordinaires. Lui seul était capable de trouver les « fleurs « sans épines qui sautent tout armées d'un cerveau de « femme ». Ou ceci : « Il prend les grands arbres « par les cheveux, et en balaie l'air comme avec des « balais ». Flaccus n'est même pas un poétereau de second ou de troisième ordre; il est tout au plus de quatre-vingt-dix-neuvième ordre. — M. English se plaint encore des typographes; mais nous connaissons le truc. Toutes les fois que M. English s'aperçoit qu'il a estropié un mot, ou mis un verbe au singulier avec un nom au pluriel, nous sommes sûrs de voir apparaître des lamentations sur les fautes d'impression « absolument inconcevables » qui se sont glissées dans son dernier volume. Il est parfaitement dans son droit en ignorant l'orthographe, puisqu'il n'a pas été à l'école. Nous trouvons seulement fâcheux qu'il dirige une revue. Il n'y a pas de spectacle plus pitoyable que celui d'un homme n'ayant même pas l'instruction primaire et qui se fait pourvoyeur de belles-lettres pour l'humanité. »

Il est vrai qu'il n'y aurait pas eu de revues en Amérique — toujours d'après Edgar Poe, — s'il avait fallu attendre de trouver des directeurs instruits. A défaut de science, accordons-leur une philosophie indulgente,

---

[1]. Pseudonyme de Thomas Ward.

puisqu'il s'en trouva un pour publier le conte impertinent que Poe a intitulé : *la Vie littéraire de Bob Thingum, esq.* C'est l'histoire d'un jeune Yankee très avisé, qui a résolu d'arriver à la gloire et à la fortune par la littérature. Il commence par acheter quelques vieux bouquins « complètement oubliés ou inconnus », qu'il traduit ou copie avec discernement. A l'un, il prend l'histoire « d'un certain Ugolin, qui avait une potée d'enfants » ; à l'autre, un long passage sur « la colère d'Achille » ; à un troisième, qui est aussi d'un bonhomme aveugle, des tirades sur « la Sainte-Lumière » et sur Adam, « premier-né du ciel ». Bob recopie proprement « ses poèmes » et les envoie aux quatre *magazines* les plus importants. Ils sont refusés, non pas qu'on ait reconnu les vers de Dante, d'Homère ou de Milton, mais parce qu'ils sont traités de fatras. Instruit par l'expérience, Bob débute modestement par un distique sur un produit de parfumerie. Il apprend d'un éditeur influent l'art de la réclame, celui de tuer la concurrence en déshonorant les confrères et de supprimer les frais de rédaction en se faisant payer par ses collaborateurs. La fortune lui sourit aussitôt. Il devient propriétaire de « trois périodiques », l'argent afflue dans sa caisse et les échos de la presse quotidienne retentissent de son nom : il est le grand Bob, le fameux Bob, « l'immortel Bob ».

Poe résumait dans les termes que voici — ou à peu près — le spectacle offert aux environs de 1840 par le monde des lettres américain : « En tant que nation littéraire, nous sommes un immense *humbug* ; il n'est pas un homme raisonnable qui n'en convienne dans son for intérieur. Nous sommes la proie des coteries et des sociétés d'admiration mutuelle. Tous nos poètes et nos poétesses ont du génie, tous nos romanciers sont « grands », tous les écrivailleurs en n'importe quel genre sont « admirables ». Nous n'aurions pas à chercher bien loin pour citer vingt ou trente soi-disant « personnages littéraires » auxquels ces lignes feront faire un retour sur eux-mêmes et sur « leur gloire », et qui rougiront de honte, à moins qu'ils ne soient à moitié idiots, ce que je serais assez disposé à croire, ou endurcis par une habitude prolongée de la mauvaise foi. Il appartiendrait à la critique de faire justice de ce *puffisme* éhonté, de ces charlatans pleins d'impudence; mais il est de notoriété publique que notre critique est à vendre. Les uns empochent purement et simplement; ce sont les moins malfaisants; on les prend pour ce qu'ils valent. Les autres pratiquent le pot-de-vin indirect et savant; ils sont considérés; ce sont les véritables empoisonneurs de l'esprit public. Les relations d'éditeur à critique sont, de nos jours, des relations de forban à forban. Je défie bien qu'on me donne un démenti [1]. »

Ce sont là des paroles courageuses, quand on se reporte à la situation difficile de celui qui les traçait. Maintenant que les victimes de Poe sont mortes et oubliées, leurs descendants commencent à reconnaître qu'il a rendu un grand service à son pays en remettant les choses au point et en réduisant à néant les ridicules pantins de lettres qui donnaient aux États-Unis, à force de s'agiter, l'illusion de posséder une littérature. Les plus francs avouent qu'on ne peut lui reprocher que d'avoir été encore trop indulgent et d'avoir fait l'éloge de mainte nullité. Mais de son vivant, lorsque ses articles éclataient comme des bombes dans les petites chapelles littéraires où les fidèles étaient occupés à s'encenser les uns les autres, ils provoquaient d'inexpiables rancunes, trop faciles

---

[1]. *The Quacks of Helicon.*

à satisfaire. Il aurait fallu ne pas donner prise soi-
même pour mener une campagne aussi violente, et
ce n'était point le cas. L'ivrognerie de Poe faisait
généralement les frais des réponses à ses articles de
critique. Les plus écorchés ne s'en tenaient pas là et
l'accusaient d'actes infamants, voire criminels. Ce fut
le cas de M. English, le directeur de revue qui faisait
des fautes de pluriel. Poe lui intenta un procès en
diffamation et le gagna, mais ces sortes de victoires
coûtent cher; il en reste dans le public le vague souvenir qu'on a été mêlé à de vilaines affaires, et cette
impression était entretenue avec soin par les ennemis
du poète.

Edgar Poe, hélas! prêtait aussi le flanc aux reproches de charlatanisme qu'il adressait à ses confrères. Il ne le cédait à personne pour la science de
la réclame, et, si sa probité lui interdisait les moyens
déshonnêtes, sa vanité d'auteur lui conseillait les
moyens ingénieux. On dirait vraiment qu'à force de
s'entendre dire que *Blackwood* était un « morceau
capital », il en était venu à penser qu'il y avait du
bon dans les conseils de M. Blackwood à miss Zénobie,
puisqu'il les suivit à la lettre; c'est à croire qu'il s'y
était moqué de lui-même. Lui aussi, il eut sa petite
provision de citations en toutes langues, les langues
qu'il savait et celles qu'il ne savait pas, et il les plaça
et replaça « adroitement », avec un mépris superbe de
la prosodie, de la syntaxe et du reste. Il faisait dire à
Voltaire : — « Les Grecs font paraître *ses* acteurs...
le visage *convert* d'un masque... », et à Boileau : « Le
plus fou souvent est le plus satisfait ». Il copia effron-
tément les *notes* des savants européens, transcrivant
ingénument les fautes d'impression et prenant le
Pirée pour un homme. Il attribua *Œdipe à Colone* à
Eschyle, et mit *Ver-Vert* et le *Belphégor* de Machiavel

parmi les livres ténébreux qui contribuaient à troubler la raison de Roderick Usher. Il poussa la confiance en l'ineptie de ses compatriotes jusqu'à se pourvoir d'une discussion savantissime, prise je ne sais où, sur le sens d'un texte hébreu dont il aurait été bien en peine de déchiffrer une lettre. Il était très fier de sa « polémique » à propos d'Isaïe et d'Ézéchiel, et il est de fait qu'elle lui a rendu de bons et loyaux services : il l'a reproduite à satiété.

C'était par trop de sans-gêne avec des lecteurs qui se formaient rapidement sous l'influence des Longfellow, des Emerson et des Hawthorne. On s'avertissait entre éditeurs de se défier de la science de M. Poe : « — Il fait des citations de l'allemand, mais il n'en sait pas un mot.... Quant à son grec, vous saurez à quoi vous en tenir pour peu que vous y mettiez le nez.... » Les revues ne lui en demandaient pas moins des articles de critique; on l'y poussait, on l'y cantonnait, car ses éreintements faisaient monter le tirage. Et Poe leur en fournissait avec sécurité; il ne songeait pas que tout se découvrirait un jour, que bien des choses se découvraient déjà, et que son érudition de carnaval fournissait des armes à qui ne demandait qu'à lui rendre œil pour œil.

La foule ne s'inquiétait pas de ces vétilles; il lui était fort indifférent que M. Poe se fût trompé sur la densité de Jupiter, ou qu'il eût volé des *notes* à quelque savantasse du vieux continent. Mais il existait entre elle et l'auteur des *Contes fantastiques* un malentendu profond, qui fut le grand obstacle à la popularité de Poe dans sa patrie, plus encore que ses obscurités et ses bizarreries. Ces petits-fils de puritains s'obstinaient à exiger de la littérature une action morale, directe, évidente, qui fût le but avoué de l'auteur et la raison d'être de son œuvre. Il ne leur suffisait pas qu'une page fût pure : il fallait qu'elle apportât son enseignement, qu'elle apprît ou insinuât une vérité saine et utile. Edgar Poe se hérissait à la pensée de faire servir la poésie à l'éducation de la nation autrement qu'en élevant les âmes dans la sphère de l'éternelle beauté. Il se retranchait dans la doctrine de l'art pour l'art avec une intransigeance qui le rendait agressif envers les écrivains d'une autre opinion. Non content d'avoir banni de son œuvre la créature morale, comme l'a très bien dit Barbey d'Aurevilly, il était impitoyable pour ceux qui lui réservaient la première place, ou seulement une grande place, dans leurs ouvrages. Il reprochait à Longfellow d'avoir la manie de réformer le monde par ses poésies, au lieu de se borner à tâcher de faire de bons vers : « — C'est un grand artiste, disait-il, et un idéaliste de haut vol. Mais sa conception de l'*objet* de la poésie *est entièrement fausse*.... Sa didactique est invariablement *hors de sa place*. Il a écrit des poèmes brillants — par accident; c'est-à-dire, quand il a permis à son génie de l'emporter sur des habitudes de pensée conventionnelles.... Nous ne voulons pas dire qu'on ne puisse faire circuler un enseignement moral tout au fond d'une œuvre poétique; mais on a toujours tort de l'imposer avec insistance, comme il le fait dans la plupart de ses œuvres.... M. Longfellow... croit essentiel d'inculquer *une morale*.... Le *ton* didactique prévaut dans sa poésie. Idées et images, tout est subordonné chez lui à la mise en lumière d'un ou plusieurs points qu'il considère comme *la vérité*. Et, tant que le monde sera plein de conventicules parlant le patois de Chanaan, il ne faudra pas s'étonner que ce système conserve d'austères défenseurs [1]. »

1. *Longfellow's Ballads.*

Ces lignes sont de 1842. Poe s'y montre très modéré, puisqu'il demande seulement que l'élément moral soit subordonné dans l'œuvre d'art à l'élément esthétique. Trois ans plus tard, à propos d'une anthologie publiée sous la direction de Longfellow, il devenait dur pour les braves gens qui persistaient à voir dans la sanctification de l'âme le but final de la littérature. « — Nous ferons remarquer pour finir, écrivait-il, que (ce volume), quoique rempli de beautés, est infecté de morale [1]. » Il affectait de proclamer très haut qu'on ne le prendrait jamais à coudre une morale à la queue d'une histoire, et il n'avait pas assez de railleries pour les critiques qui découvrent des enseignements profonds jusque dans une chanson de rouliers. « — C'est donc bien à tort, poursuivait-il ironiquement, que certains ignorantissimes m'accusent de n'avoir jamais écrit une histoire morale, ou, pour parler plus exactement, une histoire avec une morale. D'autres qu'eux ont été prédestinés à me dévoiler et à *développer* ma morale — voilà tout le secret.... En attendant, désireux d'alléger les charges qui pèsent sur moi,... j'offre la triste histoire que voici; sa morale ne pourra pas être mise en doute, puisque le titre en est caution. » Le récit annoncé avec ce fracas est un des plus insipides qui soient sortis de la plume de Poe; il s'appelle : *Ne pariez jamais votre tête avec le diable*; Conte *avec une morale*.

Poe avait donc sa part de torts dans la mauvaise fortune qui ne lui laissait guère de répit, mais il les expiait lourdement. Quelles que fussent sa diligence, son assiduité au travail, sa bonne volonté à se plier aux besognes infimes, il ne pouvait être question pour lui de vivre de sa plume. Le poème qui lui avait rap-

1. *Evening Mirror*, 14 janvier 1845.

porté « une paire de souliers, plus 12 shellings »,
n'avait pas été l'un des plus mal payés. Il reçut 10 dollars pour *le Corbeau*, 52 pour *le Scarabée d'Or*, qui a
cinquante pages dans la traduction française. Il travailla pour les journaux à raison d'un dollar la colonne
et donna *le Silence*, ou telle autre petite merveille, pour
« cinq ou dix dollars, si ce n'est même pour rien ». En
1841, l'éditeur de son premier volume de contes se
récusa pour le second : « — Nous n'avons pas fait nos
frais », dit la lettre de refus. Poe remarquait avec
amertume que le succès lui venait d'Europe : « — Que
de fois, disait-il, mes écrits sont passés entièrement
inaperçus jusqu'à ce qu'ils eussent été réimprimés à
Londres ou à Paris ». Force lui était de se rejeter sur
le « gros ouvrage », qui lui dévorait son temps et ses
forces, et ce n'était pas encore le plus grave ; le « gros
ouvrage » l'obligeait à vivre parmi les autres hommes,
au contact irritant, dans les rues peuplées de cabarets,
au lieu d'apaiser ses nerfs dans la solitude de la campagne, loin des tentations et sous la garde vigilante
de la tante Clemm. Les conséquences furent désastreuses.

VII

Poe a eu des « places » dans beaucoup de revues ou
de journaux américains. Il a été le rédacteur à tout
faire qui manie les ciseaux, corrige les épreuves,
remet les phrases sur leurs pieds et fabrique au commandement un article sur mesure pour boucher un
trou. Il a été le sous-sous-secrétaire « assis à un pupitre
dans un coin de la salle de rédaction [1] », et dont les

1. Lettre de Willis, du 17 octobre 1859.

fonctions consistent à être dérangé par tout le monde. Il a été le monsieur qui alimente l'abonné de province de jeux d'esprit et promet des primes aux meilleures solutions; le boniment que voici eut l'honneur d'être rédigé de la même main qui avait tracé *la Chute de la maison Usher* : « — Nous donnerons un abonnement d'un an à la revue, plus un abonnement d'un an au *Saturday Evening Post*, à toute personne, ou plutôt à la première personne, qui résoudra cette énigme ». Il a été le directeur inventif auquel on confie un *magazine* aux abois, et qui trouve moyen de faire monter le tirage de quarante mille numéros. Il a occupé toutes ces situations au contentement général. Directeur, il remplissait la caisse. Relégué dans les emplois inférieurs, il était le modèle du petit employé, ponctuel, laborieux, ne se permettant ni une volonté ni une opinion : « — Il était à son pupitre à neuf heures du matin, racontait un de ses anciens chefs, et ne s'en allait pas avant que le journal — un journal du soir — fût sous presse ». Les observations le trouvaient toujours de bonne humeur; il les accueillait avec une déférence qui nous paraît, à nous, exagérée, suspecte par conséquent, mais qui lui valait de bonnes notes dans les bureaux de rédaction de New York : — « Quand nous lui demandions de glisser sur une critique, d'effacer un passage trop vif, il le faisait avec empressement et courtoisie; il était infiniment plus maniable, dans ces questions délicates, que ne le sont la plupart des hommes ».

Sa facilité de travail le rendait précieux dans les mauvais jours, quand la caisse était à sec : il rédigeait le journal à lui tout seul. Enfin il était sans rival pour les jeux d'esprit; il se consacra une fois pendant six mois à deviner les cryptogrammes que les abonnés adressaient au journal de tous les points des

États-Unis. Il y en avait en plusieurs langues, écrits avec tous les alphabets connus. Un seul lui résista, et il put démontrer que l'auteur avait triché et que cela ne voulait rien dire.

Plût au ciel que le tableau fût complet! Mais on n'en a vu que la partie lumineuse, celle qui représente la lune de miel d'Edgar Poe avec ses patrons. Il les quittait quelquefois de lui-même; on le regrettait, et tout était pour le mieux. Le plus souvent, il désirait rester. Quelques mois se passaient, ou quelques semaines — cela dépendait — et la comédie tournait en drame. Le modèle des employés devenait soudain « inexact, bizarre et grincheux »; le plus modeste et le plus souple des collaborateurs se transformait en une sorte de matamore arrogant; la perle des directeurs oubliait de faire paraître le numéro. L'opinion de ses chefs ou de ses associés changeait avec la même rapidité, et ils étaient outrés après avoir été charmés; tel l'avait adoré pendant un hiver et s'était accusé publiquement de l'avoir méconnu, qui n'en voulait plus entendre parler l'été suivant, et la cause du revirement était invariablement la même : son vice l'avait ressaisi. Il était entré en fonctions contrit et repentant, pétri de bonnes résolutions et confiant dans l'effort de sa volonté, et puis, brusquement, le mal l'avait terrassé : « — Je crois, écrivait un de ses directeurs pendant une crise, qu'il n'avait absolument rien bu pendant dix-huit mois, mais en voici trois qu'on le rapporte continuellement chez lui dans des états pitoyables ». C'était alors une métamorphose complète, la substitution d'une personnalité à une autre. Il ne restait plus rien de l'homme raffiné qui frappait les habitués des salles de rédaction par ses manières aristocratiques, légèrement cérémonieuses. On n'avait plus devant soi qu'un ivrogne d'allures vulgaires, un braillard qu'on s'empressait de mettre à la porte et que chacun se croyait le droit de chapitrer. Je ne crois pas que jamais poète ait été autant sermonné, aussi durement, et je suis certain qu'il ne s'en serait pas trouvé un second pour l'endurer avec cette humilité.

Presque au début de sa carrière, il est chassé d'un *magazine* qu'il venait de sauver, parce que deux numéros de suite n'ont pu paraître à leur date. Le propriétaire du journal lui écrit : « — Mon cher Edgar,... je crois fermement à la sincérité de toutes vos promesses ; mais j'ai peur que vous ne manquiez à vos résolutions en remettant le pied dans nos rues et que vous ne buviez encore jusqu'à y laisser votre raison. Vous êtes perdu si vous comptez sur vos propres forces. Il n'y a de salut pour vous que si vous implorez l'aide de votre Créateur. Combien j'ai regretté de me séparer de vous, Lui seul le sait. Je vous étais attaché, je le suis encore, et je dirais volontiers : — « Revenez », si le passé ne me faisait craindre une nouvelle rupture à brève échéance. Si vous vouliez vous contenter de prendre vos quartiers chez moi, ou dans toute autre famille n'usant pas de boissons alcooliques, j'aurais quelque espoir. Mais si vous allez soit à la taverne, soit dans tout autre lieu où l'on fait usage de ces boissons, vous êtes perdu. J'en parle par expérience. Vous avez de belles facultés, Edgar, et vous leur devez de leur assurer le respect aussi bien qu'à vous-même. Apprenez à vous respecter, et vous vous apercevrez bien vite que les autres vous respecteront. Séparez-vous pour toujours de la bouteille et des compagnons de bouteilles. Dites-moi si vous pouvez et voulez le faire. Si jamais vous rentrez dans mes bureaux, il faut qu'il soit bien entendu que je serai délié de tous mes engagements le jour où vous vous serez enivré. Tout homme qui boit avant son déjeuner est perdu ; il n'est plus possible de faire convenablement ce qu'on a à faire [1]. »

Il est dur pour tout le monde de recevoir de pareilles semonces, et Poe savait fort bien qu'il n'était pas tout le monde; il lui échappa un jour, dans une discussion sur le panthéisme, de s'écrier avec feu : « Ma nature tout entière se révolte à l'idée qu'il y ait dans l'univers un être supérieur à moi ». Il n'en courbait pas moins la tête sous les reproches, avec une humilité qui a sa grandeur : « Bien que je ne vous aie jamais accusé réception de vos conseils d'il y a plusieurs mois, écrivait-il à un autre donneur d'avis, votre lettre n'en a pas moins eu sur moi une grande influence; j'ai depuis lors combattu l'ennemi en homme, et je suis maintenant, sous tous les rapports, confortable et heureux. Je sais vous faire plaisir en vous l'apprenant (22 janvier 1836). »

Tous les procédés semblaient permis avec lui. En 1840, il travaillait pour une revue où il recevait 50 dollars par mois pour « corriger les épreuves, surveiller l'imprimerie, lire les manuscrits et les mettre au point, compiler les articles de cuisine, de sport, etc. », recopier les auteurs illisibles et donner dans chaque livraison un morceau inédit. Une crise de boisson le fit

---

[1]. White à Edgar Poe. Cette lettre a une histoire, qui prouve la difficulté d'arriver à la vérité sur Poe. Elle avait été insérée par M. George Woodberry dans sa biographie d'Edgar Poe, dont la première édition, parue à Boston, est, si je ne me trompe, de 1885. Elle y était donnée comme *sans date*, mais de 1837 ou de la fin de 1836. En 1894, au mois d'août, M. George Woodberry la publiait à nouveau dans une revue de New York, le *Century illustrated monthly magazine*. Cette fois, elle est datée : *Richemond, 29 septembre 1835*, et le texte présente de nombreuses différences. Ce n'est pas encore tout. Presque en même temps, une nouvelle édition de la biographie de M. George Woodberry reproduisait l'ancien texte et le « sans date ». Où est la vérité ?

chasser, comme toujours. Le propriétaire de la revue eut l'indignité de faire imprimer sur la couverture [1] une note transparente, au sujet de « la personne dont « les infirmités » lui avaient causé tant d'ennuis ». Un peuple qui lit autant la Bible aurait pourtant dû se souvenir du manteau de Noé. Le coup fut terrible pour le poète infortuné. Il existe de lui une lettre d'homme affolé, adressée à la suite de ce scandale à un médecin qui avait pris sa défense. Poe essaie de nier et ment, puis il avoue à demi, puis il ment encore, et ce sont des mensonges si grossiers, qu'à peine peut-on l'accuser d'avoir voulu tromper : « J'ai à vous remercier de m'avoir défendu.... Je vous jure devant Dieu que je suis d'une sobriété rigoureuse. Depuis l'instant où j'ai vu pour la première fois ce vil calomniateur, jusqu'à celui où j'ai quitté ses bureaux, vaincu par le dégoût que m'inspiraient son esprit de chicane, son arrogance et sa brutalité, *aucune boisson plus forte que l'eau n'a jamais passé mes lèvres.* » Il explique ensuite, « pour être parfaitement franc », qu'il y eut une époque où il cédait de loin en loin à la tentation : « En un mot, il m'est arrivé quelquefois de me griser complètement. Après chaque excès, j'étais invariablement au lit pour plusieurs jours. Mais il y a maintenant quatre ans que j'ai entièrement renoncé à toute espèce de boisson alcoolique — quatre ans, sauf une seule infraction.... » Il justifie son « infraction », patauge, et répète à tout hasard, pour le cas où l'on voudrait bien faire semblant de le croire : « Je ne bois que de l'eau ».

Plus pénible encore est une autre lettre où il dissimule sa honte sous un ton de badinage. Des amis l'avaient mandé à Washington, dans l'espoir de lui procurer une sinécure dans la douane. Poe accourt,

---

[1]. *Gentleman's Magazine* de septembre 1840.

s'enivre, fait scandale; il ne lui reste plus qu'à fuir et à se cacher. De retour chez lui, il écrit aux amis de Washington : « Je suis arrivé tout à fait dégrisé.... Je suis seul à blâmer.... Merci mille fois, mon cher, de votre bonté et de votre grande indulgence, et ne soufflez mot à personne du manteau mis à l'envers, ni des autres peccadilles du même genre. Exprimez à votre femme mes profonds regrets pour la contrariété que je dois lui avoir causée.... Ce qui suit est pour Thomas. Mon cher ami, pardonnez-moi ma vivacité, et n'allez pas croire que je pensais tout ce que je disais. Croyez que je vous suis très reconnaissant de toutes vos attentions et indulgences, et que je ne les oublierai jamais, non plus que vous.... Veuillez exprimer mes regrets à M. Fuller pour m'être conduit dans sa maison comme un animal, et dites-lui (si vous le croyez nécessaire) que son excellent porto ne m'aurait pas grisé la moitié autant, sans le café au rhum qu'il m'a fallu avaler par-dessus. »

Qu'on ne s'y méprenne point; c'est un cœur navré qui parle. Edgar Poe eut la pleine, la torturante conscience de sa dégradation, et jamais ne s'y habitua. Il l'a dépeinte en termes flamboyants dans une pièce de vers, *le Palais hanté*, qui symbolise le changement apporté dans son âme, et aussi dans sa physionomie, par les ravages de l'alcool :

« Dans la plus verte de nos vallées, où n'habitent que de bons anges, un vaste et beau palais dressait jadis son front. C'était dans les États du monarque Pensée, c'était là qu'il s'élevait. Jamais séraphin ne déploya ses ailes sur un édifice à moitié aussi splendide.

« Des bannières éclatantes, jaunes comme l'or, flottaient et ondoyaient sur le faîte. (Cela, tout cela, c'était dans des temps anciens, très lointains.) Et à chaque brise caressante qui se jouait dans la douceur du jour, tout le long des blanches murailles pavoisées s'envolaient des parfums ailés.

« Les voyageurs, passant par l'heureuse vallée, apercevaient, à travers deux fenêtres lumineuses, des esprits se mouvant harmonieusement, au rythme d'un luth bien accordé, tout autour d'un trône où se laissait voir, assis comme un Porphyrogénète dans tout l'éclat de sa gloire, le souverain de ce royaume.

« Éclatante partout de perles et de rubis, rayonnait la porte du beau palais, par laquelle s'écoulait à flots pressés, toujours étincelante, une troupe d'Échos, dont la douce fonction n'était que de chanter, avec des voix d'une beauté exquise, l'esprit et la sagesse du roi.

« Mais des êtres funestes, en vêtements sinistres, vinrent donner assaut à la puissance du monarque (Ah! gémissons! car l'aube d'aucun lendemain ne luira pour lui, le désespéré), et la splendeur qui rayonnait et s'épanouissait tout autour de son palais n'est plus qu'une légende, un souvenir obscur de l'ancien temps enseveli.

« Et maintenant les voyageurs passant par la vallée n'aperçoivent plus, à travers les fenêtres enflammées de lueurs rouges, que des formes monstrueuses s'agitant de façon fantastique au bruit d'une discordante mélodie, tandis que pareille à un flot rapide et spectral, à travers la porte pâle une foule hideuse se précipite sans relâche et rit, mais ne sait plus sourire. »

Hideuse, en effet, était la foule de ses pensées. Les ruines s'amoncelaient en lui et autour de lui, dans son corps ravagé et émacié, dans son cerveau plus souvent trouble et lassé, dans sa carrière amoindrie et finalement anéantie, dans son foyer, que les prodiges de la tante Clemm ne sauvaient plus de la famine. Il avait perdu jusqu'aux chimères qui avaient été son refuge et son soutien. Edgar Poe avait toujours rêvé d'avoir un journal à lui, un journal qui serait son bien et sa chose et lui apporterait la fortune avec l'indépendance, et il l'eut un jour, en 1845, par un hasard imprévu, mais ce ne fut que pour voir cette dernière branche de salut se rompre entre ses mains ; son journal ne vécut que deux mois. Enfin, effondrement suprême, Virginie succombait au mal qui la minait. Ses beaux yeux brillaient de fièvre, son teint si pur était d'une pâleur de lis : « Elle n'avait plus l'air de ce monde », dit un témoin. Edgar Poe s'était obstiné longtemps à espérer contre toute espérance. Virginie était son bonheur ; les besoins de Virginie étaient son courage, sa raison de ne pas se laisser abattre. Pour elle, il se forçait à sourire ; pour elle, il devenait expansif et tendre. Au mois de juin 1846 — ils habitaient les environs de New York, — une circonstance inattendue le contraignit à passer la nuit en ville. De peur que Virginie ne s'inquiétât, il lui dépêcha le billet que voici :

« *(12 juin.)* Mon cher cœur, — ma chère Virginie, — notre mère vous expliquera pourquoi je reste loin de vous cette nuit. L'entrevue qu'on me promet aura pour résultat, j'en ai toute confiance, quelque bien *substantiel*. — Pour l'amour de vous, ma chérie, et pour celui de notre mère — conservez un cœur plein d'espoir et ayez encore un peu confiance. Lors de mon dernier grand désappointement, j'aurais perdu tout courage si ce n'eût été *pour vous*, — chère petite femme adorée. Vous êtes à présent mon plus grand, mon seul stimulant, dans mes batailles avec cette existence ingrate, pénible et antipathique.

« Je vous reverrai demain (*mot illisible*) dans l'après-midi et soyez sûre que je garderai *amoureusement en mémoire* jusque-là vos *dernières paroles* et votre fervente prière.

« Dormez bien, et que Dieu vous donne un été tranquille avec votre
« Edgar. »

Quelques mois plus tard, Virginie se mourait. L'illusion n'était plus possible même pour son époux, qui errait çà et là, à demi fou, incapable de tout travail et de toute pensée. La même visiteuse qui avait assisté à la scène des souliers crevés revint au petit cottage lorsque la bise glaçait la campagne défeuillée, et son cœur se serra au spectacle qui l'attendait. On avait descendu le lit de la mourante, de sa mansarde basse et sans air, dans le petit salon du rez-de-chaussée, demeuré aussi nu que par le passé, et aussi charmant de propreté méticuleuse. Les draps de Virginie étaient d'une blancheur éblouissante, mais elle était couchée sur de la paille, sans couverture, son corps fiévreux secoué par de grands frissons. Poe l'avait enveloppée dans le seul vêtement chaud qui lui restât; c'était le manteau d'ordonnance qu'il portait au régiment — ou à l'école des cadets, — près de vingt ans auparavant. Il lui réchauffait les mains dans les siennes, Mme Clemm pressait les petits pieds d'enfant, les petits pieds engourdis par le froid, et le chat familier du poète, couché sur sa chérie, « avait l'air de comprendre combien il était utile ». Edgar Poe n'était plus qu'une ombre; il y avait des semaines qu'on ne mangeait plus dans la maison, afin de réserver les derniers liards au soulagement de Virginie. La tante Clemm était la statue du désespoir.

La visiteuse retourna en hâte à New York, conter

ce qu'elle avait vu à une personne charitable, Mrs Shew. Les secours arrivèrent aussitôt sous forme de literie, de linge, de vin vieux, de tout ce qui pouvait prolonger une existence condamnée ou en adoucir les derniers moments. Un journal fit appel à la charité publique, comme d'autres l'avaient fait jadis pour la mère de Poe. Celui-ci, le rouge au front, lut ces lignes contre lesquelles il crut devoir protester : « Nous apprenons avec regret qu'Edgar Poe et sa femme sont tous les deux dangereusement malades de consomption, et que la main de l'adversité pèse lourdement sur leurs affaires temporelles. Nous sommes peinés de devoir dire qu'ils sont gênés au point de manquer des objets de première nécessité. C'est vraiment dur, et nous espérons que les amis et admirateurs de M. Poe viendront promptement à son aide, à l'heure amère du besoin. » Les amis et admirateurs envoyèrent quelque argent; mais le résultat le plus clair de cette note — rougissons, à notre tour, pour l'humanité — fut de déchaîner dans la presse américaine un orage d'injures contre le poëte aux abois. Un bas-bleu qu'il avait eu le malheur d'offenser eut soin d'envoyer à Virginie, dont elle empoisonna ainsi les derniers jours [1], les articles les plus venimeux contre son mari.

Le 29 janvier 1847, Poe mandait précipitamment la bienfaitrice à laquelle sa Virginie devait d'avoir chaud pour mourir. « Elle veut vous remercier encore une fois, écrivait-il. Son cœur — comme le mien — déborde d'une reconnaissance pour laquelle il n'y a pas de paroles. Elle me charge, pour le cas où elle ne vous reverrait plus, de vous dire qu'elle vous envoie son baiser le plus tendre et qu'elle mourra en vous bénis-

---

1. Ingram, vol. II, p. 98.

sant. Mais venez — oh! venez demain! Oui, je serai calme, je serai tout ce que vous voudrez.... » Mrs Shew accourut sans attendre au lendemain. Ce que Virginie lui voulait, c'était de lui montrer des lettres très anciennes, précieusement conservées, qui lavaient son époux d'une certaine calomnie sans cesse rééditée. La tante Clemm va nous apprendre la suite. On lit dans une de ses lettres que deux ans plus tard, dans un moment d'affreuse misère, elle était allée confier leur détresse à une « amie riche, qui avait fait beaucoup de promesses.... Je lui avouai franchement ce qui en était, poursuivait Mme Clemm encore bouillonnante d'indignation. Elle me proposa de quitter Eddy [1], disant qu'il pourrait parfaitement se tirer d'affaire tout seul.... Me proposer, *à moi*, d'abandonner mon Eddy, — quelle cruelle insulte! Il n'a que moi au monde pour le consoler et le soutenir, pour le soigner quand il est malade et hors d'état de s'aider! Est-ce que je peux oublier ce doux visage, si tranquille, si pâle, et ces chers yeux qui me regardaient si tristement tandis qu'elle disait : — Ma bien-aimée, ma Muddy bien-aimée, tu consoleras mon pauvre Eddy et tu en auras bien soin, — tu ne le quitteras *jamais, jamais*? Promets-le-moi, ma chère Muddy, et je pourrai mourir en paix. Et *j'ai promis*. Et quand je la retrouverai au ciel, je pourrai dire : J'ai tenu ma promesse, ma chérie.... »

Virginie expira le 30 janvier 1847. Mrs Shew apporta une fine toile pour l'ensevelir, et il n'y eut aucun bienfait dont Mme Clemm lui ait été aussi reconnaissante. « Sans elle, disait la mère désolée, ma Virginie chérie aurait été descendue au tombeau dans du coton. Je ne peux pas dire ma reconnaissance de ce que ma

---

[1]. Nous rappelons qu'*Eddy*, ou *Eddie*, était le petit nom de Poe dans l'intimité, *Muddy* celui de la tante Clemm.

mignonne a été enterrée dans de la belle toile. »
Mrs Shew aida à la mettre dans son linceul. Elle prit
le manteau d'ordonnance qui lui avait servi de couverture et le cacha, à cause des pénibles souvenirs
qu'il réveillait; mais il fallut le rendre à Poe pour
l'enterrement, car il n'en avait pas d'autre, et le ciel
hivernal était « de cendre et morne », ainsi qu'il l'a
décrit dans *Ulalume*. Quand il revint du cimetière, le
monde était décoloré à ses yeux. Le printemps ne
ramena que des fleurs de deuil; les mêmes campagnes
que l'amour avait parées d'une beauté surnaturelle se
changèrent en lieux revêches et déserts. Il avait dépeint
d'avance cette seconde métamorphose dans *Éléonora*.
« Les fleurs étoilées s'abîmèrent dans le tronc des
arbres et ne reparurent plus. Les teintes du vert tapis
s'affaiblirent; et un à un dépérirent les asphodèles
d'un rouge de rubis, et à leur place jaillirent par
dizaines les sombres violettes, semblables à des yeux
qui se convulsaient péniblement et regorgeaient toujours de larmes de rosée. Et la Vie s'éloigna de nos
sentiers; car le grand flamant n'étala plus son plumage écarlate devant nous, mais s'envola tristement
de la vallée vers les montagnes avec tous les gais
oiseaux aux couleurs brillantes qui avaient accompagné sa venue. Et les poissons d'argent et d'or s'enfuirent en nageant à travers la gorge, vers l'extrémité
inférieure de notre domaine, et n'embellirent plus
jamais la délicieuse rivière. Et cette musique caressante, qui était plus douce que la harpe d'Éole et que
tout ce qui n'était pas la voix d'Éléonora, mourut peu
à peu en murmures qui allaient s'affaiblissant graduellement, jusqu'à ce que le ruisseau fût enfin revenu
tout entier à la solennité de son silence originel. Et
puis, finalement, le volumineux nuage s'éleva, et,
abandonnant les crêtes des montagnes à leurs an-

ciennes ténèbres, retomba dans les régions d'Hespérus et emporta loin de la Vallée du Gazon-Diapré le spectacle infini de sa pourpre et de sa magnificence. »

Poe tomba dangereusement malade après l'enterrement et fut longtemps à se remettre. Mrs Shew rapporte qu'à force de privations héroïques, à force d'avoir eu faim et froid pour pouvoir acheter à Virginie des remèdes ou des aliments, il en était arrivé à un état d'épuisement qui faillit le mettre au tombeau. Il guérit cependant, mais ce fut pour son malheur, et il ne le savait que trop; on le surprenait, dans les bois du voisinage, assis à l'écart et « murmurant son désir de mourir ». Jamais, du moins, la crainte d'être abandonné par la tante Clemm n'effleura son esprit. C'est dans ce crépuscule de sa vie qu'il composa le sonnet dédié *A ma mère*, digne pendant à la lettre de Mme Clemm qu'on a lue tout à l'heure :

« Parce que je sens que là-haut dans les cieux les Anges, quand ils se parlent doucement à l'oreille, ne trouvent pas parmi leurs termes brûlants d'amour d'expression plus fervente que celle de *Mère*,

« Je vous ai dès longtemps justement appelée de ce grand nom, vous qui êtes plus qu'une mère pour moi et remplissez le sanctuaire de mon cœur, où la Mort vous a installée en affranchissant l'âme de ma Virginie.

« Ma mère, ma propre mère, qui mourut de bonne heure, n'était que *ma* mère à moi; mais vous, vous êtes la mère de celle que j'aimais si tendrement,

« Et ainsi, vous m'êtes plus chère que la mère que j'ai connue de tout un infini, — juste comme ma femme était plus chère à mon âme qu'à celle-ci sa propre essence. »

Après la mort de Virginie, les ténèbres s'épaississent autour de Poe. Il n'y a plus de répit, plus d'épisode rafraîchissant.

VIII

Il vécut dans une retraite farouche les premiers temps de son veuvage. Il marchait beaucoup, rêvait beaucoup et ne buvait que de l'eau; mais il était trop tard pour fuir la catastrophe finale. Depuis longtemps, il suffisait d'un verre d'une boisson forte pour lui donner la fièvre, le délire et des souffrances aiguës. Une agitation maladive le chassait de nuit hors de la maison, par les plus grands froids, enveloppé dans le manteau militaire et cramponné à la tante Clemm, qui faisait les cent pas avec lui jusqu'à ce qu'elle tombât de fatigue. Les rares personnes qui l'approchaient sentaient poindre la démence. Les signes précurseurs du *delirium tremens* étaient visibles; ils n'attendaient qu'un accident pour éclater, et il était impossible que l'accident n'arrivât pas.

Au mois de décembre, la pièce de vers intitulée *Ulalume* parut dans une revue, après avoir été refusée par une autre. Elle raconte l'histoire intérieure d'Edgar Poe durant cette année tragique, et comment il avait failli être infidèle au souvenir de Virginie. La morte avait pourtant triomphé de l'aube d'un sentiment nouveau : « Les cieux, ils étaient de cendre et mornes; les feuilles, elles étaient crispées et desséchées; elles étaient flétries et desséchées. C'était la nuit, dans l'Octobre solitaire d'une année qui, pour moi, n'a plus de place dans le temps. C'était tout près du lac brumeux d'Auber, dans l'humide région de Weir; — c'était le long de l'étang fangeux d'Auber, dans les bois de Weir, hantés par les goules.

« Ici, jadis, par une allée titanique de cyprès, j'errais avec mon âme; j'errais sous les cyprès, avec Psyché, mon Ame.... Notre entretien avait été sérieux et grave; mais nos pensées, elles étaient paralysées et desséchées, nos souvenirs étaient traîtres et desséchés — car nous ne savions pas que le mois était Octobre et nous ne remarquions pas la nuit de l'année (ah! la nuit de toutes les nuits de l'année)! »

L'étoile du matin se lève sur cet entretien, et sa lumière figure aux yeux du poète une aurore d'espérance. Il sent son cœur « encore jeune et vivace », il veut revivre, aimer, malgré l'effroi de son Ame, qui sait bien que tout est fini pour lui : « Ainsi je calmai Psyché et lui donnai un baiser, et je la tirai de son abattement, et je vainquis ses scrupules et son abattement; et nous allâmes jusqu'à la fin de l'allée, mais là, nous fûmes arrêtés par la porte d'une tombe — par la porte d'une tombe avec une légende; et je dis : Qu'y a-t-il d'écrit, douce sœur, sur la porte de cette tombe?... Elle répondit : Ulalume! Ulalume! — C'est le caveau de ton Ulalume que tu as perdue!...

« Alors mon cœur devint de cendre et morne, comme les feuilles crispées et desséchées, — comme les feuilles qui étaient flétries et desséchées. Et je m'écriai : C'était sûrement la même nuit d'Octobre, cette nuit de l'an passé, où je voyageai, — je voyageai par ici, — où j'apportai ici un fardeau terrible! Oh! quel démon m'a ramené ici, justement cette nuit entre toutes les nuits de l'année. Je connais bien maintenant ce lac brumeux d'Auber, — cette humide région de Weir, — je connais bien maintenant cet étang fangeux d'Auber, ces bois de Weir, hantés par les goules. »

Ulalume a été l'objet des jugements les plus divers. La pièce fut peu comprise en sa nouveauté; elle devançait les temps du symbolisme et du mot imprécis à dessein. Un ami de l'auteur [1] la recommanda dans une revue « comme un exercice de langage », une « jonglerie de mots rares, exquise d'adresse et très piquante », bref, une « curiosité philologique »; et ce miracle d'inintelligence ne fut pas isolé, tant s'en faut. Aujourd'hui encore, ceux qui mettent tout le prix de la poésie dans la perfection de la forme goûtent médiocrement *Ulalume*. Elle exerce sur d'autres un charme irrésistible; ils y entendent la plainte d'une âme blessée à mort; ils y sentent la confession personnelle « la plus spontanée et la plus sincère [2] » de toute l'œuvre d'Edgar Poe.

Peu de temps après sa publication, on annonçait à New York une conférence sur *l'Univers*, par M. Poe. Elle eut lieu le 3 février 1848 devant une salle à peu près vide. A l'entrée de l'orateur, ses rares auditeurs furent « affectés presque péniblement », rapporte l'un d'eux, par son air « inspiré » et l'éclat étrange de ses yeux : « Ils brillaient comme ceux de son corbeau ». Pendant deux heures et demie, Poe leur développa une « Proposition générale » qu'il formulait ainsi : « C'est *parce qu'il* n'y avait rien, que toutes choses sont ». D'après sa correspondance, les journaux louèrent sa conférence, mais pas un n'y avait compris un traître mot. Le mois suivant, l'un des grands éditeurs de New York voyait entrer dans son bureau un agité qui réclama son attention pour une affaire de la dernière importance : « Il s'assit auprès de mon bureau, me regarda fixement une bonne minute de son œil étincelant et dit enfin : « Je suis M. Poe ». Je fus naturellement tout oreilles.... Il reprit après une pause : « Je ne sais par où commencer. C'est une chose d'une immense

---

[1]. Le poète Willis.
[2]. Woodberry, *loc. cit*

importance. » Nouvelle pause; il était tout tremblant d'excitation. Il expliqua enfin qu'il venait proposer une publication d'un intérêt capital. Les découvertes de Newton sur la gravitation ne comptaient pas auprès de celles qu'on verrait dans son livre, lequel causerait une telle sensation, que son éditeur pourrait abandonner toutes ses autres entreprises, et faire de ce seul ouvrage l'affaire de toute sa vie. On pourrait se contenter pour entrée de jeu d'une édition de cinquante mille exemplaires, mais ce ne serait qu'un petit commencement. Il n'y avait pas dans toute l'histoire du monde un événement scientifique qui approchât en importance des développements originaux de ce livre. J'en passe, et tout cela était dit, non pas avec ironie ou en plaisantant, mais avec un sérieux *intense*; il me tenait avec son œil, comme le *Vieux marin*.... Nous risquâmes l'affaire, mais avec cinq cents exemplaires au lieu de cinquante mille[1]. »

L'ouvrage, très court, qui allait, d'après l'auteur, « révolutionner le monde des sciences physiques et de la métaphysique », s'appelait *Eurêka, poème en prose*. Il parut au printemps de 1848 avec cette dédicace : « A ceux-là, si rares, qui m'aiment et que j'aime; — à ceux qui sentent plutôt qu'à ceux qui pensent; — aux rêveurs et à ceux qui ont mis leur foi dans les rêves comme dans les seules réalités, — j'offre ce Livre de Vérités.... A ceux-là je présente cette composition simplement comme un objet d'Art, — disons comme un Roman, ou, si ma prétention n'est pas jugée trop haute, comme un Poème. » Il ajoutait que la vérité contenue dans son livre ressusciterait dans la vie éternelle, si quelque accident la tuait sur la terre.

Dans l'été qui suivit, Mrs Shew, sa fidèle amie, fut

---

1. *Putnam's Magazine*, 2ᵉ série, vol. IV.

alarmée du trouble de son esprit, un jour qu'il n'avait certainement pas bu. *Euréka* n'est pourtant pas un livre de demi-fou. Cela vaudrait mieux, les demi-fous ayant quelquefois des illuminations. C'est simplement un livre manqué, pour avoir visé plus haut que ne le comportaient le degré d'instruction d'Edgar Poe et les forces de son intelligence. Il voulut faire un système du monde, et il ne comprenait qu'imparfaitement les ouvrages de science sur lesquels il s'appuyait, d'où les erreurs grossières qu'on a relevées dans ses pages. Il prétendit renouveler la science, et il parla de la science en poète, qui ignore, usant de son droit de poète, la séparation entre la physique et la métaphysique, irrévocable depuis plus de deux mille ans. *Euréka* contient de hautes pensées ; on a pu, sans trop de complaisance, y apercevoir une analogie avec les idées d'Herbert Spencer sur l'évolution de l'homogène vers l'hétérogène et le retour éventuel de l'hétérogène à l'homogène. Mais, cela dit, on peut se dispenser d'en donner une analyse [1].

Edgar Poe a peu écrit depuis *Euréka*. Son imagination était forte ; elle n'avait jamais été abondante, et ce qu'elle avait possédé de fécondité tarissait, à mesure que les crises alcooliques s'exaspéraient. La faculté créatrice ne se réveillait plus que de très loin en très loin, avec des irrégularités et des apparences de caprice qui ne peuvent étonner que si l'on ignore les irrégularités et les caprices de ses accès d'ivrognerie. Il est impossible de suivre chez lui les ravages de l'alcool avec la minutie et la certitude qui donnent tant d'intérêt aux observations de Thomas de Quincey sur les effets

---

[1]. Baudelaire a donné une traduction complète d'*Euréka* dans le volume VII de ses *Œuvres complètes* (Calmann Lévy). On en trouvera une analyse approfondie et sympathique dans les *Écrivains francisés* d'Émile Hennequin (Perrin).

de l'opium. Les données font défaut pour Edgar Poe, qui cherchait à se cacher, à s'oublier soi-même, avec autant de soin que Quincey en mettait à s'analyser, à se noter et à se faire connaître au monde entier. Nous ne sommes même pas en mesure de nier ou d'affirmer que Poe ait aggravé son cas en prenant, lui aussi, de l'opium; les témoignages sont aussi contradictoires qu'ils sont formels. Il faut se borner à dire qu'il avait le cœur gravement atteint et qu'il dépérissait rapidement. Par une anomalie dont il y a d'autres exemples [1], les facultés intellectuelles, tout intermittentes qu'elles fussent devenues, retrouvaient à certains moments une partie de leur ancien éclat. Plus que jamais, il y avait deux Edgar Poe, deux personnalités que le public ne parvenait pas à concilier, l'une touchante et poétique, l'autre absolument répugnante. Ceux qui ne connaissaient que la première gardaient un souvenir inoubliable de cette face pâle et farouche, d'une tristesse qui ne se peut dire, et de la grâce courtoise, des façons chevaleresques de ce mourant à la voix musicale. Les autres n'oubliaient point non plus, mais c'était avec horreur qu'ils se rappelaient le misérable dépeint avec tant de vigueur par Émile Hennequin, l'être dégradé qui « en vint... à avoir cette face de vieille femme hagarde et blanche que nous montre un dernier portrait, cette face creusée, tuméfiée, striée de toutes les rides de la douleur et de la raison chancelante, où sur des yeux caves, meurtris, tristes et lointains, trône, seul trait indéformé, le front magnifique, haut et dur, derrière lequel son âme s'éteignait ». Tel il apparut à mesure qu'approchait l'inévitable dénouement; et c'est l'image qui a surnagé dans la mémoire de son peuple.

On est sans doute curieux de savoir ce qu'il écrivait

---

1. *Les Maladies de l'esprit*, par le Dr Pichon, chap. II.

aux heures de répit, et à quoi cela ressemblait dans le passé. En 1848 — nous négligeons ce qui n'a point de valeur, — parurent des vers intitulés *les Cloches*, qui sont un aimable tour de force d'harmonie imitative. L'année suivante, presque à la veille de la mort, autre pièce de vers, *A Annie*, où il se représente dans son tombeau :

« Grâce à Dieu ! — La crise — le danger est passé, et l'interminable maladie est finie, à la fin — et la fièvre nommée « Vivre » est vaincue, à la fin.

« Je n'ai plus aucune force, je le sais bien, et je suis là, couché tout de mon long sans pouvoir remuer un muscle. — Mais qu'importe ! Je sens que je suis enfin mieux.

« Et je repose si tranquillement dans ma couche, à présent, qu'on pourrait croire en me regardant que je suis mort. — On pourrait tressaillir en me regardant, me croyant mort... »

Deux curieux fragments en prose, *le Domaine d'Arnheim* et *le Cottage Landor*, terminent son œuvre. Poe y développe une esthétique du paysage qui est aujourd'hui bien démodée. D'après lui, un paysage naturel n'est jamais parfaitement beau ; il ne le devient que grâce à l'intervention et au travail de l'homme. Poe nous décrit deux paysages modèles, idéaux, et, pour les deux, l'effort de l'homme a tendu tout entier vers l'artificiel, ses mains ont effacé avec une sorte de rage les dernières traces de la glorieuse liberté de la Nature ; il en a aboli jusqu'au souvenir, autant qu'il dépendait de lui. Dans *le Domaine d'Arnheim*, des lieues entières de terrain sont propres et peignées comme l'unique plate-bande d'un amateur de tulipes : — « L'idée de la nature, dit-il, subsistait encore, mais altérée déjà et subissant dans son caractère une curieuse modification; c'était une symétrie mystérieuse et solennelle, une uniformité émouvante, une correction magique dans ces ouvrages nouveaux. Pas une branche morte, pas une feuille desséchée ne se laissait apercevoir; pas un caillou égaré, pas une motte de terre brune. L'eau cristalline glissait sur le granit lisse ou sur la mousse immaculée avec une acuité de ligne qui effarait l'œil et le ravissait en même temps. » L'ordre est encore plus parfait autour du *Cottage Landor*. La route est tapissée de gazon anglais, parfaitement uni et d'un vert éclatant : — « Pas un fragment de bois, pas un brin de branche morte. Les pierres qui autrefois obstruaient la voie avaient été soigneusement *placées*, non pas jetées, le long des deux côtés du chemin, de manière à en marquer le lit avec une sorte de précision négligée tout à fait pittoresque. » Cette route unique entre toutes les routes, où l'on ne trouverait même pas un « caillou égaré », mène à un jardin qui a des fleurs en pots et des trottoirs pour allées. Nous voilà loin du paysage à la Salvator Rosa de la *Maison Usher*.

Poe était déjà au fond de l'abîme lorsqu'il porta le *Cottage Landor* à une revue. En novembre 1848, il avait essayé de se suicider. — « Comment vous expliquer, écrivait-il à une amie après cette tentative, l'angoisse *amère*, *amère*, qui m'a torturé depuis que je vous ai quittée? Vous avez vu, vous avez *senti*, l'agonie de désespoir avec laquelle je vous ai dit adieu, — vous vous rappelez mon air de profonde tristesse, — l'air que donne le pressentiment terrible, horrible, du Mal. En vérité, — *en vérité*, il me semblait que la mort approchait et m'enveloppait de son ombre.... Je ne me rappelle plus rien nettement jusqu'à mon arrivée à Providence. Je me couchai, et je pleurai pendant toute une longue, longue, une atroce nuit de Désespoir. » Au matin, il alla acheter du laudanum et l'avala, sans autre résultat qu'un accès de folie : — « Un ami se trouvait là, qui me secourut et me sauva (si cela peut s'appeler sauver), mais il n'y a que trois jours que je peux me rappeler ce qui s'était passé [1].... »

Une autre lettre à la même amie contient une peinture lugubre de la mélancolie à forme maniaque qui était désormais son lot. Il vient de lui raconter que les revues sur lesquelles il avait compté lui font défaut : — « Vous attribuez sans doute ma *sombre tristesse* à ces événements, continue Poe. Vous avez tort. Il n'est pas au pouvoir de considérations de ce genre, purement *mondaines*, de m'abattre.... Non, ma tristesse est *inexplicable*, et cela me rend d'autant plus triste. Je suis plein de sombres pressentiments. Rien ne me réconforte ou ne me console. Ma vie me semble une ruine — l'avenir morne et vide : mais je lutterai, et j'espérerai contre toute espérance.... » La tante Clemm avait ajouté quatre lignes en post-scriptum : « ... J'ai cru plusieurs fois qu'il allait mourir. Dieu sait que je nous souhaite tous les deux dans nos tombes, — cela vaudrait bien mieux.... »

Le premier accès de *delirium tremens* dont il soit fait mention par ses biographes date des premiers jours du mois de juillet 1849. Les hallucinations furent effroyables. Il se voyait poursuivi par des ennemis, se débattait contre des fantômes, et implorait du laudanum avec des cris déchirants; la raison ne lui revint qu'au bout de plusieurs jours. Les deux mois qui suivirent amenèrent deux autres accès. Au troisième, son médecin l'avertit que le quatrième l'emporterait. Ils eurent ensemble, à ce sujet, une longue conversa-

---

[1]. Lettre du 16 novembre 1848. — Ingram, vol. II.

tion que le médecin a racontée : « Poe manifesta le plus sincère désir d'échapper à l'esclavage du péché qui le possédait, et raconta ses efforts répétés, mais inutiles, pour s'en affranchir. Il était ému jusqu'aux larmes, et il finit par déclarer de la façon la plus solennelle que, cette fois, il aurait *la volonté* de se dominer, de résister à n'importe quelle tentation [1].... »

Deux épisodes tragi-comiques viennent rompre la monotonie de ces horreurs. Ils lui ont fait grand tort aux États-Unis, bien injustement à mon sens; on l'accusa de marcher sur les traces de don Juan, alors qu'il était tout simplement sur la route des Petites-Maisons.

Il avait entrepris *in extremis*, moins pour lui-même que pour la fidèle tante Clemm, d'épouser quelque bonne âme dont la fortune les mît à l'abri du besoin. C'était outrecuidant, mais on ne peut pas dire qu'il ait cherché à tromper son monde. Son choix tomba d'abord sur une poétesse vieille et laide, excellente femme au demeurant. On la nommait Mrs Whitman. Poe lui adressa sans la connaître des lettres enflammées : « Je vous ai déjà dit que j'ai entendu parler de vous, pour la première fois, par X***, qui avait prononcé votre nom en passant. Elle avait fait allusion à ce qu'elle appelait vos excentricités, et touché un mot de vos chagrins.... Une sympathie profonde s'empara sur-le-champ de mon âme. Je ne puis mieux vous exprimer ce que je ressentis qu'en disant que votre cœur inconnu sembla passer dans ma poitrine — pour y habiter à jamais, — tandis que le mien était transféré dans la vôtre. Je vous ai aimée depuis cet instant. Jamais, depuis, je n'ai lu ou entendu votre nom sans un frisson, moitié de délice, moitié d'anxiété.... Mais

---

[1]. Ingram, *loc. cit.*

je ne vous ai pas encore dit que vos vers me sont parvenus le jour même où j'allais prendre un parti qui m'aurait emporté loin, bien loin de *vous*, douce, douce Hélène, et de ce rêve divin qu'est votre amour [1]. » Le parti qu'il avait failli prendre consistait à demander une autre veuve, vieille et laide elle aussi, Mrs Shelton. Les vers de Mrs Whitman, où il était question de lui, avaient fixé sa résolution en l'encourageant.

Il obtint une entrevue de sa « douce Hélène », alla se promener avec elle dans un cimetière et lui demanda sa main séance tenante. Une correspondance extravagante s'engagea entre eux. Poe jurait — les vieux moyens sont toujours les meilleurs — qu'il « aimait pour la première fois ». Mrs Whitman hésitait, alléguant ses quarante-cinq ans, sa mauvaise santé et sa figure disgraciée : — « Quand ce serait vrai, répliquait Poe.... Ne voyez-vous pas — j'en appelle à votre raison, ma *bien-aimée*, non moins qu'à votre cœur — que c'est ma nature supérieure — mon être spirituel, qui brûle et halette de se confondre avec le vôtre? L'âme a-t-elle un âge, Hélène? »

Ah! qu'en termes galants ces choses-là sont mises!

Mrs Whitman se laissa convaincre, en dépit d'une scène horrible où les éclats de voix de l'ivresse s'entendirent dans toute la maison : « Je n'ai jamais rien entendu d'aussi effrayant; c'en était sublime », disait-elle ensuite avec indulgence. Ils prirent jour pour se marier, mais Poe ne dégrisait pas, et Mrs Whitman rompit l'avant-veille, au grand soulagement du fiancé si l'on pouvait l'en croire : « Je suis *si, si* heureux », répétait-il, et il s'occupa incontinent d'épouser Mrs Shel-

---

1. Pour ces épisodes, voir Ingram.

ton, qu'il n'avait pas revue depuis le temps où il était collégien. Elle habitait Richmond. Il se présenta chez elle et lui demanda sa main : « Je lui dis, racontait la dame, qu'il me fallait du temps pour réfléchir. Il répondit : L'amour qui hésite n'est pas de l'amour. » Il fallait qu'il fût, malgré tout, bien séduisant, car il put bientôt écrire à la tante Clemm : « Je crois qu'elle m'aime plus profondément que personne ne m'a jamais aimé, et je ne puis m'empêcher de l'aimer en retour.... Ma pauvre, pauvre Muddy, je suis encore hors d'état de vous envoyer même un dollar. Mais ayez bon courage. J'espère que nous sommes au bout de nos peines » (10 sept. 1849).

Moins de deux semaines plus tard, il quittait Richmond pour aller mettre ordre à ses affaires et revenir se marier. En passant à Baltimore, il s'enivra. Quelqu'un le reconnut dans un cabaret et prévint un ami, qui accourut et le trouva en proie au *delirium tremens*. On le transporta à l'hôpital. Nous laissons la parole au médecin qui le soigna. La lettre qu'on va lire est adressée à Mme Clemm ; elle met fin à la légende qui s'était formée autour de la mort d'Edgar Poe [1] :

« Chère madame,

« ... Présumant que vous êtes déjà informée de la maladie à laquelle M. Poe a succombé, je n'ai qu'à en relater brièvement les détails depuis son entrée jusqu'à son décès.

« Quand on l'a apporté à l'hôpital, il n'avait pas sa connaissance ; il ne savait ni qui l'avait apporté, ni

---

1. Nous rappelons qu'on doit à son dernier biographe américain, M. Woodberry, d'avoir éclairci plusieurs points de l'histoire de sa vie qui étaient demeurés jusque-là impénétrables.

avec qui il s'était trouvé auparavant. Il resta dans cette condition depuis cinq heures de l'après-midi (moment de son admission) jusqu'au lendemain matin, trois heures. Cela se passait le 3 octobre.

« A cet état succéda un tremblement des membres et un délire accompagné, au début, d'une grande agitation, mais sans violences, — il parlait sans arrêter, — il avait une conversation dépourvue de sens avec des spectres et des êtres imaginaires qu'il voyait sur les murailles. Sa figure était pâle et tout son corps baigné de sueur. Nous ne parvînmes à ramener le calme que le second jour après son entrée.

« Conformément aux ordres que j'avais laissés aux infirmières, je fus appelé dès qu'il eut repris connaissance. Je lui adressai des questions sur sa famille, sa résidence, ses parents, etc. Mais je n'obtins que des réponses incohérentes et point satisfaisantes. Il me dit pourtant qu'il avait une femme à Richmond (ce que j'ai su depuis être inexact) et qu'il ne savait ni quand il avait laissé cette ville ni ce qu'étaient devenus sa malle et ses effets. Voulant relever son moral, qui s'affaissait rapidement, je lui exprimai l'espoir qu'au bout de peu de jours il pourrait jouir de la société de ses amis, et j'ajoutai que je serais très heureux de contribuer de tout mon pouvoir à son soulagement et à son bien-être. Il répondit avec véhémence que le meilleur service que pût lui rendre le meilleur de ses amis serait de lui faire sauter la cervelle d'un coup de pistolet, — que lorsqu'il contemplait sa dégradation, il souhaitait que la terre l'engloutît, etc. L'instant d'après, M. Poe eut l'air de s'assoupir, et je le quittai pour quelques moments. A mon retour, je le trouvai en proie à un délire violent; les efforts de deux infirmières ne parvenaient pas à le maintenir dans son lit. Cet état persista jusqu'au samedi soir (il était entré le mercredi). Il commença alors à appeler un certain Reynolds, et il continua toute la nuit, jusqu'à trois heures du matin. A ce moment — le dimanche matin, — un changement marqué s'opéra en lui. Les efforts qu'il avait faits l'ayant affaibli, il devint calme et sembla reposer quelque temps. Puis, remuant doucement la tête, il dit : *Dieu vienne en aide à ma pauvre âme !* et il expira. »

Il était mort le 7 octobre 1849. L'enterrement eut lieu le lendemain, par un temps pluvieux et froid. Une partie de sa famille habitait la ville où le hasard l'avait mené mourir. Il n'eut cependant que cinq personnes en tout à son enterrement, y compris le pasteur qui prononça les dernières prières. Aucune pierre ne marqua sa tombe.

Mme Clemm le pleura passionnément; ses lettres sont pathétiques. Elle le défendit mort comme elle l'avait défendu vivant, avec autant de fidélité et sans plus de succès. Des amies de son « Eddy » la recueillirent et la gardèrent de longues années. Elle a fini ses jours, à un âge très avancé, dans un établissement de charité.

Plusieurs femmes, qui n'y étaient pas tenues, conservèrent pieusement le souvenir du malheureux Poe. Mrs Shelton porta son deuil. Mrs Whitman, chez qui la vertu et la bonté le disputaient inutilement au ridicule, ne voulut être le reste de sa vie que « la fiancée de Poe ». Vêtue de blanc et les cheveux teints, l'air d'une « personne embaumée toute vive » et son fauteuil à contre-jour, elle fut jusqu'à près de quatre-vingts ans « celle que le poète a aimée [1] ».

On eut de la peine à trouver un libraire pour la pre-

---

[1]. Th. Wentwort Higginson (*The literary World*, 15 mars 1879; Boston).

mière édition des *Œuvres complètes* d'Edgar Poe, à cause de « l'incertitude de sa gloire [1] ».

Le vieux monde n'eut point de ces hésitations. En Angleterre, Poe conquit rapidement une réputation. En France, on le comprit sans effort, on l'aima tout de suite [2]. Il en a été pour lui comme pour Hoffmann et Henri Heine, deux génies également contraires au nôtre et dont nous avons aussi, en grande partie, fait la gloire, avec des enthousiasmes et des tendresses qu'éveillent seules certaines affinités électives nées de contrastes. Nous eûmes Edgar Poe dans les moelles à partir de la belle traduction de Baudelaire (1856-1865), dont l'école se rattache ainsi aux romantiques allemands par Poe et Hoffmann, aux romantiques anglais par le même Poe et Coleridge. On sait combien l'influence de Baudelaire a été persistante chez nous. Il n'est que juste d'en reporter une part à son maître et de reconnaître que c'est bien souvent d'Edgar Poe qu'on s'inspire en croyant suivre Baudelaire [3].

Les États-Unis ont à présent une littérature, des savants, des lettrés ; ils n'ont garde de méconnaître un de leurs premiers écrivains, et ils se sont mis en règle avec lui. On a transporté ses restes, du coin ignoré où ils reposaient, dans un endroit « qu'on peut voir de la

---

1. *Préface générale* des *Œuvres complètes* (Chicago, Stone et Kimball).
2. Les journaux traduisaient ses contes à mesure. Mme Isabelle Meunier en publia un choix en volume à la suite de l'essai élogieux donné par Forgues, le 15 octobre 1846, dans la *Revue des Deux Mondes*. Les articles sur Edgar Poe publiés en France rempliraient des volumes. Barbey d'Aurevilly lui en a consacré quatre, pour sa part, de 1853 à 1883.
3. Sur l'influence persistante de Baudelaire en France, voir l'article de M. Brunetière : *Charles Baudelaire* (*Revue des Deux Mondes* du 1ᵉʳ juin 1887).

rue [1] ». Poe a son monument, qui fut inauguré à Baltimore, en 1875, avec l'accompagnement obligé de discours, de musique et de récitations. On remarque toutefois chez les Américains un peu d'étonnement à l'idée que nous le prenons tout à fait au sérieux. Les mieux disposés ont ouvert de grands yeux en lisant dans un *Dialogue des morts* de M. Jules Lemaître (qui ne prenait peut-être pas lui-même ses « morts » tout à fait au sérieux) les lignes éloquentes que voici : « *Edgar Poe*. Vous dites bien. J'ai vécu vingt-trois siècles après Platon et trois cents ans après Shakspeare, à quelque douze cents lieues de Londres et à quelque deux mille lieues d'Athènes, dans un continent que nul ne connaissait au temps de Platon. J'ai été un malade et un fou ; j'ai éprouvé plus que personne avant moi la terreur de l'inconnu, du noir, du mystérieux, de l'inexpliqué. J'ai été le poète des hallucinations et des vertiges ; j'ai été le poète de la Peur. J'ai développé dans un style précis et froid la logique secrète des folies, et j'ai exprimé des états de conscience que l'auteur d'*Hamlet* lui-même n'a pressentis que deux ou trois fois. Peut-être aurait-on raison de dire que je diffère moins de Shakspeare que de Platon : mais il reste vrai que nous présentons trois exemplaires de l'espèce humaine aussi dissemblables que possible. »

Plus inattendue encore a dû sembler aux Américains cette note de Baudelaire, trouvée après sa mort dans ses papiers : « Je me jure à moi-même de prendre désormais les règles suivantes pour règles éternelles de ma vie : — Faire tous les matins ma prière à Dieu, réservoir de toute force et de toute justice, à mon père, à Mariette et à Poe, comme intercesseurs : les prier de me communiquer la force nécessaire pour

---

[1]. Ingram, vol. II, appendice E.

accomplir tous mes devoirs et... obéir aux principes de la plus stricte sobriété, dont le premier est la suppression de tous les excitants, quels qu'ils soient ». On a beau être pénétré d'indulgence pour Poe, à cause des fatalités de sa naissance et de sa vie, l'idée d'en faire un ange gardien ne laisse pas de surprendre.

Il est clair qu'aux États-Unis, l'homme fait tort à l'écrivain; on l'a vu de trop près. Pour nous, qui ne saurions prendre aussi à cœur les erreurs du « pauvre Eddy », l'écrivain demeure un artiste original, quoique très incomplet. Il n'y a de vraiment important, chez un poète ou un romancier, que ce qu'ils nous apportent de neuf, de non encore exprimé, sur les quelques grands événements de la vie humaine, les quelques sentiments éternels de l'humanité, qui valent la peine qu'on s'en occupe. Poe a apporté du neuf, du très neuf, mais sur deux sentiments seulement, celui de la peur et celui du mystérieux, et sur un seul événement, la mort. Son domaine a été l'un des plus restreints, parmi tous les écrivains qui comptent. En revanche, il y a été unique, et en art, encore une fois, c'est l'unique qui importe, et qui importe seul.

On ne doit pas finir sans alléguer quelque chose en faveur de l'homme. Toute biographie d'Edgar Poe devrait partir de l'idée que c'était un malade, ne possédant de naissance qu'une force de résistance amoindrie, soit contre la tentation, soit contre les conséquences de son vice. Il paya les fautes de ses pères. Ne dites pas que la responsabilité humaine en est diminuée; elle en est au contraire élargie, étendue en dehors de nous, au delà de nous, avec une force et une évidence qui accablent. Nos pères répondent de nous, nous répondons de ceux qui sortent de nous. Voilà ce qu'on ne saurait trop se répéter, trop faire entrer dans l'esprit des jeunes gens, afin qu'ils soient maintenus par la pensée des comptes formidables que leur demanderont un jour leurs enfants. A la lumière de cette justice plus haute et plus vraie, on a le droit de réclamer un peu d'indulgence pour l'infortuné Poe, qui fut assurément un grand pécheur, mais aussi un grand malheureux.

GÉRARD DE NERVAL

LA FOLIE

GÉRARD DE NERVAL [1]

LA FOLIE

Il est des hommes pour qui la vie n'est qu'un songe. Leur âme plane sur la réalité sans se résoudre à s'y poser. Tout au plus l'effleure-t-elle d'un coup d'aile quand un choc trop brutal l'a précipitée vers la terre, ou que l'appel inquiet d'une voix aimée l'a tirée de son rêve, mais elle repart aussitôt et remonte, toujours plus haut, jusqu'à ce que rien ne puisse plus la décider à redescendre. Le monde dit alors que cet homme est fou, mais lui, il pense qu'il est entré dans la vérité.

Gérard de Nerval a été l'un de ces êtres qui ouvrent les yeux à un songe en les ouvrant à la lumière du jour, et pour lesquels la mort n'est que le passage du rêve éphémère et borné au rêve éternel et infini qu'il leur a été donné d'entrevoir. Peu lui importait que le vulgaire, dans son ignorance, ou les savants, dans leur présomption, traitassent d'hallucinations les visions

[1]. Œuvres complètes de Gérard de Nerval. — Lettres et documents inédits.

glorieuses où se révélait pour lui l'au-delà; il restait voluptueusement dans les nuages, se refusant à admettre les idées de la foule sur ce qui est illusion et ce qui est réalité. Il avait eu de très bonne heure la conviction que la foule se trompe, et que l'univers matériel, auquel elle a foi parce que ses yeux le voient et que ses mains le touchent, n'est que fantômes et apparences. Pour lui, le monde invisible était, au contraire, le seul qui ne fût point chimérique. Comme Edgar Poe et tous les visionnaires, il disait que l'erreur de la foule provient de ce que l'au-delà leur est fermé, car il n'est donné qu'à un petit nombre d'élus de frayer avec les esprits avant d'avoir dépouillé leur enveloppe mortelle; c'est une grâce d'en haut, que Gérard de Nerval, cœur humble et reconnaissant, remerciait la divinité de lui avoir octroyée : « Je ne demande pas à Dieu, écrivait-il, de rien changer aux événements, mais de me changer relativement aux choses, et de me laisser le pouvoir de créer autour de moi un univers qui m'appartienne, de diriger mon rêve éternel au lieu de le subir [1] ». Sa prière avait été exaucée. Le jour vint où son beau songe se confondit entièrement avec la vie réelle, de sorte qu'il ne pouvait plus les distinguer. On l'enferma alors dans une maison de fous; mais, tandis qu'on s'empressait à le soigner, que chacun le plaignait, il notait sur un carnet : « Il me semble que je suis mort et que j'accomplis une deuxième vie » [2].

On retrouva plus tard ce carnet sur son cadavre, avec des feuillets épars où il racontait ses sensations dans la « deuxième vie ». L'histoire de ses expériences intéressera les phalanges de névrosés que menace de

---

1. *Paradoxe et Vérité* (*l'Artiste*, 1844).
2. *La Presse*, 10 octobre 1865.

nos jours le même sort. Chaque année voit grossir leurs rangs ; les moins atteints s'arrêtent au seuil de la démence ; les autres le franchissent et s'installent dans le royaume de folie, comme le doux poète qui va nous servir de guide et dont l'ombre doit se réjouir en contemplant les flots humains poussés sur ses traces par l'alcool, la morphine, le harassement d'une vie trop dure et trop pressante, le poids d'une civilisation trop compliquée. Non que Gérard de Nerval fût capable de souhaiter du mal à âme qui vive ; mais on n'est jamais insensible au progrès de ses idées, et le chemin suivi allégrement par nos générations est celui qui, dans sa conviction, l'avait mené à la vérité. Il est à craindre que, pour elles comme pour lui, ce ne soit plutôt la maison de fous qui se trouve au bout.

I

Un pareil homme ne pouvait pas avoir des origines prosaïques ; il lui fallait des ancêtres de conte de fée. Un tableau généalogique, de la main de Gérard de Nerval[1] et mêlé de signes cabalistiques, le fait descendre d'un bon chevalier allemand du moyen âge, arrivé je ne sais comment au fin fond de la France. Dans les derniers temps de sa vie, il avait trouvé mieux

---

1. Collection de M. de Spoelberch de Lovenjoul. Nous devons à M. de Spoelberch la communication des papiers et correspondances de Gérard de Nerval, ainsi que de nombreux documents se rapportant à lui et à son œuvre et des renseignements en tous genres sans lesquels notre tâche eût été impossible. Nous le prions de recevoir ici nos remerciements. Nous remercions également M. Henry Houssaye, qui a bien voulu mettre à notre disposition des lettres et des notes provenant des papiers de M. Arsène Houssaye.

encore, et laissait entendre qu'il remontait en droite ligne à l'empereur Nerva. Ce qu'il en disait n'était point par vanité : il ignorait la vanité; c'était une idée qui amusait son imagination. Lorsqu'il daignait reprendre pied sur la terre, ses origines étaient beaucoup plus modestes. Gérard de Nerval, de son vrai nom Gérard Labrunie, se rappelait alors que les siens étaient de la Picardie et de souche paysanne; et, comme il adorait les mœurs simples et les vieux souvenirs, il s'empressait de dépeindre ses grands-parents dans la poésie de leurs occupations rustiques. Son grand-père maternel avait poussé la charrue d'un oncle dans des circonstances qui rappellent Jacob chez Laban : « Un jour, raconte Gérard de Nerval, un cheval s'échappa d'une pelouse verte qui bordait l'Aisne, et disparut bientôt entre les halliers; il gagna la région sombre des arbres et se perdit dans la forêt de Compiègne ». Cela se passait vers 1770. « Ce n'est pas un accident rare qu'un cheval échappé à travers une forêt, et cependant, je n'ai guère d'autre titre à l'existence. Cela est probable du moins, si l'on croit à ce qu'Hoffmann appelait l'enchaînement des choses. »

Le maître du cheval était un jeune rêveur appelé Pierre Laurent, silencieux de son naturel et fils d'un autre silencieux. La perte du cheval ayant amené un choc entre ces deux taciturnes, Pierre fit son petit paquet et s'en vint à travers la forêt de Compiègne chez un bonhomme d'oncle qui cultivait un mauvais champ près des étangs de Châalis, dans le Valois : « Mon grand-père aida le vieillard à cultiver ce champ, et fut récompensé patriarcalement en épousant sa cousine ». Gérard de Nerval omet d'ajouter que Pierre Laurent devint ensuite « linger » à Paris, dans le quartier Saint-Martin. J'imagine que, ne trouvant aucune grâce à cette profession de citadin, il l'avait oubliée, afin de ne garder en mémoire que l'image du grand-père courbé sur son soc, et le dirigeant avec prudence entre les granits qui couvraient une partie de ce petit bien.

La mère de Gérard de Nerval était fille de Pierre Laurent. Elle s'était mariée toute jeune à Étienne Labrunie, chirurgien-major dans les armées impériales. Ils n'eurent pas d'autre enfant que Gérard, né à Paris, rue Saint-Martin, le 22 mai 1808. Mme Labrunie s'en fut le plus tôt possible rejoindre le régiment, et les siens ne la revirent guère. Elle n'est pour nous qu'une ombre, mais les ombres peuvent avoir de la physionomie, et celle-là nous apparaît dans une attitude un peu penchée, remplie de douceur et de mélancolie : « Je n'ai jamais vu ma mère, écrivait son fils ; ses portraits ont été perdus ou volés ; je sais seulement qu'elle ressemblait à une gravure du temps, d'après Prudhon ou Fragonard, qu'on appelait *la Modestie* ». Il savait encore que sa mère chantait, pour avoir souvent ouï répéter à son père une romance qu'elle aimait. Les larmes montaient chaque fois aux yeux de M. Labrunie, qui n'était pourtant pas sentimental, tant s'en faut. C'était un original, d'humeur incommode et fuyant le commerce des humains. Son fils lui a dû les germes de sa bizarrerie ; il parle dans une lettre de l'influence que le goût de son père pour la solitude avait exercée sur lui, et il sentait bien qu'elle ne lui avait pas été bienfaisante.

Mme Labrunie s'effaça de ce monde pendant la campagne de Russie. Elle avait voulu suivre son mari à la Grande Armée, et elle mourut en Silésie, à vingt-cinq ans, d'une fièvre qu'elle gagna en traversant un pont chargé de cadavres.

Son fils avait été confié dès le bas âge à un oncle, qui était fixé au petit village de Montagny, près d'Ermenonville. C'est là que Gérard fut élevé, qu'il revint sans cesse, adolescent ou homme fait. C'est là qu'il reçut de la nature et des livres ces premières impressions qui décident de nous. Il avait gardé un tendre et pieux souvenir de Montagny et de la période d'initiation à la vie que ce nom représentait pour lui, sans se douter de ce que l'enfance la plus heureuse et, en apparence, la plus innocente, avait eu, au fond, de nuisible et de dangereux.

Le hasard, aidé de sa propre inclination, l'avait trop fait vivre dans la société des filles. Il avait eu trop de cousines, trop de petites amies paysannes. Ses jeux avaient été les rondes chantées où l'on s'embrasse, les promenades la main dans la main sous les grands bois, avec toutes les Fanchette et les Sylvie du canton. Il fut amoureux avant de savoir que l'amour existe, et la nature ne lui avait déjà donné que trop de sensibilité. Les bucoliques de Montagny ont eu leur part de responsabilité dans l'espèce de conte fantastique qu'il était destiné à vivre et qui acheva la ruine d'une raison naturellement chancelante.

Les commencements du drame remontaient à l'aurore de son adolescence et avaient été adorables. Le rêve de toute une vie s'était ébauché le soir d'un beau jour, sur une grande place verte encadrée d'ormes et de tilleuls, devant un château ancien, aux encoignures dentelées de pierres jaunies. Gérard était alors écolier et habitait chez son père, à Paris. Les vacances l'avaient ramené chez l'oncle de Montagny, et il était allé danser sur l'herbe, lui seul garçon, avec les jeunes filles du village. Quand ce fut son tour d'entrer dans la ronde, on y enferma avec lui une belle demoiselle appelée Adrienne, venue du château se mêler aux paysannes. Elle était grande et blonde, et on la disait de sang royal : — « Nos tailles étaient pareilles, raconte Gérard de Nerval. On nous dit de nous embrasser, et la danse et le chœur tournaient plus vivement que jamais. En lui donnant ce baiser, je ne pus m'empêcher de lui presser la main. Les longs anneaux roulés de ses cheveux d'or effleuraient mes joues. De ce moment, un trouble inconnu s'empara de moi. »

D'après les règles du jeu, Adrienne devait chanter pour avoir le droit de rentrer dans la danse. On s'assit autour d'elle, et aussitôt, d'une voix légèrement voilée, « elle chanta une de ces anciennes romances, pleines de mélancolie et d'amour, qui racontent toujours les malheurs d'une princesse enfermée dans sa tour par la volonté d'un père qui la punit d'avoir aimé.... A mesure qu'elle chantait, l'ombre descendait des grands arbres, et le clair de lune naissant tombait sur elle seule, isolée de notre cercle attentif. » Ce fut pour son jeune partenaire une de ces minutes solennelles qui fixent à jamais une destinée humaine. Les cheveux d'or et le vieil air plaintif bouleversaient l'écolier à qui la belle chanteuse avait offert sa joue sans embarras, parce qu'il ne comptait pas. Ils prenaient possession de son cœur en vertu d'une sorte de titre ancien et mystérieux. — « Elle se tut, continue le récit[1], et personne n'osa rompre le silence. La pelouse était couverte de faibles vapeurs condensées, qui déroulaient leurs blancs flocons sur les pointes des herbes. Nous pensions être en paradis. — Je me levai enfin, courant au parterre du château, où se trouvaient des lauriers plantés dans de grands vases de faïence peints en camaïeu. Je rapportai deux branches, qui furent tressées en couronne et nouées d'un ruban. Je posai sur la tête d'Adrienne cet ornement, dont les feuilles lustrées éclataient sur ses cheveux blonds aux rayons

---

1. *Sylvie.*

pâles de la lune. Elle ressemblait à la Béatrice de Dante qui sourit au poète errant sur la lisière des saintes demeures. — Adrienne se leva. Développant sa taille élancée, elle nous fit un salut gracieux, et rentra en courant au château. »

Adrienne repartit le lendemain pour le couvent où elle était élevée. Gérard de Nerval ne la revit jamais et la chercha toujours. Il lui semblait l'avoir connue dans une autre existence, ce qui établissait entre eux un lien mystique et indestructible. On eut beau lui dire aux vacances suivantes qu'elle avait pris le voile, et ensuite qu'elle était morte, il persistait à la deviner dans les femmes que le hasard plaçait sur sa route. C'était elle sans être elle, c'était elle transmigrée dans un corps nouveau et reconnaissable à quelque détail tel que la nuance des cheveux ou le timbre de la voix. Il fut amoureux d'Adrienne toute sa vie et uniquement, mais d'Adrienne sous des noms et des costumes différents, de manière que ses meilleurs amis y furent trompés et purent lui attribuer une passion vulgaire pour une femme de théâtre. Gérard de Nerval ne s'était pourtant pas fait faute de répéter en prose et en vers que son amour, tous ses amours, avaient leur « germe dans le souvenir d'Adrienne, fleur de la nuit éclose à la pâle clarté de la lune, fantôme rose et blond glissant sur l'herbe verte à demi baignée de blanches vapeurs ». Personne n'avait compris. Personne n'avait même remarqué qu'une de ses plus jolies pièces de vers consacrait la mémoire de sa rencontre avec Adrienne :

> Il est un air pour qui je donnerais
> Tout Rossini, tout Mozart et tout Weber,
> Un air très vieux, languissant et funèbre,
> Qui pour moi seul a des charmes secrets.

Or, chaque fois que je viens à l'entendre,
De deux cents ans mon âme rajeunit;
C'est sous Louis-Treize.... Et je crois voir s'étendre
Un coteau vert que le couchant jaunit.

Puis un château de brique à coins de pierre,
Aux vitraux teints de rougeâtres couleurs,
Ceint de grands parcs, avec une rivière
Baignant ses pieds, qui coule entre les fleurs.

Puis une dame, à sa haute fenêtre,
Blonde aux yeux noirs, en ses habits anciens...
Que, dans une autre existence peut-être,
J'ai déjà vue, et dont je me souviens!
(1831.)

L'idée que les âmes peuvent émigrer d'un corps à l'autre, inattendue chez un enfant, était le fruit des mauvaises lectures de Gérard à Montagny. Son oncle possédait une bibliothèque nombreuse, formée en partie sous la Révolution et dans une phase de mysticisme. Ayant changé d'idées, le vieillard avait relégué au grenier une foule d'ouvrages dus aux mystagogues et aux occultistes du XVIIIe siècle, et il ne s'aperçut sans doute point que son neveu les y avait dénichés. — « Ayant fureté dans sa maison, raconte celui-ci, jusqu'à découvrir la masse énorme de livres entassés et oubliés au grenier, — la plupart attaqués par les rats, pourris ou mouillés par les eaux pluviales passant dans les intervalles des tuiles, — j'ai, tout jeune, absorbé beaucoup de cette nourriture indigeste ou malsaine pour l'âme; et, plus tard même, mon jugement a eu à se défendre contre ces impressions primitives. »

Si Gérard de Nerval s'est jamais défendu contre les impressions intellectuelles de sa première jeunesse, il a perdu ses peines. Devenu plus mûr, il avait un jour dressé une liste d'ouvrages, ou de sujets, qu'il lui paraissait urgent d'étudier. Voici quelques titres pris parmi une quarantaine, et le reste est à l'avenant : *Hermès*, — *Mémorial fatidique*, — *Livres sibyllins*, — *Horoscopes*, — *Lettres cabalistiques*, — *Mauvais œil*, — *Prophéties diverses*. C'est d'un homme qui a abandonné la lutte contre les idées dont il avait, dans une heure de bon sens, mesuré la puissance et compris le péril.

Tout avait conspiré à lui brouiller la cervelle. Par une sorte de fatalité, les meilleures intentions tournaient contre lui. M. Labrunie avait repris son fils parce qu'il s'était aperçu que Montagny n'était pas sain pour lui, mais ce fut pour l'abandonner aux fantaisies d'un serviteur de plus de zèle que de prudence. Cet homme éveillait l'enfant avant l'aube pour le mener promener à la lueur des étoiles sur les collines de Sèvres et de Meudon. Gérard en resta noctambule et se familiarisa beaucoup trop tôt avec la population équivoque qui est maîtresse du pavé des grandes villes et de leur banlieue entre minuit et le point du jour.

Il reçut une forte éducation classique, complétée sous la direction paternelle par l'étude des langues vivantes. Sa précocité faisait l'orgueil de ses condisciples du collège Charlemagne. Il n'arrive pas souvent d'avoir pour voisin de pupitre en rhétorique ou en philosophie « un camarade imprimé et dont on parle dans les journaux [1] ». Gérard Labrunie avait été imprimé six fois en 1826, et ce n'était pas des vers d'amour ou des tragédies en cinq actes, comme en font d'ordinaire les collégiens ; c'était de la politique, de la satire, des poèmes séditieux à la gloire de Napoléon, ou contre les jésuites, « de partout chassés pour leurs crimes » ; c'étaient les *Élégies nationales*, imitées des *Messéniennes* et bourrées de belles pensées ; c'était,

---

1. *Notice* de Théophile Gautier.

en un mot, une moisson de promesses. A la vérité, la rime était pauvre et le style poncif; mais on n'avait pas le droit d'être trop exigeant envers un écolier que ses leçons réduisaient, selon ses propres expressions, à donner « un essor rapide » à

> Ces chants que produisit un trop rare loisir.

Les publications de 1826 comprenaient aussi une comédie en vers, d'une telle hardiesse dans le texte primitif, assurait la préface, que l'éditeur effrayé avait exigé de nombreux remaniements. Sous sa forme adoucie, la pièce gardait de quoi mettre en joie une classe travaillée par le romantisme et comptant Théophile Gautier sur ses bancs. Elle était dirigée contre l'Académie française, qui avait eu l'injustice et l'imprudence de ne pas couronner un mémoire de l'auteur sur la poésie au XVIe siècle. On y voyait l'un des « incurables » du palais Mazarin demander au Pauvre du pont des Arts de consentir à poser sa candidature à l'Académie. Le Pauvre voulait savoir à quoi il s'engageait, avant de donner une réponse, et en quoi consiste le métier d'académicien. Son interlocuteur le lui expliquait en ces termes :

> Donner la chasse aux gens
> Qui pour titre au fauteuil n'ont rien que des talents;
> Flatter les grands seigneurs, faire honneur à leur table,
> Les égayer, leur plaire et leur paraître aimable;
> Des jésuites vainqueurs soutenir les tréteaux,
> Les prôner à toute heure et baiser leurs ergots;
> Des idoles du jour imiter les grimaces,...
> Moyennant quoi, l'on a des dîners et des places.

— Ça ne me va pas! répondait en substance le Pauvre du pont des Arts, dans une tirade dont la chute est sanglante pour l'Académie :

> ... Car j'ai de la décence;
> Dans mon petit état, j'aime l'indépendance

Ainsi portez ailleurs de pareils arguments....
Je suis pauvre, il est vrai, mais j'ai des sentiments [1].

La pièce eut une seconde édition avant la fin de l'année; les *Élégies nationales* en eurent trois dans l'espace de quelques mois. Les journaux libéraux louaient l'enfant prodige, et l'on se racontait en classe, à Charlemagne, qu'un éditeur avait dit à Gérard Labrunie, en le regardant par-dessus ses lunettes : « Jeune homme, vous irez loin! » Les élèves en avaient la tête à l'envers. Les néophytes du romantisme auraient eu pourtant des réserves à faire; sauf la pièce contre l'Académie, le débutant n'avait point donné de gages aux idées nouvelles. L'amitié lui fit crédit, et ne tarda guère à s'en applaudir. La traduction de *Faust*, parue en 1828, affermit, malgré sa médiocrité, la réputation de l'auteur. Il y avait alors cinq ans qu'Albert Stapfer avait donné la sienne, et le romantisme allemand fermentait dans les veines de la jeunesse au milieu de laquelle vivait Gérard Labrunie. Elle en vénérait les obscurités, en adorait les bizarreries et le bric-à-brac. Comprendre *Faust* était déjà un titre de gloire : quiconque aidait à le répandre avait bien mérité des lettres françaises [2].

Une seule personne voyait avec appréhension le tour que prenaient les affaires du jeune poète. M. Labrunie souhaitait pour son fils une carrière régulière, et les lettres avaient alors l'honneur d'être rangées par les familles dans les métiers qui n'en sont pas, en compagnie de la peinture et des arts en général. Gérard fut donc destiné à la médecine. Sa

---

1. *L'Académie, ou les membres introuvables,* comédie satirique en vers (Paris, 1826; Touquet).
2. La traduction d'Albert Stapfer faisait partie d'une collection coûteuse. Celle de Gérard de Nerval fut destinée aux petites bourses.

résolution de se donner aux lettres affecta si profondément M. Labrunie qu'il n'en prit jamais son parti et se détacha peu à peu de son fils. L'appui paternel devint hésitant, insuffisant, et finit par être retiré au rebelle. Les conséquences de cette situation furent graves, sous tous les rapports. Elles sont indiquées par Gérard dans une lettre à son père qu'il faut citer ici, quoiqu'elle ait été écrite longtemps après ces tiraillements, parce qu'elle éclaire des relations dont les contemporains s'étonnaient à bon droit et qui ont valu à M. Labrunie des jugements sévères. Les fragments qu'on va lire, s'ils ne disposent pas à plus d'indulgence à son égard, font du moins pénétrer les motifs de son attitude.

La lettre est des premiers jours de 1842. Gérard sortait d'une maison de fous et se trouvait à Vienne, extrêmement préoccupé de prouver aux éditeurs et au public qu'il était réellement guéri : — « Mon cher papa, écrivait-il, me voici donc à Vienne depuis huit jours.... Maintenant, j'ai à te faire une demande qui a besoin de quelques explications. Il paraît sans doute assez simple, dans le cours ordinaire des choses, d'emprunter à son père cinq cents francs dont on a besoin ; cependant.... » Cependant, rien n'étant moins simple entre eux, il expliquait que cette somme lui permettrait de se donner tout entier à des travaux sérieux et de rétablir ainsi sa situation compromise, au lieu de se dépenser en articles de journaux pour payer son auberge et sa blanchisseuse. Si modeste qu'il fût, il lui semblait avoir mérité que son père lui rendît sa confiance : — « Tu dois voir que je n'ai pas perdu de temps dans la carrière que j'ai suivie. Quelques raisons que tu aies pu avoir dans les commencements d'en craindre les hasards, tu peux aujourd'hui mesurer le point où je suis et ceux où je touche. — Les jeunes gens qu'une malheureuse ou *heureuse* vocation pousse dans les arts ont, en vérité, beaucoup plus de peine que les autres, par l'éternelle méfiance qu'on a d'eux. Qu'un jeune homme adopte le commerce ou l'industrie, on fait pour lui tous les sacrifices possibles; on lui donne tous les moyens de réussir et, s'il ne réussit pas, on le plaint et on l'aide encore. L'avocat, le médecin, peuvent être fort longtemps médecin sans malades ou avocat sans causes, qu'importe, leurs parents s'ôtent le pain de la bouche pour le leur donner. Mais l'homme de lettres, lui, quoi qu'il fasse, si haut qu'il aille, si patient que soit son labeur,... on ne songe pas même qu'il a besoin d'être soutenu aussi dans le sens de sa vocation et que son état, peut-être aussi bon matériellement que les autres — du moins de notre temps, — doit avoir des commencements aussi rudes. Je comprends tout ce qu'il peut y avoir de déceptions, de craintes et sans doute de tendresse froissée dans le cœur d'un père ou d'une mère; mais, hélas! l'histoire éternelle de ces sortes de situations, consignées dans toutes les biographies possibles, ne devrait-elle pas montrer qu'il existe une destinée qui ne peut être vaincue? Il faudrait donc, après une épreuve suffisante, après la conviction acquise d'une aptitude vraie, en prendre son parti des deux parts et rentrer dans les relations habituelles, dans la confiante et sympathique amitié qui règne d'ordinaire entre pères et enfants déjà avancés dans la vie.... Si, depuis quatre ans, je n'avais su que tu avais besoin de ne faire aucune dépense excessive, certainement il y aurait eu des instants où une aide très légère m'aurait fait gagner beaucoup de temps. Le travail littéraire se compose de deux choses : cette besogne des journaux qui fait vivre fort bien et qui donne une position fixe à tous ceux qui la suivent assidûment, mais qui ne conduit malheureusement ni plus haut ni plus loin. Puis, le livre, le théâtre, les études artistiques, choses lentes, difficiles, qui ont besoin toujours de travaux préliminaires fort longs et de certaines époques de recueillement et de labeur sans fruit; mais aussi, là est l'avenir, l'agrandissement, la vieillesse heureuse et honorée. »

C'était en vue de « l'agrandissement » qu'il sollicitait un prêt de cinq cents francs, à rembourser par petites sommes. Son père se laissa toucher. Cependant il ne se consolait point d'avoir engendré un poète. Il avait là-dessus les sentiments qu'un autre poète a cru pouvoir prêter à tous les parents, sans distinction :

> Lorsque, par un décret des puissances suprêmes,
> Le poète apparaît en ce monde ennuyé,
> Sa mère épouvantée et pleine de blasphèmes
> Crispe ses poings vers Dieu, qui la prend en pitié.

M. Labrunie n'allait pas jusqu'à crisper ses poings. Il invitait même quelquefois son fils à dîner, mais il se refusait froidement à toute autre marque d'intérêt. Ni les témoignages incessants d'un respect qui ne se démentit jamais, ni ceux d'une affection timide et anxieuse de retour ne désarmèrent sa rancune. Peut-être lui était-elle commode pour justifier à ses propres yeux son indifférence égoïste, et ses procédés léonins dans les questions d'argent. Gérard de Nerval fut ainsi poussé par les épaules dans le camp romantique, où étaient toutes ses amitiés. Au fond, rien ne convenait moins à sa nature d'esprit que le mouvement littéraire des cénacles, mais son cœur y trouvait son compte, et c'était l'essentiel; il y avait toujours moyen de s'arranger avec une école ayant pour devise : « La liberté dans l'art ».

Quant à la pauvreté qui allait être son lot, peut-être

pour longtemps, peut-être pour toujours, il lui ouvrait les bras; la preuve en est sous mes yeux, dans ces lignes inédites, écrites à vingt ans : — « L'homme de lettres jouirait-il de cette indépendance, s'il pouvait ouvrir son âme au désir de la fortune et au vil intérêt? Non : l'intérêt et la liberté se combattent. Homme de lettres, si tu as de l'ambition, ta pensée devient esclave et ton âme n'est plus à toi.... Si tu t'occupes de fortune, tu te mets toi-même à l'encan; crains de calculer bientôt le prix d'une bassesse et le salaire d'un mensonge. Si ton âme est noble, ta fortune est l'honneur.... Si elle ne te suffit pas, renonce à un état que tu déshonores. Un journal a dit de moi : — M. Gérard ne sera ni receveur général, ni colonel, ni maître des requêtes. — C'est l'éloge le plus délicat qu'on puisse adresser à un jeune poète. Je suis heureux de l'avoir inspiré [1]. »

Ce n'est pas tout que de mépriser les recettes générales; encore faut-il savoir supporter la misère. Gérard de Nerval allait fournir un exemple de plus de l'utilité pratique de l'idéalisme.

II

Gérard de Nerval chez les romantiques, c'était Daniel dans la fosse aux lions. Les cénacles se faisaient une gloire, et un devoir, de prendre des airs dévorants. Leurs membres ont été plus tard les premiers à se moquer en gens d'esprit du temps où ils étaient condamnés à être « titaniques » et « sataniques » à perpétuité, dans toutes les situations de la vie. Jamais de

---

[1]. Fonds Arsène Houssaye. Le carnet auquel j'emprunte ce passage a été commencé le 27 mai 1828.

vacances : un romantique n'avait pas le droit de causer sans « rugir », ou d'écrire à son bottier sans évoquer par des tournures excentriques et des épithètes violentes l'image d'un Peau-Rouge « partant pour la guerre, des plumes d'aigle sur la tête, des colliers de griffes d'ours au bas du col, des scalps ou plutôt des perruques de classiques à la ceinture [1] ». Il était tenu d'avoir un nom « truculent », ce qui menait les Auguste Maquet et les Théophile Dondey à se baptiser Augustus Mac Keat et Philothée O'Neddy. Ses pensées ne devaient jamais être ordinaires; quand Petrus Borel, dit le Lycanthrope, publia ses *Rhapsodies*, il osa accepter les épigraphes que des amis avaient osé lui offrir : — « Ça trouillotte », ou « Pauvre b.... » Son imagination ne devait pas non plus être ordinaire, car il était indispensable qu'une contredanse sous la tonnelle lui représentât « une bacchanale », et un lapin sauté « une orgie », destinées à mettre Dieu au désespoir et à attirer ses foudres sur le célèbre cabaret de la mère Saguet. Dieu s'étant tenu coi, les romantiques piqués au jeu lui prouvèrent leur satanisme en buvant à la ronde dans la coupe très peu ragoûtante fabriquée par Théophile Gautier avec un crâne humain et une poignée de commode. Le crâne avait été fourni par Gérard, qui le tenait de son père; c'était celui d'un tambour-major tué à la bataille de la Moskowa. Les convives dissimulaient leurs grimaces, dans l'heureuse conviction d'aider par ce sacrifice à l'émancipation de la littérature française. Que n'eût-on point fait pour la littérature, en cet âge de féconds enthousiasmes?

Un bon romantique ne reculait devant rien pour se donner des airs moyen âge, pas même devant les pourpoints qu'il fallait se faire attacher dans le dos par

---

1. Théophile Gautier, *Notice sur Gérard de Nerval*.

son portier, pas même devant les chevelures mérovingiennes et les redingotes hongroises dont l'assemblage, en prenant la moyenne des dates, donnait un contemporain de la première croisade. Il s'étudiait à avoir l'œil fatal, la voix caverneuse et le teint cadavéreux. Son ambition suprême, qu'on aurait tort de railler, était de « se soustraire aux tyrannies de la civilisation » en apprenant à se passer de tout ; Petrus Borel couchait dans les démolitions et se nourrissait de pommes de terre cuites sous la cendre, sans sel — le sel était le luxe du dimanche, — pour pouvoir se promener du matin au soir suivi de ses disciples, « le coin de son manteau jeté sur l'épaule, traînant derrière lui son ombre, dans laquelle il n'aurait pas fallu marcher [1] ». Temps ingénus, où les mères emmenaient leurs filles quand Monpou se mettait au piano pour chanter l'*Andalouse*! Temps heureux, où rien ne coûtait pour caresser sa chimère et servir la cause du beau!

Les jeunes écoles sont forcées d'être intolérantes et agressives. Jamais les romantiques ne seraient venus à bout de leur tâche, jamais ils ne nous auraient débarrassés de la queue de l'armée classique, sans leur intransigeance et leur violence. C'était tout juste, et avec des soupirs, s'ils passaient à Victor Hugo ses petits cols de chemise d'un goût bourgeois, et Victor Hugo était un dieu, élevé par sa divinité au-dessus des lois et de l'opinion. Il fallut leur grande amitié pour qu'ils passassent à Gérard Labrunie, qui n'était pas un dieu, d'être ce qu'il était. Gérard avait tout à se faire pardonner, à commencer par son visage blanc et rose de chérubin, au-dessus duquel une chevelure blonde faisait « comme une fumée d'or ». Il avait une fossette au menton et une bouche au sourire d'enfant,

---

1. Théophile Gautier, *Histoire du romantisme*.

des yeux gris « aussi lointains que des étoiles [1] », un grand front « poli comme de l'ivoire et brillant comme de la porcelaine »; rien de tragique dans sa physionomie, rien de byronien dans ses attitudes, mais des timidités et des rougeurs de jeune fille de Scribe, la terreur d'attirer l'attention, l'horreur des querelles et des discussions, du bruit et des couleurs voyantes. Invariablement vêtu d'une longue redingote en orléans noir et d'un paletot bleu foncé « auquel, disait Gautier, on avait recommandé de ressembler au paletot de tout le monde », il aurait passé partout inaperçu et comme invisible sans sa démarche très particulière d'homme à demi soulevé par un souffle secret. Sa conversation donnait une impression analogue; c'était « un esprit ailé, une nature ailée », répètent ses amis, auxquels il rappelait les oiseaux voyageurs. On était accoutumé, dit encore Gautier, « à le voir apparaître dans une courte visite, familier et sauvage comme une hirondelle qui se pose un instant et reprend son vol après un petit cri joyeux ». Il fallait le suivre « pour profiter de sa conversation charmante, car demeurer en place était pour lui un supplice. Son esprit ailé entraînait son corps, qui semblait raser la terre. »

L'hirondelle ne chante pas; elle gazouille. Ce qu'écrivait Gérard Labrunie ne se prêtait pas à être trompeté le poing sur la hanche et le nez au vent, ainsi qu'il convenait aux œuvres romantiques; il avait toujours l'air d'écrire pour être lu à demi-voix. Il « se plaisait dans les gammes tendres, les pâleurs délicates et les gris de perle chers à l'école française de l'autre siècle. S'il admirait Hugo, il aimait Béranger [2]. » Il l'ai-

1. Paul de Saint-Victor, *Notice sur Gérard de Nerval.*
2. Théophile Gautier, *Notice.*

mait au point d'avoir publié une sorte d'anthologie [1] intitulée *Couronne poétique de Béranger* (1829), et accompagnée d'une *Ode à Béranger* où il traitait celui-ci de « divin ». Ce n'était pas l'acte, ce n'étaient pas les goûts et les idées d'un romantique, et les cénacles auraient eu le droit de lui faire grise mine, lorsqu'il se réfugia sous leur aile en quittant le foyer paternel. Les cénacles, au contraire, fêtèrent le prôneur de Béranger, parce qu'il n'existait pas dans le monde des lettres un être assez méchant pour faire de la peine au « bon Gérard », ainsi qu'ils l'appelaient. — « Dans tout ce Paris littéraire, où il est si difficile de poser le pied, Gérard ne trouvait que sourires amicaux et bonnes paroles. Confrères parvenus, confrères à parvenir, écrivains romantiques, classiques, réalistes, poètes, prosateurs, romanciers, auteurs dramatiques, vaudevillistes et journalistes, tous (lui) montraient une de ces bienveillances si peu communes dans le monde littéraire [2]. » Quoi qu'il pût faire, dire et penser, il était « le bon Gérard », à qui l'on passait plus encore qu'à Victor Hugo, puisqu'on lui passait tout.

Il avait accordé aux manies romantiques de ne plus s'appeler Labrunie. Le nom qu'il adopta, Nerval, était celui d'un petit champ [3] qui lui appartenait et que son imagination avait transformé en débris d'un fief ayant appartenu jadis à ses ancêtres. Ce fut sa seule concession aux modes du jour. Il comptait sur la fan-

---

1. Ce fut, pour Gérard de Nerval, la période des anthologies. En 1830, il publia des *Poésies allemandes*, traduites par lui, et un *Choix de poésies de Ronsard, Du Bellay*, etc., avec introduction.
2. Champfleury, *Grandes figures d'hier et d'aujourd'hui*.
3. Lettre de Mme veuve Labrunie, tante de Gérard de Nerval, à Arsène Houssaye (Paris, décembre 1859). — Ce champ était estimé 1 500 francs.

taisie de son existence pour lui mériter l'indulgence d'une génération ennemie de la règle.

Ses mœurs n'étaient pas d'un bourgeois, si elles n'étaient pas d'un poète chevelu. Gérard de Nerval avait généralement plusieurs domiciles, mais il n'en habitait aucun. Il travaillait en marchant, dans la rue si le temps était beau, dans les passages aux jours de pluie, ne s'arrêtant que pour tirer de ses grandes poches des carnets et des bouts de papier où il notait ce qui lui passait par la tête, tantôt sur une table de cabaret, tantôt dans le creux de sa main et au crayon. Il abandonnait ensuite ces chiffons partout, « comme l'oiseau laisse de ses plumes aux endroits qu'il traverse », et sa négligence nous en a conservé des poignées, ramassées par ses amis. Étrange fouillis d'idées parfois plus étranges encore, jetées confusément sur le papier, dans tous les sens, et mêlant les systèmes du monde aux notes d'auberge, les réflexions de M. Labrunie père aux mots d'esprit à placer un jour ou l'autre dans un article ou une pièce de théâtre. C'est infiniment curieux et vivant; les petits papiers de Gérard de Nerval permettent de surprendre le travail du cerveau humain dans son désordre et son effervescence.

L'instant venu de donner à l'imprimerie la page promise, il fallait bien se décider à débrouiller ce chaos. On voyait alors arriver « le bon Gérard » dans les bureaux d'un journal. Il tirait de ses poches une petite bouteille d'encre, des plumes, des bouchons de papier couverts de notes, toute une bibliothèque de livres et de brochures, et se mettait en devoir d'écrire : — « Il travaillait avec acharnement, jusqu'à ce que l'arrivée de quelque connaissance le forçât de prendre la fuite. De là, il entrait au café d'Orsay, s'installait à une table isolée et déployait tout son matériel. A peine avait-il écrit quelques lignes, qu'un ami se dressait devant lui et entamait une longue conversation. Gérard reprenait son mobilier de poche et partait [1]. » De déballage en déballage, il arrivait au bout de son article ou de sa nouvelle, mais toujours à la dernière minute, ce qui mettait dans l'angoisse les directeurs de revues ou de journaux. Ils le pourchassaient pour lui arracher sa copie, et Gérard fuyait, indigné contre ces « gens sans pitié ». Un jour qu'il croyait avoir dépisté l'ennemi, il s'était arrêté devant un marchand d'oiseaux à débattre avec lui-même un cas de conscience. Avait-il le droit de donner au perroquet la cerise des serins, puisque les serins n'en voulaient pas? Quelqu'un lui frappa tout à coup sur l'épaule : — « Et mon article? ». C'était M. Buloz père. Gérard avoua qu'il n'avait pas fini. M. Buloz le prit sans mot dire par le bras, l'emmena à la *Revue* et l'enferma dans un cabinet jusqu'à ce qu'il eût achevé. Ce n'était pas le premier qu'il mettait sous clef dans des circonstances du même genre, et ce ne fut pas le dernier; peut-être trouverait-on encore, parmi les vieux collaborateurs de la *Revue*, des gens qui ont connu le cabinet de pénitence. Cette mésaventure avait accru la méfiance de Gérard de Nerval; il ne se risquait plus que dans les bureaux de rédaction ayant plusieurs issues.

Délivré de l'article à finir, il retournait devant le marchand d'oiseaux, dans l'espoir — c'est lui qui le raconte — « de comprendre leur langage d'après le dictionnaire phonétique laissé par Dupont de Nemours, qui a déterminé quinze cents mots dans la langue seule du rossignol ». Paris ne possédait pas de badaud plus déterminé. C'est de lui-même qu'il parle quand il raconte les interminables vagabondages de

---

[1]. Champfleury, *loc. cit.*

Mon ami [1] : — « Pas un cercle entourant quelque chanteur ou quelque marchand de cirage, pas une rixe, pas une bataille de chiens, où il n'arrête sa contemplation distraite. L'escamoteur lui emprunte toujours son mouchoir, qu'il a quelquefois, ou la pièce de cent sous, qu'il n'a pas toujours. L'abordez-vous, le voilà charmé d'obtenir un auditeur à son bavardage, à ses systèmes, à ses interminables dissertations, à ses récits de l'autre monde. Il vous parlera *de omni re scibili et quibusdam aliis*, pendant quatre heures... et ne s'arrêtera qu'en s'apercevant que les passants font cercle, ou que les garçons de café font leur lit. Il attend encore qu'ils éteignent le gaz. Alors, il faut bien partir.... A minuit, tout le monde pense avec terreur à son portier. — Quant à lui-même, il a déjà fait son deuil du sien, et il ira se promener à quelques lieues, ou, seulement, à Montmartre. »

Ce n'est pas que « Mon ami » songe à coucher dans les carrières de Montmartre. Il cherche des interlocuteurs, et non du repos. Au temps de sa jeunesse, les « grandes carrières » étaient, à l'en croire, très bien fréquentées. On y trouvait « d'honnêtes vagabonds », et de braves ouvriers qui possédaient des notions précieuses sur les animaux antédiluviens; ils les tenaient, par tradition, d'anciens carriers qui avaient été « les compagnons de Cuvier dans ses recherches géologiques ». Gérard de Nerval prenait place autour du feu et racontait les révolutions du globe à un auditoire attentif. « Parfois un vagabond se réveillait et demandait du silence, mais on le faisait taire aussitôt. »

Le plus souvent, il restait dans Paris. Le quartier Saint-Honoré foisonnait alors de divertissements popu-

---

1. *Les Nuits d'octobre.*

laires dont Gérard de Nerval était l'un des plus fidèles habitués. Il connaissait les heures de fermeture de tous les rôtisseurs et de toutes les guinguettes; il savait lesquels éteignaient le gaz à minuit, lesquels avaient la permission de deux heures, et il vaguait de l'un à l'autre jusqu'à ce qu'on mît les clients à la porte, se faufilant à travers les consommateurs et avalant des boissons infâmes pour entendre parler la sagesse des nations par la bouche des ramasseurs de bouts de cigares et de leurs compagnes. Il aimait à descendre au café des Aveugles, situé dans une cave, et à écouter les discussions des connaisseurs sur le jeu de l'Homme sauvage. Il grimpait de là au *bal des Chiens*, se faisait écraser les pieds et recevait force coups de coude pour regarder danser les petites ouvrières. Ses principes l'obligeant à se retirer à l'heure où les grisettes étaient remplacées par « des personnes qui sortent des théâtres » et autres établissements publics, il allait s'insinuer à la *Société lyrique des Troubadours*, dont il avait surpris le mot de passe, et se régalait de chansons dans le genre innocent de Pierre Dupont, paroles et musique des membres de la Société. Pour deux sous, il se réconfortait d'un bouillon de poulet chez un rôtisseur ayant la permission de deux heures, et il gagnait les Halles au moment où le petit carreau commençait à s'animer. Les Halles étaient son lieu de prédilection; il aurait pu s'y diriger les yeux fermés. Là, à droite, étaient les marchands de sangsues; en face les « pharmaciens Raspail » et les débitants de cidre, chez lesquels on se régalait d'huîtres et de tripes à la mode de Caen. Un peu plus loin, le cabaret où l'on buvait certaine eau-de-vie de Domfront « inconnue sur les grandes tables » et dont les prix étaient affichés en ces termes : « *le monsieur*, 4 sous; *la demoiselle*, 2 sous; *le misérable*, 1 sou ». Plus loin encore, le restaurant

Baratte, où les facteurs de la Halle et les gros marchands vont souper à sept francs par tête, et, enfin, le fameux Paul Niquet : « Il y a là évidemment moins de millionnaires que chez Baratte.... Les murs, très élevés et surmontés d'un vitrage, sont entièrement nus. Les pieds posent sur des dalles humides. Un comptoir immense partage en deux la salle, et sept ou huit chiffonnières, habituées de l'endroit, font tapisserie sur un banc opposé au comptoir. Le fond est occupé par une foule assez mêlée, où les disputes ne sont pas rares. Comme on ne peut pas à tout moment aller chercher la garde, le vieux Niquet, si célèbre sous l'Empire par ses cerises à l'eau-de-vie, avait fait établir des conduits d'eau très utiles dans le cas d'une rixe violente. On les lâche de plusieurs points de la salle sur les combattants, et, si cela ne les calme pas, on lève un certain appareil qui bouche hermétiquement l'issue. Alors, l'eau monte, et les plus furieux demandent grâce. »

Les nouveaux venus payaient une tournée aux chiffonnières « pour se faire un parti dans l'établissement en cas de dispute ». Une vieille à qui Gérard de Nerval avait offert un « verjus » l'en récompensa par des confidences : « Toi, lui dit-elle, t'es bien zentil aussi, mon p'tit fy; tu me *happelles* le p'tit Ba'as (Barras) qu'était si zentil, si zentil, avec ses cadenettes et son zabot d'Angueleterre.... Ah ! c'était z'un homme *aux oiseaux*, mon p'tit fy, aux oiseaux !... vrai ! z'un bel homme comme toi ! » Un second verjus acheva de lui délier la langue : « Vous ne savez pas, mes enfants, que j'ai été une des *merveilleuses* de ce temps-là.... J'ai eu des bagues à mes doigts de pied.... Il y a des mirliflores et des généraux qui se sont battus pour moi ! » Gérard de Nerval ne regretta point son argent ; on ne pouvait payer trop cher les souvenirs d'une belle du

Directoire. Il ne sortit de chez Paul Niquet qu'à l'apparition de la police, qui avait affaire à l'un des clients. Le soleil se levait, des tas de bottes de fleurs encombraient le trottoir, l'air était embaumé.

Il passait au moins cinq nuits par semaine à errer de la sorte « comme un chien perdu », se faisant réclamer lorsque la police le ramassait, se réfugiant de lui-même au poste en cas de pluie et payant alors son écot en histoires et en chansons. Il dormait ensuite le jour, dans quelque lieu qu'il se trouvât : « Parfois, rapporte Maxime Du Camp, sur le divan de l'atelier de Théophile Gautier, j'ai vu un petit homme... pelotonné sous un plaid et dormant : c'était Gérard de Nerval, qui venait se reposer de ses pérégrinations nocturnes.... J'aimais à causer avec lui lorsque je parvenais à le réveiller, ce qui n'était pas toujours facile. »

Tout à coup « le bon Gérard » disparaissait. On n'entendait plus parler de lui. Ses amis ne s'en mettaient pas en peine. C'est que l'idée lui avait pris de voyager et qu'il s'en était allé directement des Halles à Munich, ou à Rotterdam, ou plus loin encore. En dehors des commis voyageurs et des explorateurs, peu d'hommes ont fait autant de lieues que Gérard de Nerval. Il connaissait la moitié de l'Europe sur le bout du doigt, pour l'avoir arpentée dans tous les sens, et à pied, autant que faire se pouvait. Ses préparatifs de départ n'étaient pas plus compliqués que ceux des oiseaux migrateurs; il s'envolait, libre comme l'air, léger comme lui, et arrive que pourra! — « Te rappelles-tu, écrivait Hetzel à Arsène Houssaye, le voyage à Constantinople entrepris avec 40 francs et accompli — miraculeusement? — T'a-t-il conté, comme à moi, ses voyages avec Dumas sur le Rhin, lui ayant, je ne sais comment, perdu Dumas je ne sais où — et l'allant chercher sans chapeau, sans argent, sans vêtement presque, par suite d'aventures que Dumas raconterait si bien qu'on n'en pourrait pas croire un mot, tant elles sont fantastiques, toutes vraies qu'elles soient? » Il apprenait des chemineaux à voyager économiquement, et s'en tirait presque toujours : « Il savait si bien n'avoir pas le sou, n'avoir pas de feu, ni de lieu, n'avoir pas de gîte, errer, vagabonder! son corps faisait comme son aimable esprit, il se laissait aller tout droit, ou tout de côté, peu lui importait pourvu qu'il allât[1]. » Au pis aller, les amis de Paris recevaient une lettre les avertissant que « le bon Gérard » était échoué à Naples, ou au fond de l'Allemagne, et les priant de lui faire envoyer de l'argent par son journal. Il n'y avait qu'en France que ses aventures tournassent quelquefois au tragique. Notre pays était encore soumis au régime des passeports, et l'on croira sans peine que Gérard de Nerval perdait le sien, quand il en avait un. Il couchait alors en prison et était reconduit de brigade en brigade, enchaîné comme « un héros de l'Ambigu », jusqu'à une ville où il pût se faire reconnaître; mais il racontait ces catastrophes sans amertume, persuadé que c'était toujours sa faute, et il s'extasiait sur la politesse des gendarmes, du commissaire, du substitut, du geôlier, de tout le monde sans exception : « J'étais dans mon tort, concluait-il. Je ne trouve de trop que le cachot et les fers. »

III

Une seule fois, les choses prirent un tour plus sérieux. On sait combien les émeutes furent fréquentes dans les premières années de la Monarchie de Juillet.

---

1. Lettre du 30 septembre 1855. Fonds Arsène Houssaye.

Un soir de troubles, en 1831, Gérard de Nerval était allé au cabaret, avec quelques amis, s'exercer à être « truand et talon rouge tout à la fois », selon la poétique de la bohême romantique. Aucun d'eux ne savait pourquoi la ville était en rumeur, mais elle leur plaisait ainsi : « Nous traversions l'émeute, raconte Gérard, en chantant et en raillant, comme les épicuriens d'Alexandrie (du moins, nous nous en flattions). Un instant après, les rues voisines étaient cernées, et, du sein d'une foule immense, composée, comme toujours, en majorité de simples curieux, on extrayait les plus barbares et les plus chevelus [1]. » Des sergents de ville sans littérature empoignèrent ces jeunes insolents d'accoutrement insolite, et Gérard de Nerval fut écroué à Sainte-Pélagie sous la prévention de complot contre l'État.

La première nuit fut à souhait pour un noctambule. Son dortoir contenait une quarantaine de braves gens pleins d'entrain, qui se mirent en devoir de jouer une charade à grand spectacle, de leur composition, et représentant la révolution de 1830. On y voyait d'abord Charles X et ses ministres tenant conseil : — « Ensuite venait la prise de l'Hôtel de Ville ; puis *une soirée à la Cour* à Saint-Cloud, le gouvernement provisoire, La Fayette, Laffitte, etc. : chacun avait son rôle et parlait en conséquence. Le bouquet de la représentation était un vaste combat des barricades, pour lequel on avait dû renverser lits et matelas ; les traversins de crin, durs comme des bûches, servaient de projectiles. Pour moi, qui m'étais obstiné à garder mon lit, je ne peux point cacher que je reçus quelques éclaboussures de la bataille. Enfin, quand le triomphe fut regardé comme suffisamment décidé, vainqueurs et vaincus se réunirent pour chanter... la *Marseillaise*. »

1. *Mes Prisons.*

Le lendemain, il eut « la faiblesse » de se faire mettre dans une chambre payante, et fut émerveillé de la paix qu'il y rencontra. Les attentions du gouvernement de Louis-Philippe pour les détenus politiques avaient donné à « la pistole » une physionomie d'hôtel de famille. On ne se serait pas permis d'imposer à un légitimiste le voisinage d'un bonapartiste, ou à un républicain unitaire celui d'un républicain fédéraliste ; les chambrées étaient assorties d'après les opinions et les nuances d'opinions, aussi n'entendait-on jamais un mot plus haut que l'autre. Les différents partis fraternisaient au promenoir sans que les gros bonnets eussent à se garer de familiarités déplacées, car il n'était pas question d'égalité parmi ces révolutionnaires idylliques ; chacun gardait son rang : — « Mes anciens camarades de dortoir y étaient si accoutumés, qu'à partir du moment où je fus logé à la pistole, aucun d'entre eux n'osa plus m'adresser la parole ; de même, on ne voyait presque jamais un républicain en redingote se promener ou causer familièrement avec un républicain en veste. » On s'invitait à dîner entre gens du même monde, et il faisait bon alors avoir des amis dans la droite. Le parti légitimiste nourrissait libéralement ses défenseurs. Des montagnes de pâtés, de volailles et de bouteilles s'amoncelaient tous les matins au parloir, et la plèbe monarchiste n'était pas oubliée dans la distribution. Certains « Suisses arrêtés en Vendée » tenaient table ouverte, et eux-mêmes « restaient à table toute la journée et sous la table toute la nuit » :

Toujours, par quelque bout, le festin recommence.

Ils avaient trouvé à Sainte-Pélagie leur abbaye de Thélème.

Une liberté parfaite ajoutait à l'agrément du quartier des détenus politiques. « Cette prison, poursuit Gérard de Nerval, était l'idéal de l'indépendance absolue rêvée par un grand nombre de ces messieurs, et, hormis la faculté de franchir la porte extérieure, ils s'applaudissaient d'y jouir de toutes les libertés et de tous les droits de l'homme et du citoyen. » Lui-même prétendait avoir été très heureux dans cette aimable société, mais n'en croyez rien : — « La prison était le plus dur supplice qu'on pût infliger à un homme comme lui. Il fallait à ses poumons l'air libre, à ses pieds de voyageur l'espace sans entraves [1]. » Après le non-lieu qui le rendit à ses vagabondages, Gérard de Nerval se le tint pour dit ; il s'arrangea pour ne plus jamais être mêlé à la politique, même à la politique pour rire des poètes chevelus.

C'est après Sainte-Pélagie, vers 1835, qu'il faut placer le campement romantique de l'impasse du Doyenné, demeuré fameux dans les fastes de l'école. Les gens à cheveux gris se rappellent ce qu'était la place du Carrousel avant le second Empire. Il n'y avait pas dans tout Paris de fouillis plus grouillant et plus pittoresque, sauf, peut-être, la ville de chiffonniers appelée la Petite-Pologne et située sur les hauteurs qui dominent la rue de la Pépinière. Le Carrousel était de beaucoup le plus amusant, à cause de son infinie variété. On y voyait des masures ignobles, les ruines d'une église, un manège, des quinconces de tilleuls, des chantiers de pierres, de vieux hôtels à trumeaux où venaient loger, en vue des Tuileries et des ministères, de jeunes attachés d'ambassade et des référendaires en herbe. Je n'ai jamais pu comprendre comment tout cela tenait, et il y avait encore de la place

---

1. Georges Bell, *Gérard de Nerval.*

pour des terrains vagues. Dans les masures pullulaient les marchands d'oiseaux, les brocanteurs et les cabarets borgnes; dans les terrains vagues les escamoteurs et les arracheurs de dents, les marchands d'orviétan et les tondeurs de chiens; un peu partout les gueux à la Callot. En dépit du poste de police dont la lanterne rouge se balançait au vent, c'était une grande cour des Miracles, un lieu fait exprès pour les enfants et pour Gérard de Nerval. Celui-ci loua au Carrousel, en tiers avec Arsène Houssaye et le peintre Camille Rogier, un appartement niché dans le salon d'un vieil hôtel. Théophile Gautier vivait le jour avec eux. Ils abattirent les cloisons et se trouvèrent possesseurs d'une vaste pièce « aux boiseries tarabiscotées et ornées de rocaille, aux glaces d'un cristal louche surmontées d'impostes, aux étroites fenêtres vitrées de petits carreaux à la mode de l'autre siècle [1] », et donnant d'un côté sur des terrains vagues, des arbres et la grande galerie du Louvre, de l'autre sur l'impasse du Doyenné. Ils s'y organisèrent une existence inspirée du *Pré-aux-Clercs*.

« Nous étions jeunes, racontait plus tard Gérard de Nerval, toujours gais, quelquefois riches. » Ces derniers mots marquent la différence essentielle entre la bohème romantique et celle de Murger. La première pouvait se permettre des goûts plus raffinés. Il ne lui était pas interdit d'avoir des besoins esthétiques, et elle se piquait même de grandes exigences sous ce rapport. Les tournures minables des Schaunard et des Colline y auraient choqué les yeux; leurs expédients de besogneux auraient semblé par trop inélégants. Ils étaient un certain nombre, parmi cette jeunesse de 1830 rayonnante d'esprit et de talent, qui gagnaient le

---

1. Théophile Gautier, *Notice*.

nécessaire, et n'étaient pauvres que parce qu'ils le voulaient bien, parce qu'ils aimaient mieux s'acheter des habits en velours nacarat et des bottes à l'écuyère, comme Rogier, ou des Fragonard et des meubles Renaissance, comme Gérard de Nerval, que de payer bourgeoisement leurs fournisseurs. L'argent leur brûlait les doigts — ils ne se représentaient pas des « Titans » ayant de l'ordre et faisant de bons placements, — mais ils le dépensaient en artistes. Plusieurs en ont rappelé de leur mépris pour les capitalistes; mais ce changement de mode vint trop tard pour Gérard de Nerval. Le seul héritage qu'il ait jamais fait lui tomba du ciel en 1835. Il en consacra la meilleure partie à remplir l'appartement du Doyenné de toiles de maîtres et de vieux meubles, et ne s'en repentit point dans la suite, quand la maladie le laissa dans le dénuement. Il n'eut jamais le courage de regretter quoi que ce fût des deux années du Doyenné; il n'y pouvait penser sans s'écrier : « Quels temps heureux! »

Il avait fait un musée du vieux salon aux glaces troubles. On compléta le décor en invitant des amis à repeindre les boiseries trop défraîchies. Ces amis s'appelaient Corot, Rousseau, Nanteuil, Chassériau, Châtillon, Leleux, Lorentz, Wattier, et chacun exécuta une « fresque » ou deux, « au grand effroi du propriétaire, qui considérait les peintures comme des taches ». Quand tout fut prêt, on lança des invitations pour la célèbre fête du 28 novembre 1835.

Il avait été décidé qu'elle serait costumée; c'était bien le moins chez des romantiques qui se déguisaient tous les jours de leur vie. Trente ans, cinquante ans après, les survivants ne songeaient encore qu'avec des éblouissements à la gaieté qui se dépensa ce soir-là en pantomimes, en parades, en sarabandes et en chansons. Les fresques tenaient lieu de rafraîchissements; c'était une idée de Gérard de Nerval. L'orchestre provenait d'une ginguette. On avait eu la charité d'inviter « tous les locataires distingués de l'impasse », y compris le commissaire de police et sa femme, parce qu'on prévoyait qu'il serait impossible de dormir cette nuit-là place du Carrousel. Le commissaire de police refusa par une lettre très polie ; mais les attachés d'ambassade et les futurs conseillers d'État se montrèrent moins farouches : — « Ils n'étaient reçus qu'à condition d'amener des femmes du monde, protégées, si elles y tenaient, par des dominos et des loups ». Ils vinrent en nombre, et il y eut des dominos dans le galop monstre qui dégringola les escaliers, balaya l'impasse, s'engouffra sous les quinconces, tournoya au clair de lune parmi les ruines de l'église et aboutit en coup de vent à un cabaret qu'on avait fait rouvrir. A sept heures du matin, on partit à pied pour aller déjeuner à Madrid. Le propriétaire, qui avait le malheur de demeurer sous le grand salon, put enfin se coucher, mais quand il vit que cela recommençait, que les soupers succédaient aux bals, les comédies aux pantomimes, il donna congé et eut un accès de désespoir en voyant ce que ses locataires appelaient avoir restauré sa maison. Les peintures des murailles furent recouvertes d'une couche de détrempe, et il y eut désormais à Paris un bourgeois de plus convaincu qu'on avait tort, selon l'expression de Théophile Gautier, de laisser circuler les romantiques sans muselière.

Lors du déblaiement de la place du Carrousel, au début du second empire, Gérard de Nerval racheta aux démolisseurs les boiseries du salon du Doyenné et fit nettoyer les tableaux, qui allèrent rejoindre dans une mansarde poussiéreuse les bibelots échappés aux accidents dont sa vie était fertile. « Où avez-vous perdu tant de belles choses ? » lui demandait un jour Balzac.

« Dans les malheurs », répondit Gérard. « Les malheurs » lui arrivaient dans l'état de rêve où son moi mystique menait silencieusement une existence qui était de plus en plus la seule vraie à ses yeux. De plus en plus aussi, celle dont nous venons de dire les excentricités n'était, dans sa pensée, qu'un décor ; il fallait, pour s'y tromper, ignorer que le monde extérieur est une vaine apparence ; mais presque tous les hommes en sont là, et il est alors impossible de se faire comprendre d'eux. Gérard de Nerval en faisait tous les jours l'expérience ; ses commensaux ne s'apercevaient pas qu'il était continuellement absent, alors même que son corps était au milieu d'eux.

IV

Il était d'usage entre romantiques de croire à tout ce qu'avait cru le moyen âge. Quand on ne le pouvait absolument pas, on tâchait au moins d'en avoir l'air et de parler sérieusement des gnomes ou des vertus cachées des spécifiques. Gérard de Nerval était de ceux qui croyaient réellement au monde et aux sciences occultes. Personne n'avait en eux une foi aussi sincère. Il n'était jamais à court de légendes où les forces secrètes de la nature obéissent à des volontés mystérieuses, et il les murmurait avec des accents d'une persuasion irrésistible. « Tous nous y avons cru, dit un contemporain, ne fût-ce qu'un instant, quand Gérard de Nerval nous en parlait. Il avait dans la voix des inflexions si douces qu'on se prenait à l'écouter comme on écoute un chant. Tous ceux qui ont entendu cette voix ne l'oublieront jamais [1]. » Pendant longtemps, cet

---

[1]. Bell, *loc. cit.*

univers invisible qui était le sien au cours de ses promenades solitaires ne fut peuplé que de visions gracieuses; il suffisait de le regarder passer pour en être sûr : « Je l'ai rencontré, dit un autre contemporain [1], plus souvent seul qu'en société, le pas alerte, traversant le jardin du Palais-Royal, l'œil souriant à ses imaginations intérieures. On l'arrêtait; sa physionomie changeait tout à coup; c'était un homme qu'on tirait d'un rêve agréable et dont les yeux tenaient du réveil et de l'étonnement. » L'altération du visage indiquait clairement la profondeur de la chute. « Quelquefois, dit Gautier, on l'apercevait au coin d'une rue, le chapeau à la main, dans une sorte d'extase, absent évidemment du lieu où il se trouvait…. Quand nous le rencontrions ainsi absorbé, nous avions garde de l'aborder brusquement, de peur de le faire tomber du haut de son rêve comme un somnambule qu'on réveillerait en sursaut, se promenant les yeux fermés et profondément endormi sur le bord d'un toit. Nous nous placions dans son rayon visuel et lui laissions le temps de revenir du fond de son rêve, attendant que son regard nous rencontrât de lui-même. »

A l'âge qu'il avait alors, il est rare que toutes les visions, quand visions il y a, soient uniquement d'esprits élémentaires ou de symboles philosophiques, sans mélange de figures moins austères. Il ne manquait pas aux cénacles de gens faisant profession de mépriser les amours grossières du commun des hommes; mais c'était d'ordinaire une attitude à ajouter à toutes les autres : « L'homme matériel, dit Gérard de Nerval à ce propos, aspirait au bouquet de roses qui devait le régénérer par les mains de la belle Isis…. Vue de près, la femme réelle révoltait notre ingénuité; il

---

[1]. Champfleury, *loc. cit.*

fallait qu'elle apparût reine ou déesse, et surtout n'en pas approcher. Quelques-uns d'entre nous néanmoins prisaient peu ces paradoxes platoniques. » L'un de ces derniers ayant cru deviner que Gérard de Nerval était amoureux d'une réalité lui adressa une question indiscrète. Il répliqua : « Moi ? C'est une image que je poursuis, rien de plus. »

L'image avait des cheveux d'or, couronnés de laurier « dont les feuilles lustrées éclataient... aux rayons pâles de la lune ». Elle glissait sur l'herbe, à demi portée par les brouillards du soir, et laissait traîner dans la rosée un long voile de religieuse. Son nom était Adrienne. Le lecteur la connaît : elle était apparue une seule fois à Gérard, sur une place verte devant un vieux château, et il s'était demandé, en mettant un baiser d'enfant sur sa joue rose, dans quelle existence il l'avait déjà rencontrée. Il avait vécu depuis dans l'attente d'Adrienne. Qu'elle fût morte, cela n'était pas un obstacle insurmontable ; puisque les âmes transmigrent, celle de son unique amour était peut-être passée dans le corps d'une autre femme, moins inabordable pour lui que ne l'eût été une descendante des rois de France. Mais il fallait la reconnaître, et l'on pouvait se tromper, malgré les avertissements des « sympathies occultes » et les communications établies par les songes entre le monde visible et le monde des Esprits. On pouvait aussi tarder à se rencontrer. Gérard de Nerval considérait notre globe comme un immense Guignol où les âmes viennent répéter leur rôle et étudier leurs gestes, à de certaines périodes de leur cycle sans fin. « C'est ainsi, dit-il, que je croyais percevoir les rapports du monde réel avec le monde des esprits. La terre, ses habitants et leur histoire étaient le théâtre où venaient s'accomplir les actions physiques qui préparaient l'existence et la situation des êtres immortels attachés à sa destinée. » L'âme d'Adrienne pouvait avoir été envoyée à l'autre extrémité des tréteaux divins, de même qu'elle pouvait frôler Gérard sous un déguisement. Cependant, lui et elle devaient fatalement se retrouver un jour ou l'autre à cause du « lien », du lien « mystique et indestructible », créé par leur rencontre dans une vie antérieure dont Gérard avait gardé un insaisissable mais sûr souvenir. Ces idées paraissent folles à qui a mis sa confiance et sa foi dans la science : « L'arbre de science, écrivait Gérard de Nerval, n'est pas l'arbre de vie. » C'est ce que disent aussi les occultistes d'à présent. Qui est fou? Qui ne l'est pas? Quand Gautier vieilli rappelait ses souvenirs sur le compagnon de sa jeunesse, il avouait qu'entre romantiques la distinction était presque impossible, parce qu'il était trop difficile dans leur monde « de paraître extravagant ». La même situation se représente de nos jours pour les nouvelles générations. Il sera bientôt impossible de « paraître extravagant », dans notre âge de névrosés, d'alcooliques et de morphinomanes. Sans cesse la question se pose : qui est fou? qui ne l'est pas? et bien habile qui peut y répondre avec certitude.

Gérard de Nerval lui-même n'y était point parvenu d'emblée. Avant d'admettre qu'il était en commerce régulier avec l'au-delà, il avait eu sa période de doute, pendant laquelle il aurait donné beaucoup pour savoir si ses visions étaient de pures hallucinations, ou si elles correspondaient à quelque chose dans le monde qu'on nomme réel. Une nuit — c'était avant la mort d'Adrienne — il était retourné dans les bois d'Ermenonville, familiers à son enfance, et il avait pénétré dans les ruines de la vieille abbaye de Châalis, au bord des étangs du même nom. La charmante *chapelle de l'abbé*, décorée, disait-on, par le Primatice, était ouverte et éclairée. Le maître du domaine y faisait représenter un Mystère devant quelques familles du voisinage. Gérard se glissa dans la chapelle, et voici ce qu'il vit : — « Les costumes, composés de longues robes, n'étaient variés que par les couleurs de l'azur, de l'hyacinthe ou de l'aurore. La scène se passait entre les anges, sur les débris du monde détruit. Chaque voix chantait une des splendeurs de ce globe éteint, et l'ange de la mort définissait les causes de sa destruction. Un esprit montait de l'abîme, tenant en main l'épée flamboyante, et convoquait les autres à venir admirer la gloire du Christ vainqueur des enfers. Cet esprit, c'était Adrienne transfigurée par son costume, comme elle l'était déjà par sa vocation. Le nimbe de carton doré qui ceignait sa tête angélique nous paraissait bien naturellement un cercle de lumière; sa voix avait gagné en force et en étendue.... En me retraçant ces détails, j'en suis à me demander s'ils sont réels, ou bien si je les ai rêvés. » Plus il s'interrogeait, plus il s'y perdait. La grande horloge dans sa gaine n'était pas un rêve, non plus que les hautes armoires en noyer sculpté; mais l'apparition d'Adrienne? Le seul témoin qu'il aurait pu interroger était un jeune paysan qui l'avait suivi dans la chapelle, et ce garçon était gris. Gérard de Nerval se répétait : — Obsession ou réalité? et il n'osait prononcer.

Après quelques aventures analogues, il ne fut pas autrement surpris de reconnaître un soir Adrienne, tout d'un coup, dans une actrice nommée Jenny Colon, qui lui inspirait depuis toute une année un sentiment inexplicable. Il ne manquait pas une seule de ses représentations : — « Je me sentais vivre en elle, et elle vivait pour moi seul. Son sourire me remplissait d'une béatitude infinie; la vibration de sa voix si douce et cependant fortement timbrée me faisait tressaillir de joie et d'amour. Elle avait pour moi toutes les perfections, elle répondait à tous mes enthousiasmes, à tous mes caprices.... » Il l'adorait du fond de sa stalle, mais il ne désirait point la voir de plus près : — « Depuis un an, je n'avais pas encore songé à m'informer de ce qu'elle pouvait être d'ailleurs : je craignais de troubler le miroir magique qui me renvoyait son image, — je m'en informais aussi peu que des bruits qui ont pu courir sur la princesse d'Élide ou sur la reine de Trébizonde. » Cela dura jusqu'à ce qu'un incident puéril fît soudain tournoyer devant les yeux de son esprit la ronde d'enfants dansée avec Adrienne sous un ciel de couchant : — « Tout m'était expliqué.... Cet amour vague et sans espoir, conçu pour une femme de théâtre, qui tous les soirs me prenait à l'heure du spectacle, pour ne me quitter qu'à l'heure du sommeil, avait son germe dans le souvenir d'Adrienne.... La ressemblance d'une figure oubliée depuis des années se dessinait désormais avec une netteté singulière.... Aimer une religieuse sous la forme d'une actrice!... et si c'était la même ! » L'énigme restait insoluble ; toutefois il ne s'en tourmentait pas outre mesure, et veillait seulement à compléter son bonheur par des jouissances moins lointaines, sinon moins pures.

L'une des petites paysannes avec lesquelles il avait tant joué à s'embrasser, du temps où il habitait au village, était devenue une dentellière jolie et sage. C'était Sylvie, dont il a conté les métamorphoses successives à mesure que les campagnes devenaient plus « éclairées ». Chaque révolution dans les mœurs lui avait ôté un peu de poésie. Elle avait été d'abord « une enfant sauvage ; ses pieds étaient nus, sa peau hâlée, malgré son chapeau de paille, dont le large ruban flottait pêle-mêle avec ses tresses de cheveux noirs ». Elle aimait alors les courses folles avec des cris joyeux et chantait les vieilles chansons des aïeules : *Dessous le rosier blanc*, — *La belle se promène*, ou encore, *Quand Biron voulut danser.* » Gérard l'emmenait boire du lait à la ferme, où on lui disait : — « Qu'elle est jolie ton amoureuse, petit Parisien ! »

Sylvie avait grandi. Ses bras et son teint avaient blanchi, ses mains de dentellière s'étaient délicatement allongées, et elle écoutait Gérard lui réciter des passages de la *Nouvelle Héloïse*; mais elle était encore simple et gaie. Un jour qu'ils étaient allés manger une omelette au lard chez une vieille tante à elle, ils découvrirent dans un tiroir de la chambre haute les habits de noce de la bonne femme et de son défunt et s'amusèrent à les revêtir. Les pastels de l'oncle et de la tante à vingt ans les regardaient faire, avec leurs figures de braves gens : « Mais finissez-en! Vous ne savez donc pas agrafer une robe? » me disait Sylvie. Et Gérard pensait : — « O jeunesse, ô vieillesse saintes! — qui donc eût songé à ternir la pureté d'un premier amour dans ce sanctuaire des souvenirs fidèles? » Ils descendirent l'escalier en se tenant par la main, et la tante poussa un cri : — « O mes enfants! dit-elle. Et elle se mit à pleurer, puis sourit à travers ses larmes. » La bonne vieille retrouva dans sa mémoire les chants alternés qui avaient retenti à son repas nuptial, et elle leur apprit à en accompagner l'omelette au lard : « Nous répétions ces strophes si simplement rythmées, avec les hiatus et les assonances du temps, amoureuses et fleuries comme le cantique de l'Ecclésiaste; — nous étions l'époux et l'épouse pour tout un beau matin d'été. »

Encore quelques années, et Sylvie était devenue une demoiselle. Elle portait les modes de la ville, chantait

avec prétention des airs d'opéra et avait abandonné la
dentelle; elle était gantière. Le soir où Gérard de Nerval découvrit que Mlle Jenny Colon était Adrienne, il
eut l'idée, pour « reprendre pied sur le réel », d'aller
revoir son amie d'enfance. Il monta dans la patache de
Senlis, arriva avant l'aube au bourg de Loisy, dont
c'était la fête, et trouva Sylvie au bal. Sa figure était
fatiguée. Des fleurs pendaient dans ses cheveux
dénoués et sur les dentelles fripées de son corsage. Un
gros dadais ébouriffé se tenait auprès d'elle. Dans la
journée qui suivit, Gérard de Nerval l'emmena promener. Elle fit seller un âne, comme lorsqu'on va à
Robinson, et dit en arrivant aux ruines de Châalis : —
« C'est un paysage de Walter Scott, n'est-ce pas? » Son
compagnon tout déconfit mettait néanmoins en elle son
espoir, parce qu'elle était « le réel ». Une première fois
il se jeta à ses pieds, la suppliant de le sauver de
« l'image vaine » qui traversait sa vie; mais ils furent
interrompus par les gros rires de deux paysans avinés
dont l'un était le dadais du bal. Une seconde fois, dans
un chemin désert, il essaya de lui parler de ce qu'il
avait dans le cœur : — « Mais, dit-il, je ne sais pourquoi, je ne trouvais que des expressions vulgaires, ou
bien tout à coup quelque phrase pompeuse de roman ».
Une troisième fois, il fut encore empêché par quelque
bagatelle, et il se tint alors pour averti : le sage n'essaie pas de réconcilier le rêve et la vie, de peur d'un
heurt qui mette l'un et l'autre en pièces. Il remonta
dans la patache et revint à Paris.

Le choc que sa prudence avait évité, d'imprudents
amis l'amenèrent, en le présentant à l'actrice dont
la contemplation lui suffisait. Les conséquences
furent lamentables. Jenny Colon n'était ni meilleure ni
pire que la plupart des princesses de la rampe. Cet
amoureux transi qui se faisait gloire d'aimer en elle

« l'idéal » lui parut ridicule et ennuyeux. De son côté, il ne put braver longtemps ce voisinage capiteux sans embrouiller le rêve avec la réalité et sans souffrir de confusions qui ne lui valaient, en fin de compte, que des rebuffades ou d'immenses déceptions. Ce roman, unique en son genre, d'un homme amoureux d'une « vaine image » et devenant fou de ce que l'image se fait chair, se devine à travers les lettres de Gérard à l'actrice [1]. On sent à chaque ligne qu'ils parlent deux langues différentes. Gérard s'en apercevait ; il écrivait à Mlle Colon : — « Cette pensée que l'on peut trouver du ridicule dans les sentiments les plus nobles, dans les émotions les plus sincères, me glace le sang et me rend injuste malgré moi ». Dans une autre lettre, il lui rappelle certain soir heureux où il a baisé ses mains, et il ajoute avec une franchise dangereuse : — « Ah ! ce n'était pas alors la femme, c'était l'artiste à qui je rendais hommage. Peut-être aurais-je dû toujours me contenter de ce rôle, et ne pas chercher à faire descendre de son piédestal cette belle idole que jusque-là j'avais adorée de si loin. — Vous dirai-je pourtant que j'ai perdu quelques illusions en vous voyant de plus près ? » Une femme intelligente aurait été reconnaissante envers le jeune enthousiaste qui l'avait jugée digne d'être la Béatrice d'une autre *Vita nuova*, mais Gérard de Nerval s'était mal adressé et ce n'était vraiment pas la faute de cette pauvre fille ; elle tâchait de comprendre et n'y parvenait pas.

Il arriva que sa troupe alla donner des représentations à Chantilly et à Senlis. Gérard de Nerval la suivit et conçut le projet de profiter de l'occasion

---

1. Treize lettres ou fragments de lettres à Jenny Colon ont été imprimés à la suite d'*Aurélia*, après la mort de Gérard de Nerval.

pour obliger Jenny Colon à avouer qu'elle était Adrienne. Il loua des chevaux de selle et l'emmena au travers des forêts, sans la prévenir, vers le vieux château de brique à coins de pierre. A mesure qu'ils approchaient, les lieux parlaient à Gérard de Nerval, mais sa compagne ne semblait pas entendre leur langage : — « Ces aspects chers à mes souvenirs, dit-il, l'intéressaient sans l'arrêter ». Il tenta l'épreuve suprême et la conduisit sur la même place verte où il avait vu Adrienne : — « Nulle émotion ne parut en elle. Alors je lui racontai tout; je lui dis la source de cet amour entrevu dans les nuits, rêvé plus tard, réalisé par elle. Elle m'écoutait sérieusement et me dit : — « Vous ne m'aimez pas! Vous attendez que je vous dise : « La comédienne est la même que la religieuse »; vous cherchez un drame, voilà tout, et le dénouement vous échappe. Allez, je ne vous crois plus! »

— « Cette parole fut un éclair. Ces enthousiasmes bizarres que j'avais ressentis si longtemps, ces rêves, ces pleurs, ces désespoirs et ces tendresses,... ce n'était donc pas l'amour? Mais où donc est-il? » Mlle Colon se chargea de la réponse à cette dernière question. Le régisseur de la troupe — un ancien jeune premier tout ridé — lui était dévoué et le lui prouvait de mille manières. Elle dit à Gérard : — « Celui qui m'aime, le voilà! »

A qui tout manque, la chimère reste encore. Sylvie était gantière, Adrienne cabotine, et Gérard de Nerval s'écriait douloureusement : — « Ermenonville! pays où fleurissait encore l'idylle antique, — traduite une seconde fois d'après Gessner! tu as perdu ta seule étoile, qui chatoyait pour moi d'un double éclat. Tour à tour bleue et rose comme l'astre trompeur d'Aldebaran, c'était Adrienne ou Sylvie, — c'étaient les deux moitiés d'un seul amour. L'une était l'idéal sublime, l'autre la douce réalité. » Les perdant à la fois, il voulut les remplacer à la fois, et c'est ici que la folie gagne à vue d'œil. Il s'était résigné à se ruiner en réclames pour Jenny Colon, comme le premier venu des soupirants, mais il ne se résignait point à ne pas lui rendre le recul et la fluidité qui conviennent à une « vaine image » et que cette belle personne avait perdus dans des expériences malheureuses. Il se mit donc en devoir de lui restituer son aspect de figure extra-terrestre et lointaine. Ayant ébauché une pièce, jamais terminée, où Mlle Colon devait jouer le rôle de la reine de Saba, Gérard de Nerval, dans l'ardeur de son désir, finit par confondre en esprit le modèle et la copie. Puisque Jenny n'était plus Adrienne, il fallait absolument qu'elle fût autre chose que cette réalité hideuse, une actrice fardée, et elle le fut : « ELLE m'apparaissait radieuse, comme au jour où Salomon l'admira s'avançant vers lui dans les splendeurs pourprées du matin. Elle venait me proposer l'éternelle énigme que le Sage ne put résoudre, et ses yeux, que la malice animait plus que l'amour, tempéraient seuls la majesté de son visage oriental. Qu'elle était belle ! non pas plus belle cependant qu'une autre reine du matin dont l'image tourmentait mes journées. » La reine de Saba lui devint présente; il dépendit de lui de toucher et de saisir « le fantôme éclatant de la fille des Hémiarites ». Passant un jour près du grand bassin des Tuileries, il vit les poissons rouges sortir leur tête de l'eau pour l'engager à les suivre au fond : — « La reine de Saba t'attend », disaient-ils. Gérard de Nerval ne se jeta pas dans le bassin; toutefois il crut les poissons rouges, et fut confirmé dans la pensée qu'Adrienne se retrouverait, sous une forme ou sous une autre. D'autre part, il hésitait maintenant à se rapprocher des femmes qui la lui rappelaient.

Tel, disait-il, « a connu la vraie Cythère pour ne l'avoir point visitée, et le véritable amour pour en avoir repoussé l'image mortelle ». Mlle Colon l'avait trop fait souffrir, sans méchanceté, simplement parce qu'elle était une femme et non une ombre, pour qu'il s'exposât de gaieté de cœur à affronter une seconde fois « l'image mortelle » de l'amour.

Ses amis s'affligeaient de peines dont ils respectaient le secret ; Gérard de Nerval avait horreur de certains genres de confidences : — « C'était une âme discrète et pudique, dit Théophile Gautier, rougissant comme Psyché, et, à la moindre approche de l'Amour, se renfermant sous ses voiles ». Il était visible que sa passion lui attirait de grands chagrins ; personne ne savait qu'elle peuplait son cerveau d'hallucinations maladives. Cependant le mal dont il avait apporté le germe en naissant empirait rapidement sous la pesée d'une situation inextricable et d'une confusion de sentiments angoissante. Il avait trop besoin de se persuader que la réalité dont il souffrait tant n'était qu'une vaine apparence. L'espoir de trouver un soulagement le porta à caresser ses chimères, au lieu de mettre toute sa volonté à s'en défendre, et la marche vers la folie s'accéléra, sans que rien en parût au dehors. Les qualités qui distinguent Gérard de Nerval écrivain concouraient à masquer son état aux yeux de son entourage ; ce sont toutes les qualités des esprits pondérés et mesurés, bien qu'il les mît au service d'idées extravagantes, et il les conserva intactes après que sa maladie eût passé à l'état aigu. Il prétendait avoir un « double ». On est tenté de le croire en considérant son œuvre ; le *moi* qui tenait la plume n'a certainement pas l'air d'être le même que le *moi* qui aimait la reine de Saba.

V

La première fois que Gérard de Nerval aperçut son *double*, il fut saisi d'une grande angoisse. C'était la nuit, au poste. Deux amis étaient venus le réclamer, l'avaient emmené — il s'était vu les suivant — et il s'était néanmoins retrouvé sur son lit de camp. — « Je frémis, dit-il, en me rappelant une tradition bien connue en Allemagne, qui dit que chaque homme a un double, et que, lorsqu'il le voit, la mort est proche. » Il ne mourut pourtant pas, rencontra de nouveau cet étranger « qui était lui-même », et se demanda avec un mélange de terreur et de colère : — « Quel était donc cet esprit qui était moi et en dehors de moi? » L'idée lui vint qu'au lieu d'être le double des légendes, cet autre Gérard de Nerval pourrait bien être le « frère mystique » des traditions orientales. Il n'explique pas autrement ce qu'il faut entendre par cette expression; mais, à ne la prendre que pour une image, elle est, en ce qui le concerne, d'une justesse frappante. Gérard de Nerval a toujours eu deux *moi*, bien qu'il ne s'en soit pas toujours rendu compte. Il a toujours été sujet à des phénomènes anormaux qui offrent des analogies avec ceux que la psychologie moderne étudie scientifiquement sous le nom de dédoublement de la personnalité. Cette espèce de dualité est la clef de son talent comme de son caractère, de l'œuvre comme de l'homme; il ne faut jamais la perdre de vue.

Son *moi* normal, très doux et très serein, ennemi de toute violence et de toute exagération, tenait la plume lorsqu'il écrivait, et la garda jusqu'aux derniers jours. C'est à lui qu'appartenaient le style limpide que les cénacles trouvaient trop « raisonnable », et l'esprit gracieux, mais à fleur de terre, qui avait fait prononcer le mot de « Sterne français ». Malheureusement, ou heureusement, le *moi* normal avait un « frère mystique » qui lui suggérait ses idées, l'entraînait dans l'irréel et était cause que l'honnête Gérard s'arrêtait au milieu d'un souvenir personnel en se demandant s'il n'inventait pas. C'était ce second *moi*, déséquilibré, mais d'essence supérieure — dût cet aveu scandaliser ou chagriner le lecteur, — qui avait une vision délicate du monde, qui percevait le sens symbolique de la réalité, et qui, d'autre part, avait fait de Gérard de Nerval un chemineau de lettres payant des verjus aux vieilles chiffonnières et traversant l'Allemagne à pied, sans argent, ni bagages, ni chapeau, ni rien du tout. C'était lui qui l'arrêtait au coin des rues, figé dans une attitude extatique; c'est lui qui l'a précipité dans la folie et le suicide par le vertige du mystère et de l'inconnu. Mais, sans lui, Gérard de Nerval n'aurait pas senti, deux ou trois fois dans sa vie, passer sur sa tête le véritable souffle poétique, et il n'aurait pas écrit *Sylvie*, l'un des petits chefs-d'œuvre de la prose française. Tant pis pour celui qui n'a pas eu son « frère mystique », au moins par hasard et en passant; il a de grandes chances de ne pas appartenir à l'humanité supérieure. Malheur à qui se laisse devenir son esclave!

Les œuvres de Gérard de Nerval qui méritent de survivre ont été écrites, à peu d'exceptions près, à la fin de sa carrière littéraire, entre les accès de folie. Elles se placent ainsi au moment où il semble que ses facultés auraient dû être en décadence. Nous allons passer rapidement sur celles des premières années.

La jeunesse de 1830 avait l'esprit tourné vers le théâtre, et Théophile Gautier en donne la raison :

« Le roman-feuilleton des journaux n'était pas inventé. Le théâtre était donc le seul balcon d'où le poète pût se montrer à la foule. » Gérard de Nerval subit l'entraînement universel et fut un dramaturge d'autant de souplesse que de fécondité. Il fit de la comédie, des livrets d'opéra, des drames historiques ou sociaux, une *Diablerie* en vers imitée du moyen âge, et peut-être encore toutes sortes d'autres pièces appartenant à toutes sortes d'autres genres [1] : comment le savoir, puisqu'il les perdait à mesure? Il les lisait à ses amis, qui en admiraient « la puissance », ou « l'esprit », et puis il les mettait dans ses grandes poches avec le reste de sa bibliothèque et les traînait en visite, en voyage, chez les directeurs de théâtres, dans les bouibouis des boulevards extérieurs et dans les carrières de Montmartre ou de Clignancourt, jusqu'à ce qu'elles eussent disparu inexplicablement. Il n'y eut de sauvé que des débris : six pages de la *Diablerie*, une vingtaine de *Nicolas Flamel*; ou bien des œuvres pour lesquelles Gérard de Nerval avait eu des collaborateurs qui veillaient sur les manuscrits, et la postérité ne s'est pas trouvée beaucoup plus avancée dans un cas que dans l'autre : personne ne sait plus quelle est la part qui revenait à Méry et à Bernard Lopez dans le drame-légende de l'*Imagier de Harlem* [2], ou aux frères Cogniard dans *Pruneau de Tours*, vaudeville joué et imprimé sous leur nom (1850) en vertu de mœurs littéraires qui sont de tous les temps, comme la faim et la soif. Un jour de gêne, Gérard de Nerval avait vendu le manuscrit de *Pruneau de Tours* à un agent

---

1. Il existe dans ses papiers (Fonds Arsène Houssaye) le début de quelque chose qui a tout l'air d'une imitation des tragédies de Racine.

2. Joué à la Porte-Saint-Martin le 27 décembre 1851 ; la pièce tomba.

théâtral. Celui-ci le revendit aux frères Cogniard, qui le signèrent après des remaniements dont eux seuls auraient pu dire l'importance [1]. Tout ce qu'il est permis d'affirmer, c'est que *Pruneau de Tours* est inepte sous sa forme actuelle.

Une seule pièce, parmi celles qui se sont conservées, porte d'un bout à l'autre la marque de Gérard de Nerval, malgré la collaboration, aisément envahissante, d'Alexandre Dumas. C'est un drame en cinq actes, *Léo Burckart*, qui fut joué à la Porte-Saint-Martin, en 1839, pour boucher un trou. Harel, le directeur, avait dit à Gérard : — « J'attends un éléphant; la pièce n'aura donc qu'un nombre limité de représentations ». Elle en eut trente, grâce à un retard de l'éléphant.

Le sujet du drame appartient sans le moindre doute à Gérard de Nerval; il répond à l'une des grandes préoccupations de sa vie entière, celle d'apprendre à la France à connaître l'Allemagne. S'il est un domaine de la pensée où il ait exercé une influence, c'est celui-là. Nul, en France, n'a plus aimé l'Allemagne, à une époque où les sympathies étaient pourtant nombreuses et vives, parmi nos écrivains et nos lettrés, pour la pensée et la littérature germaniques, et aussi pour l'âme germanique, qui n'avait encore découvert à nos yeux que sa face mystique et attendrie. Ces sympathies pouvaient alors se donner libre carrière; rien ne s'y opposait, ni les événements politiques, ni l'entrée en scène de l'Allemagne militaire et utilitaire, dont le seul aspect aurait mis Gérard de Nerval en fuite, car tout en elle lui aurait fait horreur, ses qualités plus encore que ses défauts. Il ne soupçonna même pas qu'elle pût jamais être possible, et il contribua par

---

[1]. Maurice Tourneux, *Gérard de Nerval.*

là, inconsciemment et innocemment, à empêcher ses lecteurs de la pressentir. En cela il ne fut ni plus ni moins aveugle que les autres écrivains français du même temps qui travaillaient aussi à nous initier à la poésie allemande [1], aux mœurs allemandes, et qui ne nous ont jamais montré que les côtés rêveurs et spéculatifs, ou la sentimentalité un peu puérile, d'une race trop vigoureuse, et composée d'éléments trop variés, pour se laisser emprisonner dans trois ou quatre formules.

Léo Burckart a pour objet de rendre sensible au spectateur français la puissante fermentation laissée dans l'âme germanique par la guerre de libération : — « C'est à Heidelberg, dit Gérard de Nerval dans la préface de la pièce, au milieu des étudiants, que j'essayai de peindre le mouvement parfois grand et généreux, parfois imprudent et tumultueux, de cette jeunesse toute frémissante encore du vieux levain de 1813 ». Son héros est un publiciste aux idées révolutionnaires, à la plume hardie, que sa femme s'attend tous les jours à voir arrêter. Au lieu de la police, c'est « le Prince » qui arrive chez eux. Il vient sommer Burckart de prendre la place du ministre qu'il attaque dans son journal, et de réaliser les théories avec lesquelles il met le feu aux imaginations. L'imprudent accepte, et gouverne comme pouvaient gouverner les cerveaux chimériques dont l'Allemagne était farcie il y a trois quarts de siècle, rêveurs obstinés qui vivaient enfermés dans leur cabinet, sans contact avec les hommes, et qui résolvaient les problèmes poli-

---

1. Gérard de Nerval a publié, en 1830, un volume de *Poésies allemandes, morceaux choisis et traduits*. Il a été depuis l'un des principaux et des meilleurs traducteurs des poésies de Henri Heine, sur lequel il donna deux articles dans la *Revue des Deux Mondes* des 15 juillet et 15 septembre 1848.

tiques ou sociaux d'après leur système particulier sur les relations du moi avec le non-moi. C'est une espèce disparue ; autant rechercher sur les bords de la Sprée les animaux antédiluviens de Cuvier ; mais il en restait encore des spécimens il y a trente ou quarante ans, et il saute aux yeux de quiconque a eu l'occasion d'en observer que ces gens-là étaient faits pour s'entendre avec Gérard de Nerval sur les questions pratiques. Nous devons admirer ce dernier d'avoir permis, pour l'amour de la vraisemblance, qu'il arrivât des malheurs à un héros aussi parfaitement selon son cœur que Léo Burckart. Il n'en fut pas récompensé. Les Parisiens bâillèrent aux déboires de cette vieille corneille germanique qui abat des noix creuses cinq actes durant, et il était grand temps, pour Harel et sa caisse, que l'éléphant arrivât : « Au bout de trente soirées d'été, dit Gérard de Nerval avec sa mansuétude accoutumée, je vis avec intérêt cet animal succéder aux représentations du drame ».

Le reste de son théâtre ne vaut pas qu'on en parle [1], et ses grands romans méritent encore moins que ses pièces de nous retenir. Il les perdait aussi, ou il ne les finissait point, et ce n'est certes pas pour sa plus grande gloire que deux de ces ébauches ont été ramassées et utilisées après sa mort, *le Marquis de Fayolle* [2] par Ed. Gorges, qui en usa librement avec le

---

1. Deux opéras-comiques : *Piquillo* (1837) et *les Monténégrins* (1849), ce dernier en collaboration avec Alboize ; quelques traductions ou adaptations : *Misanthropie et Repentir*, de Kotzebue ; *le Chariot d'enfant*, drame indien du roi Sondraka (en collaboration avec Méry) ; *Jodelet ou l'Héritier ridicule*, d'après Scarron, etc.
2. — 1856, Michel Lévy. J'ai sous les yeux un exemplaire appartenant à M. de Spœlberch et corrigé d'après le texte original et incomplet publié en 1849 par le journal *le Temps*. Les différences sont considérables.

texte et prodigua les banalités sur un canevas naturellement incolore ; le *Prince des Sots* [1], par Louis Ulbach, qui avait acheté je ne sais où, à je ne sais qui, à cause de corrections dont il avait reconnu l'écriture, un vieux cahier d'une autre main et ayant toute la mine de sortir de la hotte d'un chiffonnier. Ulbach l'imprima par « ambition de servir la renommée littéraire de Gérard », et en fut pour ses bonnes intentions.

Gérard de Nerval avait une certaine peine à perdre les articles de journaux écrits dans une salle de rédaction, sous l'œil du directeur et du metteur en pages. On croit cependant qu'il a réussi à en faire disparaître un nombre considérable, moyennant des ruses qui rappellent les parents du *Petit Poucet* menant perdre leurs enfants dans les bois. Il les mettait dans des feuilles inconnues, sous des signatures quelconques, et se frottait les mains à l'idée que personne n'irait jamais les y déterrer. Ce qui est arrivé en effet. L'ogre les a mangés, autrement dit l'oubli. Devant ce jeu de cache-cache perpétuel, on se demande pourquoi cet homme écrivait ?

Les articles signés de son nom, ou qu'on sait être de lui, sont tantôt de la critique et tantôt de la fantaisie. La critique de Gérard de Nerval, sauf les cas où l'amitié porte la parole, est toujours de la partie raisonnable de son esprit, et il se montre alors bien peu romantique dans ses admirations et ses préférences. Voltaire dramaturge lui paraît un grand méconnu : « Nous ne sommes pas, écrivait-il, de ceux qui font peu de cas du talent dramatique de Voltaire. Voltaire, avec un génie incontestable, a été une des victimes de la convention et du parti pris littéraire [2]. »

1. — 1888, Calmann Lévy.
2. *L'Artiste*, 13 juillet 1845.

Il n'allait pas jusqu'à trouver du génie à Scribe; mais il écrivait, à propos de la pénurie d'auteurs comiques : « *Bertrand et Raton*, et peut-être *la Camaraderie*, sont encore ce que nous avons de mieux depuis Beaumarchais [1] ». Il parlait sans respect du drame romantique et en sonnait déjà le glas il y a plus d'un demi-siècle. Latour de Saint-Ybars venait de donner sa *Virginie* à la Comédie-Française. Gérard de Nerval fut de l'avis du public, qui avait trouvé la pièce mauvaise; mais il n'en dissimula point son regret : « Nous voudrions de tout notre cœur, disait-il, admirer ce qu'on nous présente comme une restauration de la tragédie après les saturnales du drame, et nous admettons volontiers qu'on soit aujourd'hui fatigué du moyen âge et de l'histoire moderne, comme on l'était il y a quinze ans des Grecs et des Romains [2].

Les articles de fantaisie sont très supérieurs aux articles de critique. Quelques-uns [3] sont exquis, et ont pu être rapprochés des *Rêveries du Promeneur solitaire* sans être trop écrasés sous la comparaison. Tous émanent du Gérard de Nerval poète et bohème, et sont remplis de lui, et de ce que le « frère mystique » lui chuchotait à l'oreille pendant leurs courses solitaires. Ils nous disent à bâtons rompus, dans un désordre où s'enchevêtrent la poésie et la vérité — comme elles s'entremêlaient dans l'esprit de l'auteur; — le conte bleu que fut sa propre existence, et le seul qu'il ait jamais su inventer. En effet, ses œuvres nous

---

[1] *La Presse*, 10 août 1845. Gérard de Nerval faisait le feuilleton dramatique à *la Presse* pendant les absences du titulaire, Théophile Gautier.

[2] *La Presse*, 13 avril 1845.

[3] *Les Nuits d'octobre, Promenades et Souvenirs*. Ce sont des souvenirs personnels. *Les Petits Châteaux de Bohême*; *Mes Prisons* et *Angélique* sont également des réminiscences. *Octavie ou l'Illusion* est un souvenir de voyage.

le montrent incapable d'inventer le roman des autres [1], comme s'il avait dépensé toute son imagination à créer le sien. C'est une manière, qui en vaut une autre, d'entendre l'art du romancier.

Plus encore que ses pièces, que ses romans, que ses articles, Gérard de Nerval perdait ses vers. Cela lui était d'autant plus aisé, que, le plus souvent, il ne les écrivait même pas. On n'a trouvé dans les carnets tombés de ses poches que des matériaux poétiques tels que rimes, hémistiches, fragments de vers ou vers isolés. On sait pourtant par lui-même qu'il avait composé un nombre énorme de poésies, à tout propos. Il avait recours à la langue des dieux pour rendre tous les sentiments violents de son âme, qu'ils fussent de joie ou de douleur : « J'ai fait, disait-il sur la fin de sa vie, mes premiers vers par enthousiasme de jeunesse, les seconds par amour, les derniers par désespoir. La Muse est entrée dans mon cœur comme une déesse aux paroles dorées; elle s'en est échappée comme une Pythie en jetant des cris de douleur. » On sait déjà ce qu'il faut penser des vers de jeunesse, quelle en est la banalité, quelle la platitude. Des vers d'amour et de désespoir, il subsiste deux *odelettes* dont nous avons cité la plus jolie : « Il est un air... »; et une série intitulée *les Chimères*, dix pages en tout, mais dix pages à donner de grands regrets de la perte du reste.

Les Chimères n'avaient pas subi, elles non plus — ou bien peu, — l'influence des cénacles; elles sont d'un précurseur et non d'un imitateur. Le sonnet panthéiste intitulé *Vers dorés* donne l'exemple de cette imprécision de la pensée, si recherchée de nos jours, qui ouvre au

---

1. Voir *Jemmy, Émilie, la Main enchantée*, et en général toutes les nouvelles qui ne sont pas des mémoires plus ou moins déguisés.

rêve des horizons sans limites. C'était alors une nouveauté en France, et des plus heureuses, des plus fécondes, en attendant que l'abus de l'obscurité transformât la poésie en devinettes rimées.

> Eh quoi! tout est sensible!
> PYTHAGORE.

Homme, libre penseur! te crois-tu seul pensant
Dans ce monde où la vie éclate en toute chose?
Des forces que tu tiens ta liberté dispose,
Mais de tous tes conseils l'univers est absent.

Respecte dans la bête un esprit agissant :
Chaque fleur est une âme à la nature éclose ;
Un mystère d'amour dans le métal repose ;
« Tout est sensible! » Et tout sur ton être est puissant.

Crains, dans le mur aveugle, un regard qui t'épie :
A la matière même un verbe est attaché....
Ne la fais pas servir à quelque usage impie!

Souvent dans l'être obscur habite un dieu caché ;
Et, comme un œil naissant couvert par ses paupières,
Un pur esprit s'accroît sous l'écorce des pierres!

1845.

En l'absence de preuves, il ne faut pas se fier à la date de 1845. Les *Vers dorés* formaient une suite de « sonnets mystagogiques » composés aux approches ou au sortir du premier accès de folie de Gérard de Nerval, en 1841, et exposés en conséquence à de nombreux hasards. Il en écrivit une seconde série, encore plus fumeuse, dans les intervalles de ses derniers accès, ceux de 1853 et 1854. Je ne saurais dire avec certitude à laquelle des deux appartient le beau sonnet qu'on vient de lire, non plus que celui qui va suivre.

HORUS

Le Dieu Kneph en tremblant ébranlait l'univers.
Isis, la mère, alors se leva sur sa couche,
Fit un geste de haine à son époux farouche,
Et l'ardeur d'autrefois brilla dans ses yeux verts.

« Le voyez-vous, dit-elle, il meurt, ce vieux pervers,
Tous les frimas du monde ont passé par sa bouche,
Attachez son pied tors, éteignez son œil louche,
C'est le dieu des volcans et le roi des hivers!

L'aigle a déjà passé, l'esprit nouveau m'appelle,
J'ai revêtu pour lui la robe de Cybèle....
C'est l'enfant bien-aimé d'Hermès et d'Osiris! »

La déesse avait fui sur sa conque dorée,
La mer nous renvoyait son image adorée,
Et les cieux rayonnaient sous l'écharpe d'Iris.

Gérard de Nerval savait parfaitement qu'il n'avait été l'ombre d'un grand poète que dans *les Chimères*, et grâce à ce qu'il appelait ses « descentes aux enfers ». Il dit dans la préface des *Filles du Feu* [1], écrite en 1854 et adressée à Alexandre Dumas : — « Et, puisque vous avez eu l'imprudence de citer un des sonnets composés dans cet état de rêverie *super-naturaliste*, comme diraient les Allemands, il faudra que vous les entendiez tous..... Ils ne sont guère plus obscurs que la métaphysique d'Hegel ou les *Mémorables* de Swedenborg, et perdraient de leur charme à être expliqués, si la chose était possible; concédez-moi du moins le mérite de l'expression ; — la dernière folie qui me restera probablement, ce sera de me croire poète.... »

Je ne voudrais pas qu'on m'accusât d'identifier le génie avec la folie; mais les faits sont les faits, et les chiffres sont les chiffres. Les séjours de Gérard de Nerval dans des maisons de santé [2] obligent à recon-

---

[1]. Il avait réuni sous ce titre *Sylvie*, trois petites nouvelles et un essai sur le culte d'Isis (1854).
[2]. J'en dois le relevé à l'obligeance du Dr Meuriot, successeur du Dr Blanche. Gérard de Nerval est entré le 21 mars 1841 dans la maison du Dr Blanche père, rue de Norvins, à Montmartre, et en est ressorti le 21 novembre de la même année. Il a séjourné dans la maison de Passy, dirigée par le Dr Blanche

naître, quelque répugnance qu'on y ait, qu'il était presque complètement fou quand il a écrit ses meilleurs vers, et qu'il n'a possédé le don de l'expression poétique que dans ces seuls moments. C'est pourquoi, avec le sens littéraire qui ne l'abandonnait jamais tant qu'il lui restait une lueur de raison, il se demandait après les accès s'il n'avait pas subi quelque déchéance en recouvrant « ce qu'on appelle vulgairement la raison ».

Le reste de son œuvre est trop intimement lié à sa biographie pour pouvoir en être séparé. Nous en parlerons au fur et à mesure des événements. Il faut convenir que, jusqu'ici, nous sommes en face d'un fantôme d'écrivain plutôt que d'un écrivain : ses ouvrages s'évanouissent dès qu'on approche. Chose bizarre, il semble que la folie grandissante les ait protégés, et que nous lui devions, avec le meilleur du talent de Gérard de Nerval, de posséder de lui plus que des miettes.

VI

L'*Introduction* du *Voyage en Orient* contient six lignes très obscures, que rien n'amenait et que rien ne vient expliquer : « Ne suis-je pas toujours, hélas ! le fils d'un siècle déshérité d'illusions, qui a besoin de toucher pour croire, et de rêver le passé... sur ses débris ? Il ne m'a pas suffi de mettre au tombeau mes amours de chair et de cendre, pour bien m'assurer que c'est nous, vivants, qui marchons dans un monde de fan-

fils, du 27 août 1853 au 27 mai 1854, et du 8 août 1854 au 19 octobre suivant. Gérard de Nerval a aussi passé deux mois à la maison Dubois, au printemps de 1853.

tômes. » Gérard de Nerval fait allusion dans ce passage à la grande tourmente du milieu de sa vie, qui emporta une première fois sa raison et après laquelle il n'eut plus que des répits.

Chaque nouvelle année l'avait trouvé plus âprement possédé de son étrange passion pour l'âme de femme qu'il poursuivait, avec la foi d'un occultiste sincère, dans ses migrations mystérieuses à travers les corps, et qu'il avait reconnue en dernier lieu sous les traits de Mlle Jenny Colon, alors actrice dans un petit théâtre, mais devenue rapidement une brillante cantatrice, et non moins célèbre par sa beauté que par sa jolie voix. A en juger par de nombreux exemples, la foi à l'occultisme est avant tout une question de tempérament; on la subit, plutôt qu'on ne se la donne. Hoffman, Poe et Quincey étaient des névrosés, Gérard de Nerval avait été prédestiné dès le berceau, de par sa pauvre machine mal réglée, à croire à tous les phénomènes « super-naturalistes ». Il excédait de ses divagations charmantes, beaucoup trop poétiques pour elle, la malheureuse comédienne qui s'obstinait à n'avoir été ni religieuse, ni reine de Saba, dans d'autres existences. Lui-même s'usait dans sa lutte désespérée pour obtenir « l'épanchement du rêve dans la vie réelle ». Il en négligeait son travail, et constatait avec douleur qu'il était moins avancé dans sa carrière que dix ans auparavant, alors que son jeune nom volait sur les lèvres des hommes accouplé à celui du glorieux auteur de *Faust* : — « Je vous envoie, écrivait-il à Mlle Jenny Colon, mon médaillon en bronze.... Il date déjà, comme vous pouvez voir, de l'an 1831, où il eut les honneurs du Musée. Ah! j'ai été l'une de nos célébrités parisiennes, et je remonterais encore aujourd'hui à cette place que j'ai négligée pour vous, si vous me donniez lieu de chercher à vous rendre fière de moi. Vous vous plaignez de quelques heures que je vous ai fait perdre, mais mon amour m'a fait perdre des années, et pourtant je les rattraperais bien vite si vous vouliez [1]!... »

Mlle Colon finit par n'y plus tenir ; elle n'avait pas assez de fantaisie dans l'esprit pour s'accommoder d'un amoureux qui la voyait tout de bon surnaturelle et la traitait en conséquence. Elle épousa un flûtiste et passa avec lui à l'étranger, après une querelle dans laquelle Gérard de Nerval assure avoir été bien coupable. Voici son récit : « Une dame que j'avais aimée longtemps et que j'appellerai du nom d'Aurélia [2] était perdue pour moi. Peu importent les circonstances de cet événement, qui devait avoir une si grande influence sur ma vie. Chacun peut chercher dans ses souvenirs l'émotion la plus navrante, le coup le plus terrible frappé sur l'âme par le destin ; il faut alors se résoudre à mourir ou à vivre : — je dirai plus tard pourquoi je n'ai pas choisi la mort. Condamné par celle que j'aimais, coupable d'une faute dont je n'espérais plus le pardon, il ne me restait qu'à me jeter dans les enivrements vulgaires ; j'affectai la joie et l'insouciance, je courus le monde....
« Quelle folie, me disais-je, d'aimer ainsi d'un amour platonique une femme qui ne vous aime plus ! Ceci est la faute de mes lectures ; j'ai pris au sérieux les inventions des poëtes, et je me suis fait une Laure ou une Béatrix d'une personne ordinaire de notre siècle. »

Il eut beau se raisonner et travailler à s'étourdir, l'ébranlement avait été trop fort pour une raison

---

1. D'après l'original ; collection de M. de Spœlberch de Lovenjoul. Cette lettre a été imprimée à la suite d'*Aurélia*, mais avec des inexactitudes. Bien qu'elle ne soit point datée, on peut, je crois, la placer en 1837 ou 1838.
2. *Le Rêve et la Vie*, ou *Aurélia*. Gérard de Nerval n'appelle jamais Mlle Jenny Colon autrement qu'Aurélia.

déjà vacillante. Ses vœux imprudents furent exaucés. Le rêve s'épancha dans la vie réelle, et ce fut d'abord une ivresse radieuse, une victoire éclatante de l'esprit sur la matière. La maladie l'avait transformé en voyant; toutes ses visions étaient heureuses autant qu'éblouissantes, et il trouvait pour les décrire des accents d'une telle éloquence, que ses amis troublés se demandaient, en l'écoutant dérouler ses merveilleuses apocalypses, s'ils devaient le plaindre ou l'envier, et si l'état que les hommes appellent folie ne serait point, peut-être, « un état où l'âme, plus exaltée et plus subtile, perçoit des rapports invisibles, des coïncidences non remarquées, et jouit de spectacles échappant aux yeux matériels [1] ». Un autre poëte, Charles Lamb, avait déclaré quelques années auparavant qu'il fallait lui envier les jours passés dans une maison de fous; on lit dans une de ses lettres à Coleridge : « Parfois, je jette en arrière, sur l'état où je me suis trouvé, un regard d'envie, car, tant qu'il a duré, j'ai eu beaucoup d'heures de pur bonheur. Ne croyez pas, Coleridge, avoir goûté la grandeur et tout l'emportement de la fantaisie, si vous n'avez pas été fou. Tout, maintenant, me semble insipide en comparaison. » Tel, Gérard de Nerval, dans les commencements, endurait avec peine, l'accès passé, la privation de ce « qu'on eût pris plutôt, disait un de ses auditeurs ordinaires, pour les rêves cosmogoniques d'un dieu ivre de nectar, que pour les confessions et les réminiscences du délire ».

C'était la lune de miel de la folie, et elle est fragile comme toutes les autres. Gérard de Nerval passa bientôt des bizarreries de la pensée à celles des actes, et sa conduite de voyant devint difficile à faire

---

[1]. Théophile Gautier, *Notice*.

accepter du public. On se décida à le faire soigner un jour qu'on l'avait trouvé au Palais-Royal traînant un homard vivant au bout d'un ruban bleu. Malgré sa douceur, il se fâcha. Il ne concevait pas que les médecins eussent à intervenir parce qu'il avait promené un homard : — « En quoi, disait-il, un homard est-il plus ridicule qu'un chien, qu'un chat, qu'une gazelle, qu'un lion ou toute autre bête dont on se fait suivre ? J'ai le goût des homards, qui sont tranquilles, sérieux, savent les secrets de la mer, n'aboient pas et n'avalent pas la monade des gens comme les chiens, si antipathiques à Gœthe, lequel pourtant n'était pas fou. » Ses amis le conduisirent dans la maison du docteur Esprit Blanche, à Montmartre; il y entra le 21 mars 1841.

Une lettre qu'il y reçut de Francis Wey indique que cette première crise fut, en somme, assez douce : « J'ai appris par Théophile que ta santé est bien meilleure et j'en suis aussi joyeux, mon bon Gérard, que j'avais été affligé de ta maladie.... Puisque tu as le bonheur de jouir, pour quelques jours encore, d'un repos élyséen, je me chargerai, si tu le veux, moi qui patauge dans la boue des affaires courantes, de tes commissions dont je te rendrai compte avec exactitude. Tu n'as qu'à parler.... Je désire, mon cher ami, que tu me donnes de tes nouvelles directement. Tu dois avoir du temps à perdre, et des revanches de bavardage à prendre; ainsi, fais-moi le plaisir de me gribouiller un peu de papier et de me dire tout ce qui te passera par la tête. J'irai te voir quand tu voudras; car je sais que le convalescent est friand de visites. Après cela, je te plains assez peu. D'abord tu n'as rien à faire; puis tu es chauffé, nourri et paisible comme un gentilhomme campagnard. Tu vis au milieu d'un tas d'arbres, comme une fauvette. — On dit que tu manges comme un corbeau — et voici que le printemps survenant à point nommé, tandis que tu es *dans tes terres*, va t'environner de verdure et de parfums. Reste là jusqu'aux premières fleurs ; tu nous y recevras et nous irons jaser sous l'orme et dans les lilas [1]... »

Le printemps l'environna en effet de verdure et de parfums, et la splendeur du monde lui parut encore plus merveilleuse que par le passé : « La maison où je me trouvais, écrivait-il plus tard, située sur une hauteur, avait un vaste jardin planté d'arbres précieux. L'air pur de la colline où elle était située, les premières haleines du printemps, les douceurs d'une société toute sympathique, m'apportaient de longs jours de calme. Les premières feuilles des sycomores me ravissaient par la vivacité de leurs couleurs, semblables aux panaches des coqs de Pharaon. La vue, qui s'étendait au-dessus de la plaine, présentait du matin au soir des horizons charmants, dont les teintes graduées plaisaient à mon imagination. Je peuplais les coteaux et les nuages de figures divines dont il me semblait voir distinctement les formes. » La nuit, des songes venaient éclairer et préciser ces ébauches, et l'énigme de l'univers se découvrait à ses regards éblouis. Tantôt il assistait à la création. Les premiers germes s'entr'ouvraient à la surface du globe, et, « du sein de l'argile encore molle s'élevaient des palmiers gigantesques, des euphorbes vénéneux et des acanthes tortillées autour des cactus ; — les figures arides des rochers s'élançaient comme des squelettes de cette ébauche de création, et de hideux reptiles serpentaient, s'élargissaient ou s'arrondissaient au milieu de

---

1. Publiée par M. Louis de Barre dans la *Nouvelle Revue internationale* du 15 juin 1894.

l'inextricable réseau d'une végétation sauvage. La pâle lumière des astres éclairait seule les perspectives bleuâtres de cet étrange horizon. » Tantôt les âmes des morts s'entretenaient avec lui, non point comme s'entretiennent les vivants, mais par une « sorte de communication » qu'il est impossible d'expliquer, et il leur disait avec ravissement : — « Cela est donc vrai ! Nous sommes immortels et nous conservons ici les images du monde que nous avons habité. Quel bonheur de songer que tout ce que nous avons aimé existera toujours autour de nous !... J'étais bien fatigué de la vie ! » L'un de ces « esprits » le conduisit dans une cité lumineuse où il faisait sa demeure avec d'autres esprits. De belles jeunes filles dont l'âme transparaissait à travers leurs formes délicates regardèrent l'étranger avec des yeux souriants, et leur aspect lui remplit l'âme de regrets : « Je me mis à pleurer à chaudes larmes, comme au souvenir d'un paradis perdu. Là, je sentis amèrement que j'étais un passant dans ce monde à la fois étranger et chéri, et je frémis à la pensée que je devais retourner dans la vie. »

Une autre fois, il se promenait dans un jardin abandonné avec une jeune femme d'une taille élancée, comme l'Adrienne de ses jeux d'enfant. Sa compagne se mit tout à coup « à grandir sous un clair rayon de lumière », et à « s'évanouir dans sa propre grandeur ». Il reconnut Aurélia, autrement dit Jenny Colon, et, en même temps, le jardin prit l'aspect d'un cimetière : — « Ce rêve... me jeta dans une grande perplexité. Que signifiait-il ? Je ne le sus que plus tard. Aurélia était morte. — Je n'eus d'abord que la nouvelle de sa maladie. Par suite de l'état de mon esprit, je ne ressentis qu'un vague chagrin mêlé d'espoir. Je croyais moi-même n'avoir que peu de temps à vivre, et j'étais désormais assuré de l'existence d'un monde où les cœurs aimants se retrouvent. D'ailleurs, elle m'appartenait bien plus dans sa mort que dans sa vie. » Il ne s'affligea donc point en se figurant que Mlle Colon était morte; l'âme qu'il aimait transmigrait une fois de plus; voilà tout.

Les seuls moments pénibles de ce premier internement, les seuls du moins dont il eût gardé la mémoire, Gérard de Nerval les dut à des visions sanglantes et hideuses par lesquelles lui furent révélés des événements très anciens, ignorés jusque-là de toutes les histoires. Mais c'étaient des éclairs de souffrance, compensés et au delà par de longues joies surhumaines. Il passait des heures exquises à pétrir avec de la terre l'effigie de celle qu'il croyait morte : — « Tous les matins, ajoute-t-il, mon travail était à refaire, car les fous, jaloux de mon bonheur, se plaisaient à en détruire l'image. »

Il ne sortit de chez le docteur Blanche qu'au bout de huit mois, le 21 novembre 1841. Une lettre de lui à Mme Alexandre Dumas nous apprend pourquoi on l'avait gardé si longtemps, et ce qu'il pensait des jugements du monde ou de la science sur son état : — « Le 9 novembre [1]. — Ma chère madame, j'ai rencontré hier Dumas, qui vous écrit aujourd'hui. Il vous dira que j'ai recouvré ce que l'on est convenu d'appeler raison, mais n'en croyez rien. Je suis toujours et j'ai toujours été le même, et je m'étonne seulement

---

1. Cette date est inconciliable avec celle du 21 novembre, qui a été relevée par les soins du Dr Meuriot sur le livre même du Dr Esprit Blanche. Avec Gérard de Nerval, il faut prendre son parti des dates fausses ou incertaines, soit qu'il se trompât effectivement, soit que les copistes et les imprimeurs n'aient pu déchiffrer son écriture, qui est tantôt très belle et tantôt illisible.

que l'on m'ait trouvé *changé* pendant quelques jours du printemps dernier.

« L'illusion, le paradoxe, la présomption sont toutes choses ennemies du bon sens dont je n'ai jamais manqué! Au fond, j'ai fait un rêve très amusant et je le regrette; j'en suis même à me demander s'il n'était pas plus *vrai* que ce qui me semble seul explicable et naturel aujourd'hui, mais comme il y a ici des médecins et des commissaires qui veillent à ce qu'on n'étende pas le champ de la poésie aux dépens de la voie publique, on ne m'a laissé sortir et vaquer définitivement parmi les gens raisonnables que lorsque je suis convenu bien formellement d'*avoir été malade*, ce qui coûtait beaucoup à mon amour-propre, et même à ma véracité. — Avoue! avoue! me criait-on, comme on faisait jadis aux sorciers et aux hérétiques, et pour en finir, je suis convenu de me laisser classer dans une *affection* définie par les docteurs, et appelée indifféremment Théomanie ou Démonomanie dans le dictionnaire médical. A l'aide des définitions incluses dans ces deux articles, la science a le droit d'escamoter ou réduire au silence tous les prophètes et voyants prédits par l'Apocalypse, dont je me flattais d'être l'un. Mais je me résigne à mon sort, et, si je manque à ma prédestination, j'accuserai le docteur Blanche d'avoir subtilisé l'esprit Divin.

« ... Je me trouve tout désorienté et tout confus en retombant du ciel où je marchais de plain-pied, il y a quelques mois. Quel malheur qu'à défaut de gloire, la société actuelle ne veuille pas toutefois nous permettre l'illusion d'un rêve continuel. Il me sera resté du moins la conviction de la vie future et de la sympathie immortelle des esprits qui se sont choisis icibas... »

Quels que fussent les torts de la société, Gérard de

Nerval sentait toute l'étendue de son malheur. Il savait qu'il n'en est pas de plus grand pour un homme que d'avoir passé pour fou, à tort ou à raison. Puis donc qu'il n'était pas permis aux élus d'avouer qu'ils fréquentaient dans l'invisible et l'au-delà, il fallait se dire guéri et le faire accroire au monde. Gérard de Nerval eut plus que jamais une existence en partie double, correspondant à ses deux personnalités, et dont il dissimulait avec application ce qui aurait pu choquer le matérialisme des médecins aliénistes et des commissaires de police. Il ne lui était plus possible d'empêcher le « frère mystique » de faire des siennes, il n'en était plus maître ; mais le *moi* normal était aux aguets pour expliquer les extravagances du *moi* malade par toutes sortes de raisons ingénieuses. Craignait-il une crise trop forte, il partait, disparaissait pendant des semaines ou des mois, jusqu'à ce qu'il se sentît plus calme. C'est pendant une de ces fugues qu'il nota sur son carnet : « Ce que c'est que les choses déplacées ! — On ne me trouve pas fou en Allemagne. »

Il se dédommageait, loin des regards importuns, de sa dure contrainte. La seconde vie à laquelle il s'abandonnait dans la solitude avait acquis une intensité joyeuse et terrible. Il était celui qui sait, qui voit de ses yeux et entend de ses oreilles ce que la foule ne connaîtra que dans la mort. Les choses lui avaient révélé leur sens symbolique, les rêves leurs correspondances mystérieuses, et il déchiffrait couramment les augures qui sont tout autour de nous, dans les nombres, dans les étoiles, dans les caprices apparents des animaux, les coïncidences attribuées au hasard. Très grand travailleur, en dépit de son existence décousue, il avait fait son étude particulière des religions, des doctrines secrètes, des sociétés secrètes, des superstitions, et il marchait dans un monde dont nous n'avons aucun soupçon, nous autres gens d'esprit rassis et terre à terre, un monde spiritualisé, pour ainsi dire, où toutes les énergies, toutes les formes de la matière sont des esprits, des êtres ayant vie et volonté. Un séjour qu'il fit en Orient le confirma dans ses idées.

Il avait entrepris ce voyage pour prouver au public qu'il avait recouvré la santé; il écrivait à son père, de sa première étape [1] : — « *Lyon, le 25 décembre 1842....* — L'hiver dernier a été pour moi déplorable, l'abattement m'ôtait les forces, l'ennui du peu que je faisais me gagnait de plus en plus et le sentiment de ne pouvoir exciter que la pitié à la suite de ma terrible maladie m'ôtait même le plaisir de la société. Il fallait sortir de là par une grande entreprise qui effaçât le souvenir de tout cela et me donnât aux yeux des gens une physionomie nouvelle.... » La même préoccupation se fait jour dans la suite de sa correspondance. Il ne se lasse pas d'insister sur sa belle santé. — « *Constantinople, ce 19 août (1843)....* Ni la mer, ni les chaleurs, ni le désert n'ont pu interrompre cette belle santé dont mes amis se défiaient tant avant mon départ. Ce voyage me servira toujours à démontrer aux gens que je n'ai été victime, il y a deux ans, que d'un accident bien isolé. Je me suis remis à travailler, et j'attends ici la réponse d'un libraire avec qui j'avais pris des arrangements pour mon voyage.... Le meilleur, c'est que j'ai acquis de la besogne pour longtemps et me suis créé, comme on dit, une spécialité. J'ai fait oublier ma maladie par un voyage, je me suis instruit, je me suis même amusé.... » Au même, sans date (M. Labrunie a écrit au verso de la lettre : *reçue*

---

1. *Les Oubliés* (*Nouvelle Revue internationale*, 30 juin 1895).

le 25 octobre 1843) : — « *Constantinople....* — L'amabilité de Théophile en me dédiant, pour ainsi dire, son ballet et en entretenant le public de mon voyage m'a été d'autant plus sensible, que depuis ma maladie trop connue, il importait que mon retour à la santé fût constaté bien publiquement, et rien ne devait mieux le prouver qu'un voyage pénible dans les pays chauds ; ce n'a pas été l'un des moindres motifs de me le faire entreprendre [1]. » Hors ce sujet qui lui tient au cœur, ses lettres ne contiennent guère que des récits de voyage. Il semble n'avoir d'yeux et de pensées que pour les scènes pittoresques qui défilent devant lui. Annonçant à son père qu'il a renoncé, sans aucun regret, à visiter les ruines de Thèbes, il ajoute : « Les mœurs des villes vivantes sont plus curieuses à observer que les restes des cités mortes [2] ». Les détails qu'il donna au public, à son retour [3], sur les harems et les marchés d'esclaves, ne témoignaient pas non plus d'un esprit tourmenté par des idées abstruses. Ils sont d'un conteur spirituel et gai, qui n'annonce les Fromentin et les Loti ni par la couleur du style, ni par l'intuition des sentiments exotiques, et qui demeure à la surface des choses. On ne devine le cours souterrain de sa pensée qu'en arrivant aux chapitres sur les Druses et les Maronites.

En réalité, tandis qu'on le croyait tout occupé de sa femme jaune et autres incidents futiles, il ne songeait qu'à de nouvelles initiations à de nouvelles arcanes. Il absorbait avidement tout ce que l'Orient, qui en est si riche, lui fournissait d'idées cabalistiques et de légendes surnaturelles, et achevait de se troubler la

---

1. Fonds Arsène Houssaye.
2. *La Presse*, 2 décembre 1862.
3. Les *Scènes de la vie orientale* ont paru d'abord dans la *Revue des Deux Mondes* (1846 et 1847).

cervelle au contact de sectes mystérieuses et malsaines. Ce n'était pas vaine curiosité. Une force invincible le poussait à se perfectionner dans les sciences occultes. C'était dans sa pensée le seul moyen de réparer, si toutefois elle était réparable, la plus cruelle aberration de sa vie, l'erreur qui transformait insensiblement ses jouissances de voyant en rongements d'esprits. Théophile Gautier nous a révélé la faute que son ami se reprochait si amèrement. Dans l'année qui avait suivi la sortie de Gérard de Nerval de chez le docteur Blanche, Jenny Colon était morte [1], réellement morte, ce qui était plutôt un bonheur, puisque vivante elle le fuyait, tandis que morte, il savait combien il lui serait facile de rentrer en communication avec elle. C'était toutefois à une condition : il ne pouvait la retrouver qu'au moyen d'objets lui ayant appartenu; ainsi le voulait la doctrine à laquelle il s'était rangé; et il avait tout brûlé, dans une minute de criminel égarement, pour se soustraire « à l'obsession d'un trop cher souvenir! [2] » L'obsession n'en avait pas moins persisté, et le pauvre Gérard de Nerval s'abîmait dans un morne désespoir en songeant qu'il ne verrait plus « l'uniquement aimée », et que c'était sa faute.

L'Orient le récompensa de sa grande foi. En quittant l'Égypte, il s'était rendu en Syrie, où il avait obtenu d'être instruit dans la religion des Druses, fort mal connue, comme l'on sait. Il y avait retrouvé sa doctrine de la transmigration des âmes : « On ne dit pas d'un Druse qu'il est mort, écrivait-il, on dit qu'il s'est transmigré ». Le courant d'idées dans lequel il vivait lui rendit courage et confiance, et le résultat ne se fit,

---
1. Le 5 juin 1842.
2. Théophile Gautier, *Notice*.

pas attendre. Gérard de Nerval rencontra par hasard, dans une maison européenne, une jeune Druse, fille d'un cheik du Liban. Elle avait des cheveux d'or, « des traits où la blancheur européenne s'alliait au dessin pur de ce type aquilin qui, en Asie comme chez nous, a quelque chose de royal. Un air de fierté, tempéré par la grâce, répandait sur son visage quelque chose d'intelligent, et son sérieux habituel donnait du prix au sourire qu'elle m'adressa lorsque je l'eus saluée. » C'était elle, « l'uniquement aimée », et non plus sous la forme épaissie qu'elle avait revêtue en devenant Mlle Colon, mais délicate, mais légère, telle enfin qu'il l'avait vue sur la grande place verte, le soir où il l'avait couronnée de laurier et où elle s'appelait Adrienne. Gérard de Nerval la contempla longuement, et sortit sans avoir essayé de lui parler : — « En quittant la maison de Mme Carlès, j'ai emporté mon amour comme une proie dans la solitude. Oh! que j'étais heureux de me voir une idée, un but, une volonté, quelque chose à rêver, à tâcher d'atteindre! Ce pays qui a ranimé toutes les forces et les inspirations de ma jeunesse ne me devait pas moins sans doute; j'avais bien senti déjà qu'en mettant le pied sur cette terre maternelle, en me replongeant aux sources vénérées de notre histoire et de nos croyances, j'allais arrêter le cours de mes ans, que je me refaisais enfant à ce berceau du monde, jeune encore au sein de cette jeunesse éternelle. »

Il sentait « que l'aiguille de sa destinée avait changé de place tout à coup; il fallait... chercher les moyens de la fixer ». Son parti fut pris aussitôt : « La femme idéale que chacun poursuit dans ses rêves s'était réalisée » pour lui, elle passait derechef à sa portée : il ne commettrait pas la faute de la laisser échapper une fois de plus.

Il alla trouver le cheik druse et lui demanda sa fille Saléma en mariage. Le cheik se frappa le front du doigt et dit : « Es-tu fou ? » Son interlocuteur ne se laissa point démonter. La différence des religions était le principal obstacle. Or, Gérard de Nerval était fils de franc-maçon, et de ceux pour qui la franc-maçonnerie est l'héritière de la doctrine des Templiers. Il avait découvert, d'autre part, que les Druses sont les descendants spirituels de ces mêmes Templiers, qui ont occupé leurs montagnes au temps des Croisades. Il était donc coreligionnaire, approximativement, du père de Saléma. Il le lui persuada, tira d'une de ses poches un diplôme maçonnique couvert de signes cabalistiques, et fit si bien que le cheik lui accorda sa fille. Celle-ci donna une tulipe rouge à son fiancé et planta dans le jardin un petit acacia qui devait croître avec leurs amours. Il ne restait plus qu'à fixer le jour des noces.

Un fou complètement fou serait allé jusqu'au bout et aurait épousé Saléma. Un demi-fou se donne au dernier moment des prétextes pour reculer. Gérard de Nerval fut détourné de son mariage par des augures. Les puissances supérieures lui envoyèrent plusieurs avertissements, dont le premier fut un escarbot, le dernier une fièvre qui l'obligea à changer d'air. Il écrivit de Constantinople au cheik pour dégager sa parole.

Il va de soi qu'à peine libre il fut repris du regret d'avoir perdu « l'uniquement aimée ». Il lui arrivait encore de temps à autre, de se dire : « C'est elle ! » mais il n'en était plus bien sûr. La dernière fois qu'il crut deviner Adrienne sous une forme inconnue, il dînait avec un ami sous une treille, dans un petit village des environs de Paris : — « Une femme vint chanter près de notre table, et je ne sais quoi, dans sa voix usée, mais sympathique, me rappela celle d'Aurélia. Je la regardai : ses traits mêmes n'étaient pas sans ressemblance avec ceux que j'avais aimés. On la renvoya, et je n'osai la retenir, mais je me disais : — Qui sait si son *esprit* n'est pas dans cette femme? — Et je me sentis heureux de l'aumône que j'avais faite. » Cela se passait dans les dernières années de sa vie.

VII

Il était revenu d'Orient vers la fin de 1843[1], plus charmant que jamais, plus bizarre encore qu'il n'était parti. « Gérard de Nerval, dit un contemporain[2], avait alors une tête admirable et par la douceur du regard et par l'expression intelligente de la physionomie. Le soleil d'Orient avait légèrement hâlé la peau. Le teint était d'une pâleur mate. Les cheveux se faisaient déjà rares, et une courte barbe descendait en pointe jusque sous le menton. » Son front chauve, dit un autre contemporain, paraissait « lumineux ». Il avait traversé toutes les fournaises sans y rien laisser de l'élégance de ses manières. Mais les signes avant-coureurs de la démence éclataient dans toute sa personne. Des lueurs inquiétantes passaient dans ses yeux gris. Il ne marchait plus, il volait ou, plus exactement, il s'essayait à voler; on le voyait « courir à ras du sol, agitant ses bras comme des ailes », et il a conté lui-même qu'une nuit, dans une rue de Paris, il avait été ramassé par une patrouille au moment où il attendait, les bras étendus, que son âme montât dans une étoile, parce

---

1. Selon d'autres, dans les premiers mois de 1844.
2. Georges Bell, *Gérard de Nerval*.

qu'il s'était préparé à cette ascension en « quittant ses habits terrestres ». Il n'était plus heureux que dans la liberté du rêve, loin des visages connus et des questions irritantes, « songeant tout haut, rêvant les yeux ouverts, attentif à la chute d'une feuille, au vol d'un insecte, au passage d'un oiseau, à la forme d'un nuage, au jeu d'un rayon, à tout ce qui passe par les airs de vague et de ravissant [1] ».

Il avait toujours soutenu que chaque religion contient une part de la vérité, celles qui sont mortes comme les autres, de façon que l'humanité ne possède jamais que des débris du grand mystère. Un jour qu'il en discourait chez Victor Hugo, place Royale, debout devant la grande cheminée du salon, quelqu'un lui dit : — « Mais, Gérard, vous n'avez aucune religion ! — Moi, pas de religion ? j'en ai dix-sept... au moins. » Dix-sept n'était pas encore assez dire dans les dernières années de sa vie. Les démons du Talmud et les génies des *Mille et une Nuits* avaient tenu dans sa tête d'étranges congrès avec les fées du Rhin et les trois Vénus de l'île de Cythère, et il était sorti de leurs délibérations un Gérard de Nerval mage et cabaliste, païen et chrétien, tireur d'horoscopes et fabricant de talismans, également versé dans la *Symbolique* de Creuzer et dans les contes de bonnes femmes, et leur attribuant une égale valeur. Il avait déniché dans la salle à manger de Maxime Du Camp un meuble aimé des esprits, qui s'y logeaient et y prononçaient des discours. Gérard de Nerval venait les évoquer, avec des rites qui l'auraient fait brûler au moyen âge, dans l'espoir d'obliger Adam à lui dicter un livre de Kabbale que notre premier père avait reçu en présent des mains du Seigneur, et qui s'est perdu

---

1. Paul de Saint-Victor, préface de *la Bohème galante*.

dans la suite des siècles. Adam accourait sans se faire prier et dictait; mais c'était toujours inintelligible. Une divinité découverte sur le boulevard extérieur, entre la barrière des Martyrs et la barrière Rochechouart, était aussi l'objet de ses attentions; pendant longtemps, il vint chaque matin lui rendre un culte, lui qui ne pouvait s'astreindre à rien de régulier. Ce dieu était une canne, taillée dans une racine de vigne et représentant une figure fantastique, aux yeux d'émail enchâssés dans le bois. Elle figurait avec beaucoup d'autres, également contournées et grimaçantes, à la devanture d'un affreux petit cabaret, obscur et lépreux, situé en contre-bas du boulevard. Gérard de Nerval faisait de longues stations dans cette cave pour jouir de la contemplation de la canne, et il avalait pendant ces séances d'horribles mixtures qui ne lui étaient assurément pas salutaires.

Il était tombé au dernier degré du désordre et de l'incurie. Champfleury, qui ne l'a connu que vers 1845, fut si frappé de sa façon de vivre qu'il prit des notes dont voici des échantillons : — « *Mars 1849.* — J'ai vu Gérard de Nerval à *l'Artiste*; il n'a pas dépensé cinquante francs en deux mois. — Vous avez donc crédit quelque part, Gérard? — Non, je mange une flûte pour mon déjeuner, et je dépense douze sous pour mon dîner. — Il prétend que cette nourriture lui donne un bon sommeil, des rêves agréables, et que la nuit lui sert de jour....

« Il entraîne un ami chez sa blanchisseuse : — Je voudrais mon linge, dit-il. — *Son* linge se composait d'une chemise. Gérard avec son ami passe dans une chambre voisine afin de changer de linge. L'ami remarque avec étonnement que la chemise que porte Gérard n'a pas de col, qu'une des manches est déchirée du haut en bas. — Tu donnes ça, lui dit-il, à la blanchisseuse? — Oh! dit Gérard, cette chemise *a l'air* en mauvais état. Eh bien! la blanchisseuse me respecte beaucoup à cause de cette chemise.... Elle est en toile.... J'aurais une douzaine de chemises en calicot neuf qu'on n'aurait pas les mêmes égards pour moi[1]....»

Il avait loué un logis à Montmartre pour fuir les importuns, mais il n'y habitait pas plus que dans les mansardes de l'intérieur de Paris où les souris grignotaient en paix ses bibelots. Son agitation avait encore augmenté. Il lui arrivait de passer trois jours et trois nuits de suite aux Halles, dormant sur les détritus de légumes et ne sortant que lorsqu'il ne lui restait plus un sou. Toutes les fois qu'il touchait de l'argent, il faisait une de ces expéditions. Il n'avait pas de repos qu'il n'eût tout dépensé, et les Halles lui étaient commodes pour vider ses poches. Il s'y approvisionnait de cadeaux qu'il allait déposer aux portes de ses amis. L'un recevait une couronne de fleurs, l'autre une perruche, un troisième un homard vivant, un quatrième voyait arriver Gérard de Nerval en personne, qui venait, le gousset vide, lui emprunter vingt francs en attendant la prochaine échéance.

Il était incapable, comme Thomas de Quincey, de l'opération financière la plus simple. Un jour qu'un libraire s'était acquitté envers lui en billets, il se prit à songer qu'il ne saurait jamais se les faire payer. Son visage soucieux s'éclaira tout à coup d'un sourire : « Je sais, dit-il à Champfleury, un moyen certain d'être payé. Je connais un fort de la halle, un homme de six pieds et quelque chose, qui a les épaules carrées et l'air farouche. Je vais lui donner le billet,... je suis

---

[1]. *Grandes figures*, etc.

certain que, présenté par un fort de la halle, il sera payé immédiatement.... Ces gros hommes ont une façon terrible de présenter les billets à ordre. » Un autre jour, il prit la résolution de se ranger et de placer son argent, mais il ne lui fallait pas les valeurs de tout le monde. Il décida d'acheter un « saumon de plomb » toutes les fois qu'il recevrait de l'argent : « On louerait une cave, disait-il, un hangar, pour y déposer son plomb, et, à la fin de l'année, on se verrait à la tête d'une certaine quantité de saumons de plomb ». Il va sans dire que ce projet n'eut pas de suite. Gérard de Nerval aurait eu trop grand'honte d'être capitaliste : « Je me rappelle, écrivait Hetzel après sa mort [1], qu'un jour, un petit journal avait raconté (cela en valait bien la peine) que, M. Hetzel étant l'homme de Paris qui rentrait le plus tard se coucher, et que, Gérard de Nerval étant celui qui sortait le plus tôt de chez lui, il leur arrivait souvent de se rencontrer à deux ou trois heures du matin sur le boulevard. On nous prêtait alors cette intéressante conversation.

« *Moi* : — Où diable vas-tu, mon bon Gérard? — Et Gérard me répondait : — Voilà. (Te rappelles-tu son *Voilà?*) J'ai acheté du mou pour mon chat, et à présent je vais chercher mon chat pour lui donner ce mou. Cela lui fera plaisir.

« Je répondais à Gérard : — C'est d'un bon cœur.

« Gérard, ayant lu cette *piquante* révélation, me dit quelques jours après : — Quelles bêtises on écrit, pourtant! Si j'avais un chat, est-ce qu'il aurait eu du mou? J'ai donc l'air d'un capitaliste? On me croit donc établi ou portier? »

L'hiver parisien est inclément aux noctambules.

---

[1]. Lettre à Arsène Houssaye, du 30 septembre 1855.

Quand le froid ou la pluie obligeaient Gérard de Nerval à chercher un abri, il redoutait de rentrer chez lui, à cause de son portier; il avait toujours eu peur des portiers. La police des garnis eut l'œil sur lui, à force de le rencontrer, en compagnie des escarpes, dans les lieux où l'on couche à deux sols de la nuit; un sergent de ville lui infligea l'humiliation de lui demander ses papiers sur le boulevard des Italiens, au moment où il était arrêté à causer avec des amis. De leur côté, les habitués des cabarets de barrière regardaient de travers ce monsieur en redingote, qu'ils prenaient pour un mouchard, et le menaçaient de lui faire un mauvais parti. Ses amis s'étaient efforcés inutilement de l'arracher à ces milieux dangereux. Il avait fallu y renoncer. — « Qui de nous, écrivait Gautier, n'a arrangé dix fois une chambre avec l'espoir que Gérard y viendrait passer quelques jours, car nul n'osait se flatter de quelques mois, tant on lui savait le caprice errant et libre? Comme les hirondelles, quand on laisse une fenêtre ouverte, il entrait, faisait deux ou trois tours, trouvait tout bien et tout charmant, et s'envolait pour continuer son rêve dans la rue. Ce n'était nullement insouciance ou froideur; mais, pareil au martinet des tours, qui est apode et dont la vie est un vol perpétuel, il ne pouvait s'arrêter. Une fois que nous avions le cœur triste pour quelque absence, il vint demeurer de lui-même quinze jours avec nous, ne sortant pas, prenant tous ses repas à notre heure, et nous faisant bonne et fidèle compagnie. Tous ceux qui le connaissent bien diront que, de sa part, c'est une des plus fortes preuves d'amitié qu'il ait données à personne. » Il en donnait de non moins fortes quand il s'assujettissait à remplacer Gautier à *la Presse*, pendant les voyages de son ami; Gérard de Nerval ne l'aurait fait pour aucun autre.

Tandis qu'une de ses personnalités menait cette existence de détraqué, l'autre continuait à couler des jours paisibles, parallèlement à la première ; et c'est la persistance de ce phénomène durant toute une vie humaine qui rend son cas si curieux. L'autre homme qui était en lui, le *moi* sain et bien équilibré, ne cessa jamais, durant ces années orageuses et troublées, d'avoir son domaine à part, où il se conduisait avec un bon sens et une lucidité qu'il est rare de prendre en défaut. Dans ses relations avec le monde des vivants, par exemple, son jugement n'avait subi aucune altération. Il existe quantité de billets de sa main, écrits entre 1843 et 1853, à propos des menus détails de la vie quotidienne. Qu'il s'agisse d'un rendez-vous, d'une invitation, d'une affaire d'argent, d'un coupon de loge à demander, tout est clair, net, bref ; on ne trouverait pas un mot faisant soupçonner que c'est la correspondance d'un fou. Les lettres plus développées sont gaies et spirituelles, ou mieux encore. Celle que voici, merveille de grâce et d'émotion discrète, a été adressée à Mme de Solms le 2 janvier 1853, quelques mois seulement avant le second séjour de Gérard de Nerval chez le docteur Blanche : « Ne me donnez pas, chère fée bienfaisante, le beau livre que vous m'avez promis pour mes étrennes ; je les convoitais depuis bien longtemps, ces beaux volumes dorés sur tranche, cette édition unique. Mais ils coûteront très cher, et j'ai quelque chose de mieux à vous proposer : une bonne action. Je vous sens tressaillir de joie, vous dont le cœur est si chercheur ! Eh bien ! voici, ma belle amie, de quoi l'occuper pendant toute une semaine ! Rue Saint-Jacques, n° 7, au cinquième étage, croupissent dans une affreuse misère — une misère sans nom — le père, la mère, sept enfants, sans travail, sans feu, sans pain, sans lumière.

« Deux des enfants sont à moitié morts de faim. Un de ces hasards qui me conduisent souvent m'a porté là hier. Je leur ai donné tout ce que je possédais : mon manteau et quarante centimes. O misère! Puis, je leur ai dit qu'une grande dame, une fée, une reine de dix-sept ans, viendrait dans leur taudis avec tout plein de pièces d'or, de couvertures, de pains pour les enfants. Ils m'ont regardé comme un fou. Je crois vraiment que je leur ai promis des rubis et des diamants, et, ces pauvres gens, ils n'ont pas bien compris, mais ils se sont mis à sourire et à pleurer.

« Ah! si vous aviez vu! Vite donc, accourez, avec vos grands yeux si doux, qui leur feront croire à l'apparition d'un ange, réaliser ce que votre pauvre poète a promis en votre nom. Donnez à cette bonne œuvre le prix de mes étrennes, car je veux absolument y concourir, ou plutôt remettez à D... les quatre-vingts francs que devait coûter le chef-d'œuvre auquel je ne veux plus penser, et je cours au Temple et chez le père Verdureau acheter tout un aménagement de prince russe en vacances.

« Ce sera beau, vous verrez! Vous serez éblouie! Je cours quêter chez Béranger. Au revoir, petite reine, à bientôt, au grenier de *nos* pauvres. Nos pauvres! Je suis fier en écrivant ces mots. Il y a donc quelqu'un de plus pauvre que moi — de par le monde! N'oubliez pas le numéro. Au cinquième, second couloir, la porte à gauche.

« Adieu, Mignon, chère Mignon, douce Mignon, providence des affligés, mignonne Mignon, si douce et si fine, si peu fière et si gentille! Mettez votre robe à grande queue et vos souliers à talons! Je leur ai promis, gros comme le bras, une grande princesse, plus puissante que tous les puissants de la terre. Ils n'y croiront plus quand ils verront vos dix-sept ans et votre frais sourire. Mais je bavarde, je bavarde; adieu, mignonne, encore adieu. — Pardon, madame [1]. »

Il ne lui suffisait pas de donner du pain à ces pauvres gens : il tenait à leur donner aussi de la poésie. C'est peut-être une idée de fou, mais elle est bien jolie.

D'autres lettres sont pénibles à lire : *A M. Perrot, chef du bureau des théâtres, au ministère de l'intérieur :* « ... J'ai écrit avant-hier à M. Cavé. Je lui ai dit qu'une somme de 300 francs pourrait me suffire pour traverser l'hiver; s'il était possible d'obtenir 125 francs par mois, de décembre à mars, cela suffirait absolument à ma dépense et me permettrait de faire tranquillement quelque ouvrage dont je trouverais ensuite les produits... [2]. » N'insistons pas; ce sont les rançons de la vie de bohème.

Pas plus que ses lettres familières, ses articles ne trahissaient le désordre d'une portion de son cerveau. Il n'avait jamais été plus abondant, ni aussi goûté du public; revues et journaux lui étaient grands ouverts, et il y semait à pleines mains les fragments qui ont été se grouper sous divers titres dans les éditions de ses œuvres [3]. Un seul volume, dans cette gracieuse floraison, se rattache directement aux préoccupations

---

[1]. *La Petite Presse,* 26 octobre 1866. *La Petite Presse* l'avait elle-même empruntée au *Sport.*

[2]. *Le Livre moderne,* 10 septembre 1891. La lettre n'est datée que par le timbre de la poste : 20 novembre 1851. La suite du texte indique que Gérard de Nerval venait d'être malade.

[3]. *Voyage en Orient* (1851); *les Illuminés* (1852); *Petits Châteaux de Bohème* (1852); *Lorely* (1853); *les Filles du Feu* (1854); *la Bohème galante* (1855), etc. Les livres de Gérard de Nerval ont été remaniés ou fondus ensemble au fur et à mesure des réimpressions.

du Gérard de Nerval mage et voyant; c'est celui qu'il a intitulé *les Illuminés*. L'auteur y montre l'occultisme jetant de profondes racines dans notre XVIII siècle incrédule et raisonneur, et agissant fortement sur la grande révolution par l'entremise de personnages qui n'étaient que les instruments des sectes d'illuminés. Sous prétexte de raconter la vie et d'exposer les théories des Cazotte et des Restif de la Bretonne, il esquisse le plan d'une histoire de l'Europe au XIXe siècle où l'on verrait les rois recevoir les ordres des sociétés secrètes, et les événements obéir, en dernière analyse, à des influences mystiques. Quand Gérard de Nerval porta à la *Revue des Deux Mondes* les chapitres sur Restif de la Bretonne [1], M. Buloz exigea des coupures, à cause, disait-il, des tendances socialistes de certains passages. Pour la première fois de sa vie, le doux Gérard se fâcha, et cette discussion lui resta sur le cœur; quatre ans plus tard, alors qu'il devenait dangereux, il se glissa dans la cuisine de M. Buloz à un moment où il n'y avait personne, ouvrit tous les robinets et se sauva, enchanté de son exploit.

VIII

Le printemps de 1853 fut mauvais pour lui. Aux visions ailées et souriantes avaient succédé de lourds cauchemars qui lui rendaient le travail impossible. Un dimanche soir qu'il se trouvait sur la place de la Concorde, après une journée d'hallucinations angoissantes, il résolut d'en finir : « A plusieurs reprises, je me dirigeai vers la Seine, mais quelque chose m'em-

---

1. *Revue* des 15 août, 1er et 15 septembre 1850.

pêchait d'accomplir mon dessein. Les étoiles brillaient dans le firmament. Tout à coup, il me sembla qu'elles venaient de s'éteindre à la fois.... Je crus que les temps étaient accomplis, et que nous touchions à la fin du monde annoncée par l'Apocalypse de saint Jean. Je croyais voir un soleil noir dans le ciel désert, et un globe rouge de sang au-dessus des Tuileries. Je me dis : — La nuit éternelle commence, et elle va être terrible. Que va-t-il arriver quand les hommes s'apercevront qu'il n'y a plus de soleil? » Il alla prendre la rue Saint-Honoré et gagna le Louvre : « Là, un spectacle étrange m'attendait. A travers des nuages rapidement chassés par le vent, je vis plusieurs lunes qui passaient avec une grande rapidité. Je pensai que la terre était sortie de son orbite et qu'elle errait dans le firmament comme un vaisseau démâté, se rapprochant ou s'éloignant des étoiles, qui grandissaient ou diminuaient tour à tour [1]. » Il ne lui restait plus qu'une idée nette : Henri Heine l'avait chargé d'une traduction et l'avait payé d'avance; il fallait rendre l'argent, puisqu'il ne pourrait pas faire le travail. Si c'était à cause de la fin du monde ou parce qu'il se sentait malade, personne ne l'a su. Le lendemain, Gérard de Nerval se rendit chez Henri Heine et lui tint des discours incohérents. Mme Heine envoya chercher un fiacre et le fit conduire à la maison Dubois. Des amis qui l'y visitèrent rapportent qu'il fut soigné pour un transport au cerveau.

Au bout d'un mois, il reprit sa vie accoutumée : — « Je composai une de mes meilleures nouvelles. Toutefois, je l'écrivis péniblement, presque toujours au crayon, sur des feuilles détachées, suivant le hasard de ma rêverie ou de ma promenade. » Cette nouvelle

1. *Le Rêve et la Vie.*

était *Sylvie*, son chef-d'œuvre. Nous l'avons citée souvent à propos d'Adrienne, de Jenny Colon et de la jolie dentellière qui lisait Rousseau. *Sylvie* est plus et moins qu'un rêve, qu'une autobiographie, qu'un roman; c'est tout cela et c'est encore autre chose, quelque chose d'à part et de parfait. Toutefois, l'autobiographie domine. On voit au dénouement comment Gérard de Nerval était retourné une dernière fois chez Sylvie, la petite amie d'enfance qui avait représenté « la douce réalité » de l'amour à son imagination d'adolescent timide. Sylvie avait épousé le « grand frisé » et s'était établie pâtissière dans un gros village du Valois. Elle avait complètement dépouillé la paysanne, et ses airs d'héroïne de ballade populaire s'en étaient allés avec ses sabots. A l'entrée de Gérard, elle échangea avec lui « les coups de poing amicaux de l'enfance », puis ils allèrent promener les enfants tandis que le « grand frisé » faisait le déjeuner. Ils lurent des vers à l'ombre d'une ruine, et il l'appela Lolotte, et elle lui assura qu'il ressemblait à Werther; mais la poésie prise dans les livres remplace mal celle qui émane des choses. L'ancienne Sylvie était bien morte, et il n'était que temps de tourner le dernier feuillet du chaste roman de leurs jeunes années.

La *Revue des Deux Mondes* publia *Sylvie* le 15 août 1853. Le 26, Gérard de Nerval se livra dans la rue à de telles excentricités, que la foule s'attroupa et faillit l'étouffer. Des amis le menèrent à l'hôpital de la Charité, où il fallut lui mettre la camisole de force : « Pendant la nuit, dit-il, le délire augmenta, surtout le matin, lorsque je m'aperçus que j'étais attaché. Je parvins à me débarrasser de la camisole de force, et, vers le matin, je me promenai dans les salles. L'idée que j'étais devenu semblable à un dieu et que j'avais le pouvoir de guérir me fit imposer les mains à quelques malades, et, m'approchant d'une statue de la Vierge, j'enlevai la couronne de fleurs artificielles pour appuyer le pouvoir que je me croyais. Je marchai à grands pas, parlant avec animation de l'ignorance des hommes qui croyaient pouvoir guérir avec la science seule, et, voyant sur la table un flacon d'éther, je l'avalai d'une gorgée. Un interne, d'une figure que je comparais à celle des anges, voulut m'arrêter, mais la force nerveuse me soutenait, et, prêt à le renverser, je m'arrêtai, lui disant qu'il ne comprenait pas ma mission. »

On le transporta dans la maison du docteur Blanche fils, à Passy, où la crise continua. Il se croyait une influence sur la marche de la lune, un autre pensionnaire étant chargé de régler celle du soleil, et il attribuait un sens mystique aux conversations des gardiens et des fous : « Les objets sans forme et sans vie se prêtaient eux-mêmes aux calculs de mon esprit; — des combinaisons de cailloux, des figures d'angles, de fentes ou d'ouvertures, des découpures de feuilles, des couleurs, des odeurs et des sons, je voyais ressortir des harmonies jusqu'alors inconnues. » Et, tandis que son *moi* malade, son *moi* fou, perdait la notion du temps, voyait des Walkyries dans la vapeur de son bain et prenait ses compagnons pour des fantômes, le *moi* normal, encore intact, bien que réduit le plus souvent au silence et à l'impuissance, observait l'*autre* avec une vive curiosité, prenait note de ses sensations, de ses idées, de ses extravagances, et amassait les matériaux du livre que Gérard de Nerval allait écrire quelques mois après sous ce titre : le Rêve et la Vie; Aurélia. Presque toutes les lettres de cette époque témoignent de la netteté d'esprit que peut conserver un fou en dehors de ses manies. A son père : — « Mon cher papa, tu sais, la dernière fois que je t'ai vu, combien j'étais heureux d'une affaire qui venait de se terminer favorablement pour moi. La joie m'a donné un peu d'excitation, et je suis à Passy, chez des amis, dans une maison superbe et dans de beaux jardins. Ne te tourmente pas au sujet de cette campagne où il faut que je passe quelques jours. C'est un simple complément de santé qu'il faut que j'y trouve. On a dû, au reste, te prévenir déjà.... Je suis certain de pouvoir t'embrasser d'ici à quelques jours [1]. »

Le surlendemain, à un ami : « Il y a cinq à six jours, j'ai été pris d'un transport au cerveau en vous quittant; j'ai fait des folies. Avec un esprit plus sain, je vous écris de venir me voir si vous pouvez chez M. Blanche, à Passy. N'ai-je pas laissé chez vous mon gilet? Je ne sais ce qu'est devenu mon argent, du moins ce qui m'en restait. Mais tout se retrouve — comme tout se paie, — suivant le mot que Balzac attribuait au grand homme. Venez vite [2]. »

On pensera ce qu'on voudra du *post-scriptum* : « Vous n'avez pas perdu la tête de Christ? Bien des choses à Méry; dites-lui ce qui m'est arrivé. — Et l'oiseau rare? »

Second *post-scriptum* : « J'engage les amis de M. Gérard à venir l'un après l'autre, et pas ensemble ». Signé : E. Blanche.

Du même jour : « Mon cher Théophile, on te dit revenu des courses de taureaux de Bayonne. Viens donc me voir chez Blanche, où je me trouve fort à propos pour guérir un peu ma tête; je crois qu'enfin cela va mieux, *ma chi lo sa?* »

Plusieurs billets relatifs à des questions d'argent sont parfaitement raisonnables.

1. *La Presse*, 22 septembre 1862.
2. Collection de M. de Spœlberch de Lovenjoul.

Du 22 octobre, à son père : « Voici une troisième lettre que je t'écris depuis que je suis ici. On m'a conseillé de ne pas envoyer la seconde, qui était encore un peu bizarre, du moins aux yeux des docteurs.... Aujourd'hui, je vais très bien, et ce qui le prouve, c'est que je dois dîner aujourd'hui au château avec M. Blanche.... Ma rechute a duré une huitaine de jours, mais je n'ai pas souffert. M. Blanche a fait faire mon déménagement et je suis dans mes meubles, avec mes livres et mes tableaux.... La prolongation de mon séjour est due surtout à certaines bizarreries qu'on avait cru remarquer dans ma conduite. Fils de *maçon* et simple *louveteau*, je m'amusais à couvrir les murs de figures cabalistiques et à prononcer ou à chanter des choses interdites aux profanes; mais on ignore ici que je suis compagnon-égyptien (*refik*). Enfin, j'en suis sorti, et je ne souhaite à personne de passer par les mêmes épreuves. Si la vie est un voyage, je demande à voyager quelques jours pour ma santé [1]. » Il parle ensuite d'une affaire, assez longuement et avec bon sens; mais son papier est orné de signes cabalistiques et de dessins bizarres.

Il se remit à travailler, dans la maison de fous. A Georges Bell : « (*Sans date.*)... Ne m'abandonnez pas, si longue que soit par ce temps-ci la course de Passy. J'ai à vous parler beaucoup. Ce que j'écris en ce moment tourne trop dans un cercle restreint. Je me nourris de ma propre substance et ne me renouvelle pas. De plus, j'ai de l'inquiétude quant au placement de la copie. Venez donc bien vite [2]. »

Ce sang-froid et cette lucidité ont invariablement leur contre-partie dans les ténèbres et les orages de

---

1. *La Presse*, 22 septembre 1862.
2. *Gérard de Nerval*, par Georges Bell.

l'autre hémisphère de sa pensée. Si nous reprenons *le Rêve et la Vie*, nous voyons qu'insensiblement, il se mêlait des scènes sanglantes ou douloureuses aux visions mystiques. Une hallucination lui fut pénible entre toutes : la femme qu'il avait aimée sous divers noms et diverses formes épousait son double, « *l'autre* », et il se demandait avec angoisse si *l'autre* était son bon ou son mauvais *moi*, sans parvenir à se reconnaître entre ses deux personnalités.

En novembre, les progrès du mal aidant, il réfléchit qu'il n'avait jamais été fou et que les médecins se trompaient, faute de savoir ce que *lui* savait. Il s'étend dans une lettre du 27 sur « cette singulière maladie, qui, dit-il, est pour moi l'âge critique, et dans laquelle on n'a vu sans doute que les apparences de l'égarement ». Il trouvait qu'on se pressait trop de parler de lui au passé. Déjà, lors de son premier accès, Jules Janin avait fait son oraison funèbre dans le *Journal des Débats*, et cela lui avait été fort désagréable, quelque louangeur que fût l'article. Alexandre Dumas lui ménagea la même surprise en décembre 1853, dans la persuasion qu'il ne guérirait jamais. Gérard de Nerval riposta par la préface des *Filles du Feu* : « (A Alexandre Dumas.) Je vous dédie ce livre, mon cher maître, comme j'ai dédié *Lorely* à Jules Janin. J'avais à le remercier au même titre que vous. Il y a quelques années, on m'avait cru mort et il avait écrit ma biographie. Il y a quelques jours, on m'a cru fou, et vous avez consacré quelques-unes de vos lignes les plus charmantes à l'épitaphe de mon esprit. Voilà bien de la gloire qui m'est échue en avancement d'hoirie.... »

Le 27 mai 1854, il parut assez remis pour quitter la maison de santé. Il ne prit que le temps de faire un tour aux Halles et partit pour l'Allemagne. A Georges Bell : « (Strasbourg, le 1er juin 1854.) A propos, tâchez donc de savoir à qui j'ai donné ce rude soufflet, vous savez bien, une nuit à la Halle.... Faites mes excuses à ce malheureux quidam. Je lui offrirais bien une réparation, mais j'ai pour principe qu'il ne faut pas se battre quand on a tort, surtout avec un inconnu nocturne. Autrement vous croiriez que je fais le Gascon sur la lisière de l'Allemagne ; mais, franchement, j'étais plus malade que je ne croyais, le jour ou plutôt la nuit de cet exploit ridicule. » Étant mieux, il voulait bien convenir qu'il avait eu la cervelle troublée, mais il n'en convint pas longtemps.

Il est question dans la même lettre d'une troisième oraison funèbre : la biographie d'Eugène de Mirecourt, qui lui avait été particulièrement insupportable à cause du portrait placé en tête : « Dites donc, je tremble ici de rencontrer aux étalages un certain portrait pour lequel on m'a fait poser, lorsque j'étais malade, sous prétexte de biographie nécrologique. L'artiste est un homme de talent,... mais *il fait trop vrai!* — Dites partout que c'est un portrait ressemblant, mais posthume, ou bien encore que Mercure avait pris les traits de Sosie et posé à ma place. Je veux me débarbouiller avec de l'ambroisie, si les dieux m'en accordent un demi-verre seulement.. » Ce portrait, si amer à sa coquetterie, est justement le seul connu, sinon le seul existant ; il a été reproduit partout. Gérard de Nerval y est représenté de face, le menton sur sa main, le coude sur sa table de travail. Il a les joues rondes, les traits placides et comme émoussés, le buste affaissé et inélégant ; sans son regard de fou, luisant et indigné, il serait d'une complète insignifiance.

A son père : « (Ce 4 juin 1854.) Je t'écris de Strasbourg.... Ma foi, on avait raison de me prescrire les ménagements. Le mal, c'est-à-dire l'exaltation, est revenu parfois, c'est-à-dire dans de certaines heures.

Je dois passer ici pour un prophète (un faux prophète), avec mon langage parfois mystique et mes distractions. »

« ... A un ami : — Ayant fraternisé avec les étudiants au bal des savetiers, j'ai bu plus de bière que de raison, en voulant faire le crâne, ce qui, joint avec les invitations des deux jours suivants, m'a rendu assez fantasque dans cette ville. J'ai fait tant de bruit à l'hôtel de la Fleur, que je crois qu'il y a des gens qui en sont partis à cause de cela, des femmes peut-être, malheureusement, que l'on n'a qu'entrevues. Hé bien, les garçons sont si polis dans cet établissement, qu'on ne m'a fait que des observations détournées sur ce que je ne me rendais peut-être pas bien compte des heures. — J'ai dit : — Mais je n'ai pas de montre, et le jour paraît de bonne heure; est-ce que j'ai dérangé quelqu'un? il fallait me le dire. — Le garçon m'a dit : — Monsieur sait bien ce qu'il fait. — J'ai répondu : Pas toujours. »

Il y avait cependant progrès. Sa raison avait repris son poste d'observation. Elle surveillait le « frère mystique », et l'obligeait prudemment à dissimuler.

A Georges Bell : « (Neuenmarkt, 27 juin.) Je viens de passer un mois à visiter l'Allemagne du midi. Je me suis clarifié l'esprit et j'ai repris la forte santé des jeunes années.... Je vous ai écrit de Strasbourg, où les réceptions et les invitations m'avaient encore un peu agité. Pour éviter ces occasions, j'ai vu fort peu de monde depuis, et j'ai pris de la force dans la réflexion et la solitude. J'ai beaucoup travaillé et j'ai même de la copie que je ne veux pas envoyer légèrement; le principal, c'est que je suis fort content et plein de ressources pour l'avenir. Du résultat de ce mois seul, il y a de quoi travailler un an; je me suis découvert des dispositions nouvelles. — Et vous savez que l'inquiétude sur mes facultés créatrices était mon plus grand sujet d'abattement. »

Il rentra à Paris vers le 19 juillet, guéri en apparence. Au premier effort cérébral, la folie éclata de nouveau. Le 8 août, il fallut le reconduire à Passy, où il arriva irrité, mauvais, sûr d'être dans son bon sens et accusant le ciel et la terre de le persécuter. Sa thèse fut désormais celle-ci : « Je conviens officiellement que j'ai été malade. Je ne puis convenir que j'ai été *fou*, ou même *halluciné*. » On ne le fit plus sortir de là. Il ajoutait : — « Si j'offense la médecine, je me jetterai à ses genoux quand elle prendra les traits d'une déesse [1] ». A l'ancienne affection pour le docteur Blanche, à l'ancienne reconnaissance pour tant de services où l'intérêt n'avait certes rien à voir, avaient succédé les colères, les menaces, la défiance de la victime envers son geôlier. Il écrivait à tous ses amis pour se plaindre de son « incarcération ». A quoi bon s'appesantir? Pourquoi citer des divagations dont il n'était pas responsable?

Ce fut le moment que choisit son père pour notifier qu'il refusait de s'occuper de lui. Il y avait vingt-cinq ans que M. Labrunie s'était désintéressé de son fils et qu'il recevait sans en être touché les tendresses d'un cœur qu'aucun rebut ne put lasser. Malade ou bien portant, absent ou présent, Gérard de Nerval n'oubliait jamais son père. Il quittait tout pour l'embrasser avant son coucher, pour lui répéter par lettre, ou de vive voix, qu'il n'avait point de meilleur ami. Autant parler à une pierre, et, quand le docteur Blanche le prévint que son malheureux fils n'était plus « en état d'être abandonné à ses propres forces »; le vieillard se déroba

---

[1]. Lettre à l'éditeur Sartorius. Collection de M. de Spœlberch de Lovenjoul, de même que la suivante.

sèchement. M. Labrunie est la seule personne qui n'ait point aimé Gérard de Nerval.

En désespoir de cause, l'infortuné avait supplié une société littéraire de lui faire rendre la liberté. On eut l'imprudence d'écouter ses réclamations. Le 19 octobre, il se retrouva sur le pavé de Paris, et le combat final s'engagea aussitôt entre les deux personnalités qui se le disputaient depuis quarante ans. Les aliénistes peuvent en suivre les phases dans l'œuvre qui est le testament de sa raison expirante : — « Je vais essayer, disait-il à la première page, de transcrire les impressions d'une longue maladie, qui s'est passée tout entière dans le mystère de mon esprit ; — et je ne sais pourquoi je me sers de ce terme maladie, car jamais, quant à ce qui est de moi-même, je ne me suis senti mieux portant. Parfois, je croyais ma force et mon activité doublées ; il me semblait tout savoir, tout comprendre ; l'imagination m'apportait des délices infinies. En recouvrant ce que les hommes appellent la raison, faudra-t-il regretter de les avoir perdues?... »

Il employa ses dernières semaines à écrire *le Rêve et la Vie* sur des bouts de papier de toutes provenances, dont le seul aspect disait l'histoire de sa lutte intérieure. Dans les bons moments, Gérard de Nerval dépeignait avec une netteté remarquable, une rare puissance d'analyse, la marche et la filiation des conceptions délirantes, « les rapports avec les milieux, les circonstances, les accidents, les antériorités et les souvenirs de la veille et du rêve [1] ». C'était véritablement « la Raison écrivant les Mémoires de la Folie sous sa dictée » ; un médecin, étudiant un aliéné, n'aurait pas procédé avec plus de sang-froid. — Venait

---

1. *Gérard de Nerval*, par Alfred de Delvau.

l'instant où le *moi* fou reprenait le dessus. La main s'interrompait alors d'écrire pour tracer des figures cabalistiques; on pouvait lire sur son manuscrit une démonstration de l'Immaculée Conception par la géométrie. L'ensemble constitue un document physiologique de premier ordre; je ne vois à lui comparer, dans toutes les littératures, que les *Confessions d'un mangeur d'opium*, de Thomas de Quincey.

La première partie de ces cruels mémoires parut le 1ᵉʳ janvier 1855, dans la *Revue de Paris*. Le 20 du même mois, Maxime Du Camp et Théophile Gautier causaient ensemble dans le bureau de la Revue. Paris était sous la neige et le froid intense : « Gérard entra, raconte Du Camp; il portait un habit noir si chétif que j'eus le frisson en le voyant. Je lui dis : — Vous êtes bien peu vêtu pour affronter un froid pareil. Il me répondit : — Mais non, j'ai deux chemises; rien n'est plus chaud. » Gautier insistait pour lui prêter un paletot. Il refusa, assurant que le froid était tonique, commença à divaguer, puis tira de sa poche un cordon de tablier de cuisine et le leur fit admirer : — C'est, disait-il, la ceinture que portait Mme de Maintenon quand elle faisait jouer *Esther* à Saint-Cyr. » Ils voulurent le retenir; Gérard de Nerval leur échappa et disparut.

Le 24, il écrivit à un ami : « Viens me reconnaître au poste du Châtelet ». Il était allé passer la nuit dans un cabaret des Halles pour travailler au *Rêve*, et avait été raflé avec des bohémiens. L'ami le trouva encore sans paletot — la Seine charriait, — et très affecté de la pensée qu'il ne terminerait jamais son manuscrit : « Je suis désolé, disait-il; me voilà aventuré dans une idée où je me perds; je passe des heures entières à me retrouver.... Croyez-vous que c'est à peine si je peux écrire vingt lignes par jour, tant les ténèbres m'envahissent [1]. » C'était le cas de s'appliquer le dicton dont se servaient ses amis les Druses pour exprimer qu'il est trop tard : — La plume est brisée, l'encre est sèche, le livre est fermé. — Gérard de Nerval comprenait qu'il passait pour toujours de la réalité dans le rêve, que « l'autre » s'emparait de lui définitivement, et ce n'était pas sans épouvante qu'il glissait dans le gouffre où son imagination et l'occultisme ne lui avaient montré d'abord que joie et repos. Les expériences des derniers mois lui avaient ôté sa belle confiance dans la douceur de l'état que le vulgaire nomme folie. Il sentait qu'après l'avoir rapproché des frontières du génie, le mal le précipitait dans la démence, et cette idée était intolérable à son reste de raison.

Il avait toujours le cordon de tablier dans sa poche, mais ce n'était plus la ceinture de Mme de Maintenon; c'était la jarretière de la reine de Saba.

Le 25 au soir, il gelait à dix-huit degrés. Après une journée passée à piétiner dans la neige et à traîner dans les mauvais lieux, Gérard de Nerval vint s'échouer entre deux et trois heures du matin dans un cloaque immonde, enfoncé en terre de la hauteur d'un étage et situé entre les quais et la rue de Rivoli, proche la place du Châtelet. On l'appelait la rue de la Vieille-Lanterne. Il n'y a pas de mots pour peindre l'horreur de ce lieu infect, où un auvent mettait la nuit en plein jour. On y descendait par un escalier oblique et raide, sur lequel un corbeau apprivoisé répétait du matin au soir : « J'ai soif ! » En bas, sous l'auvent, une large bouche d'égout, fermée par une grille, suçait un ruisseau d'immondices à quelques pas d'un cabaret qui était en même temps un garni à deux sous la nuit. Il fallait avoir perdu toute raison, ou tout respect de la

---

1. Théophile Gautier, *Notice*.

mort et de soi-même, pour penser à mourir dans la rue de la Vieille-Lanterne, et c'est pourtant là qu'on trouva, le 26 janvier 1855 à l'aube, le cadavre de l'un des êtres les plus étrangers à toute action vilaine qui aient jamais foulé cette terre. Gérard de Nerval s'était pendu avec le cordon de tablier au barreau d'une fenêtre située sous l'auvent. Le corbeau voletait autour de lui. Les gens du garni déclarèrent qu'on avait frappé à leur porte vers trois heures du matin et qu'ils ne s'étaient point levés pour ouvrir, à cause du froid. L'enquête établit qu'il y avait bien eu suicide, et non assassinat comme quelques-uns en avaient exprimé le soupçon.

Une foule en larmes suivit le convoi. Ce fut un spectacle, pour le badaud parisien, que celui de tous ces hommes connus ou célèbres qui pleuraient comme des enfants et refusaient d'être consolés, parce qu'ils n'avaient pas su sauver leur bon Gérard, leur doux ami, auprès duquel ils se sentaient meilleurs. On raconta que le pauve poète s'était tué de misère, et ce reproche détourné aiguisa leur douleur. Aucun d'eux ne l'avait mérité. Gérard de Nerval avait toujours gagné le nécessaire, et puisé le reste dans des bourses qui n'étaient jamais fermées pour lui. D'autres affirmèrent qu'il n'avait pas voulu survivre à la perte de ses facultés. Paul de Saint-Victor suggéra une explication mystique : — « Il est mort, on peut le dire, de la nostalgie de l'invisible : ouvrez-vous, portes éternelles ! et laissez entrer celui qui a passé son temps terrestre à languir et à se consumer d'attente sur votre seuil ». Gérard de Nerval, en effet, avec sa grande foi à cet au-delà que des visions répétées lui avaient rendu familier, devait aspirer à s'échapper de la prison de chair que les ténèbres envahissaient. Mais la meilleure raison à donner de son suicide, c'est qu'il était fou.

Il est inutile d'en chercher d'autres; celle-là suffit, et elle absout Gérard de Nerval de l'ignominie de sa mort. Je relève cette pensée dans le carnet trouvé sur son cadavre avec la suite du *Rêve* : « Tout est dans la fin ». L'homme qui pense ainsi ne va pas se pendre rue de la Vieille-Lanterne, ou bien il ne sait plus ce qu'il fait.

Le drame eut pour épilogue la lettre que voici : « (Paris, le 13 mars 1855.) Le docteur Labrunie, père de Gérard (Labrunie) de Nerval, autorise MM. Théophile Gautier et Arsène Houssaye à faire poser immédiatement le marbre destiné au tombeau de son fils. » Le père abandonnait son fils jusque dans la mort.

Nous arrêterons ici ces études. Dans cette dernière, comme dans les précédentes, nous avons vu des dons littéraires très brillants s'allier à des altérations profondes de l'intelligence. Mais il y a lieu de remarquer que le cas de Gérard de Nerval est différent de celui d'Edgar Poe, d'Hoffmann et de Thomas de Quincey. Ceux-ci ont tué leur génie. Aucun d'eux n'a donné ce qu'il aurait pu donner s'il n'avait pas lentement et progressivement amoindri sa vitalité et empoisonné son intelligence par l'alcool, le vin ou l'opium. Leur névrose a pu être, dans une certaine mesure, la conséquence de leurs merveilleuses facultés; elle n'en a été ni l'origine ni le principe. Gérard de Nerval, au contraire, prédestiné à la folie dès sa naissance, semble avoir dû à son malheur les parties supérieures de son talent, le petit coin de génie qu'on ne saurait lui refuser. Il n'a été vraiment poète que dans les heures où il n'était pas tout à fait sain d'esprit, où il écrivait sous la dictée de son *frère mystique*. Avec lui se soulève, plus déconcertante et plus irritante qu'avec nul autre, cette redoutable question, si souvent posée et jamais résolue, des rapports du génie avec la folie. Il n'en est pas de plus humiliante pour la raison humaine. Nous n'essaierons pas de la trancher; notre but était beaucoup plus modeste. Nous n'avons voulu qu'éveiller un peu de sympathie pour une de ses victimes les plus touchantes et les plus irresponsables.

TABLE DES MATIÈRES

Hoffmann. — Le vin................................... 1
Quincey. — L'opium.................................. 59
Edgar Poe. — L'alcool............................... 157
Gérard de Nerval. — La folie...................... 265

Coulommiers. — Imp. Paul BRODARD. —

www.ingramcontent.com/pod-product-compliance
Lightning Source LLC
Chambersburg PA
CBHW050300170426
43202CB00011B/1764